Studien zur Philosophie und Literatur des neunzehnten Jahrhunderts

Band 4

»Neunzehntes Jahrhundert«
Forschungsunternehmen der Fritz Thyssen Stiftung

Eckhard Heftrich: Novalis

Eckhard Heftrich

NOVALIS

Vom Logos der Poesie

Vittorio Klostermann
Frankfurt am Main

Diese Arbeit entstand zwischen 1963 und 1966. Sie wurde ermöglicht durch ein Stipendium der Fritz Thyssen Stiftung. Ihr gilt mein aufrichtiger Dank. Das Erscheinen des Buches verzögerte sich, weil der dritte Band der Schriften von Novalis abgewartet werden mußte. Freundlicherweise hat mir der Verlag W. Kohlhammer, Stuttgart, von 1965 an die Druckfahnen des dritten Bandes überlassen, so daß ich bereits damals nach den neuesten Novalis-Texten arbeiten konnte. Im Frühjahr 1969 war deshalb außer der endgültigen Zitatangabe nur noch die jüngste Novalis-Literatur zu berücksichtigen.

INHALT

Il faut donc avoir quelque défiance à l'égard des livres et des expositions trop pures. Ce qui est fixé nous abuse, et ce qui est fait pour être regardé change d'allure, s'ennoblit. C'est mouvantes, irrésolues, encore à la merci d'un moment, que les opérations de l'esprit vont pouvoir nous servir, avant qu'on les ait appelées divertissement ou loi, théorème ou chose d'art, et qu'elles se soient éloignées, en s'achevant, de leur ressemblance.

Intérieurement, il y a un drame. Drame, aventures, agitations, tous les mots de cette espèce peuvent s'employer, pourvu qu'ils soient plusieurs et se corrigent l'un par l'autre. Ce drame se perd le plus souvent, tout comme les pièces de Ménandre. Cependant, nous gardons les manuscrits de Léonard et les illustres notes de Pascal. Ces lambeaux nous forcent à les interroger. Ils nous font deviner par quels sursauts de pensée, par quelles bizarres introductions des événements humains et des sensations continuelles, après quelles immenses minutes de langueur se sont montrées à des hommes les ombres de leurs œuvres futures, les fantômes qui précèdent.

Paul Valéry

Einführung

Statt vom Logos der Poesie könnte von Poetologie gesprochen werden. Dann würde der Titel etwa lauten: Novalis als Poetologe. Aber das klingt häßlich. Auch ist es nicht eindeutig. Meist wird Poetologie als geschwollene Form für Poetik gebraucht, meint also die Lehre oder Theorie von der Dichtung, ihren Formen, Gattungen, Mitteln. Poetologe ist dann, wer sich mit solcher Einteilung und Bestimmung beschäftigt. Oder auch ein Dichter, der sich Gedanken über sein Handwerk macht. Zu „Poetik" gehört nicht „poetisch", dieses gehört vielmehr unmittelbar zu „Poesie", während im Unterschied dazu „poetologisch" für „Poetik" wie für „Poetologie" gebraucht wird.

Selten nur verwendet man Poetologie gerade im Unterschied zu Poetik. Dann meint Poetologie nicht die Lehre von den Dichtungsformen und Gattungen, sondern wörtlich Logos der Poesie. Logos meint zugleich Wort, Rede, Grund, schaffende Vernunft und Wesen. Selbst wenn in dem Begriff nicht die ganze abendländische Logos-Spekulation mitschwänge, bezeichnete Poetologie, wörtlich verstanden, ein Denken, das dem Wesen der Poesie gilt. Im Wort Logos sind vorsokratische wie nachplatonische Philosophie, christliche Mystik wie Theologie aufbewahrt. Daran erinnert der Titel Logos der Poesie eher als das Wort Poetologie, das man achtloser gebraucht, weil es nach Art gewohnter Bezeichnungen gebildet ist: Zoologie, Soziologie, Psychologie und so fort.

Was berechtigt dazu, auf so spekulative Weise vom Logos der Poesie zu reden? Die Antwort scheint ein Zirkelschluß, denn sie lautet: Novalis. Daß kein verkehrter Zirkel gezogen wird, soll das Buch erweisen, das als Titel den Dichternamen trägt. Für den Logos der Poesie kann dieser Name nur zeugen, wenn die Auslegung des Werkes, in dem der Name lebt, zum geistigen Ursprung dieses Werkes selbst den Blick lenkt. Das zwingt dazu, manches beiseite zu lassen, was bei Novalis in anderem Zusammenhang wichtig ist. Biographisches wird nur erwähnt, wo es für das Verständnis eines Textes unumgänglich ist. Das gilt auch für Einflüsse. Die jüngsten Forschungen haben allerdings gezeigt, daß die Quellen beachtet werden müssen, aus denen Novalis geschöpft hat. Nicht um die Herkunft eines Ausdruckes, eines Gedankens, einer Idee nachzuweisen, sondern um Mißverständnisse zu vermeiden.

Solche Mißverständnisse liegen oft auch vor, wenn Novalis einfach als Vorläufer oder Prophet moderner Kunst und Dichtung gefeiert wird. Das hat ihn zu einem aktuellen Autor gemacht. Die Schriften von Frühverstorbenen oder Frühvollendeten sind besonders geeignet, von Späteren als Urkunden eigener Tendenzen entziffert zu werden. Darin liegt nicht unbedingt etwas Gewaltsames. Ein früher Tod läßt manches so rasch reifen, daß die Zeitgenossen es noch nicht recht zu begreifen vermögen. Auch müssen sich die Ahnungen, Entwürfe und Sehnsüchte nicht in einem längeren Leben beweisen. In sich selbst gerechtfertigt, bewahren die Entwürfe den Zauber der Morgenröte. Er rührt auch daher, daß unbefangen ins Unendliche oder Unbedingte ausgegriffen wurde. Eine Weile, vielleicht ein paar Generationen lang, scheint der Schatz vergessen, der da hinterlassen wurde. Dann wird er wieder ausgegraben und bewundert als die Vision, in der man sich selbst erkennt. Die Urkunde wird nicht wie ein Text aus vergangenen, sondern wie einer aus gegenwärtigen Tagen gelesen. So entdeckt man zwar manches, was einst verborgen geblieben war, aber man übersieht leicht auch vieles, was den Zeitgenossen eines Frühverstorbenen noch ganz vertraut gewesen.

Eine Wiederentdeckung ist immer auch schon eine Mythisierung. Gegenüber der bloß historischen Aneignung ist sie gerechtfertigt als schöpferische Wiedergeburt. Bleibt diese aus, so kommt es statt zum produktiven Mißverständnis zur verfälschenden Interpretation. Sie gehört vor den Gerichtshof, der zwar für echte Renaissancen nicht zuständig ist, wohl aber für die tendenziöse Verwendung großer Namen: die Philologie.

Im Laufe des achtzehnten Jahrhunderts verändert sich die Reflexion über Kunst und Dichtung. Die Entstehung der Ästhetik als philosophischer Disziplin ist dafür nicht Ursache, vielmehr ist solche Ästhetik selbst eine unter anderen Folgen der neuen Denk- und Empfindungsweise. In der Kunst wird nun die autonome Ausdrucksform des Geistes gesehen, ja selbst die Möglichkeit, das zu leisten, was die überlieferte Religion ins Jenseits versetzt, also nur versprochen hatte.

Die Kunstreligion versteht sich nicht als Widerlegung von Aufklärung und Kritik, sondern als deren Vollendung. Selbst die Französische Revolution soll weniger bekämpft als vielmehr mit anderen, geistigeren Mitteln fortgesetzt werden bis zur Vereinigung seit alters widerstreitender Kräfte. Diese Versöhnung ins Werk zu setzen, bedarf es nicht nur einer anderen Kunst, sondern auch einer anderen Wissenschaft und Philosophie. Auch die Verbindung der bisher getrennten Künste mit den Wissenschaften und der Philosophie soll die Ankunft des goldenen Zeitalters vorbereiten. Freilich nur vorbereiten, denn durch die Vereinigung des bislang Getrennten entstünde erst der neue Glaube, dessen die Ankunft bedarf.

Um einen Glauben handelt es sich in der Tat. Seine Erwartungen wurden so wenig erfüllt wie die von früheren Schwärmern. Was den frühromantischen Gläubigen die Ankunft des goldenen Zeitalters vorzubereiten schien, enthüllte sich den Erben der Romantik als die Heraufkunft des Nihilismus. Und damit als eine Geschichte von sehr langer Herkunft. Sind so die Träume widerlegt, ist die Kunstreligion als Ersatz entlarvt? Der Schluß liegt nahe, aber es ist ein zu kurzer Schluß. Nicht, weil auf später zu hoffen wäre, sondern weil die Idee ihre eigene Wahrheit hat, die nicht mit der Geschichte verwechselt oder gleichgesetzt werden darf.

Die Philologie hindert uns zurecht daran, Texte von 1800 so zu lesen, als wären sie für uns geschrieben. Aber auch die Philologie kann befangen bleiben und zu dem Glauben verführen, man wisse ganz, was einst gedacht worden, wenn man es nur im historischen Kontext läse. Leicht übersieht man so die Probleme, die gerade in den Lösungen von einst stecken. Ein solches Problem ist das Verhältnis von Philosophie und Poesie, wie es bei Novalis als Dichten und Denken erscheint. Nicht nur bei ihm, aber bei keinem seiner Weg- und Zeitgenossen so elementar und konsequent. Das hat wenig mit einer doppelten Begabung zu tun, wie man sie von Dichtern kennt, die auch malten oder komponierten. So weit es mit der individuellen Artung zu schaffen hat, macht diese höchstens den Betroffenen dafür geeignet, auf seine Weise zu erfahren, was eine ganz Epoche prägt.

Zum Problem wurde das Verhältnis von Denken und Dichten, seitdem die Philosophie der theologischen und die Kunst der hierarchischen Vormundschaft entwachsen war. Bundesgenossen im Kampf um die Autonomie, mußten Philosophie und Poesie zu Konkurrenten werden, sobald sie auf sich selbst gestellt wurden. Denn ihre Selbständigkeit zielte gerade aufs Ganze als den Grund, dem sie entsprungen waren. Die Konkurrenz ums Absolute verbarg sich freilich zunächst in der Bemühung, durch die Vereinigung von Dichten und Denken das Neue zu gewinnen. Es sollte nicht nur die Wissenschaften verwandelnd einbeziehen, sondern selbst die Geschichte ein- und heimholen.

Der verwegene Enthusiasmus geht aufs Eschatologische. Friedrich Schlegel schwärmt nicht nur von neuer Mythologie, sondern auch von der Stiftung einer neuen Religion. Novalis, strenger, behutsamer als der Freund, fürchtet das Dilettantische vager Entwürfe, die nur progressiv ins Universale zielen. Was Schlegel als Wünschelrutengänger der Historie und Literatur und als Kritiker so fähig und bedeutend machte, behinderte ihn freilich nicht nur im Dichten, sondern auch im Denken. Den fundamentalen Mangel hat er aufgewogen durch seine genialische Erfindung, die romantische Ironie. Die imperatorische Gebärde, mit der er das Dilemma zu lösen wähnte, war folgenreich, sie bestimmt auch die Literaturgeschichtsschreibung bis in unsere Tage hinein. So ist nicht nur Schlegels Definition der romantischen Poesie als einer progressiven Universalpoesie für die Darstellung der Epoche leitend geblieben, sondern auch seine Bestimmung von Kritik und Ironie. Selbst Hegels Kritik der romantischen Ironie hat das nicht verhindern können.

Wie subtil Novalis zu ironisieren verstand, zeigen nicht nur seine knappen Dialoge. Im Briefwechsel mit Friedrich Schlegel spielt Novalis fast allein den ironischen Part. Aber das ist nicht romantische Ironie. Für diese war weder im dichterischen Werk noch in den spekulativen Entwürfen von Novalis Platz. An den Dialogen und Briefen läßt sich ablesen, daß er es, wo nicht in der romantischen, so doch in der sokratischen Ironie weit hätte bringen können. Und vielleicht wäre er durch ein längeres Leben dazu gezwungen worden, entweder das dialogische Spiel zur beherrschenden Dialektik zu entwickeln oder zu verstummen. Es sei denn, er hätte zuvor seinen Weg nach Hause in einen solchen nach Rom verkehrt.

Weil seine späte Lebenszeit noch immer eine sehr frühe jugendliche war, konnte er im letzten fragmentarischen Werk ungebrochen schreiben: „Wo gehn wir denn hin?" „Immer nach Hause." Der Weg dahin wurde ihm noch nicht zum Gang ins Labyrinth. Im Wald der Symbole fand er noch einen Vergil, wie er auch seine Beatrice noch erschaffen konnte.

Die Heimkehr als Ankunft des goldenen Zeitalters sollte im HEINRICH VON OFTERDINGEN erzählt werden. Der durchsichtigste und reinste aller romantischen Romane scheint weit hinter dem zurückzubleiben, was sich in den theoretischen Aufzeichnungen von Novalis über Wesen und Möglichkeit des Dichterischen findet. Indessen reicht die Erklärung, daß Theorie und Praxis der Poesie bei Novalis weit auseinanderklaffen, nicht hin, sobald man den OFTERDINGEN als die fragmentarische Ausführung eines Planes liest, dem Novalis selbst den Namen Apotheose der Poesie gegeben hat.

War aber das Wort von der Vergöttlichung nicht unbedacht dahergesagt, war Novalis sich überhaupt der Kühnheit der Idee bewußt, die darin steckt? Es ist die Idee, den orphischen Mythos als die wahre Welt- und Heilsgeschichte zu erzählen. Wir staunen, mit welchem Vertrauen ein Dichter

damals das Äußerste gewagt zu haben scheint, und am Erstaunen wird uns
der Abstand bewußt, der uns von damals trennt. Er ist so groß, daß unser
Staunen in der Tat zur Frage wird, ob Novalis wirklich und bewußt so hoch
gegriffen habe. Handelt es sich am Ende beim OFTERDINGEN nicht doch nur
um eine romantische Künstlergeschichte wie Tiecks STERNBALD, auf den sich
Novalis ja selbst beruft? Dann klafften die Ideen und die Dichtungen von
Novalis fast unvereinbar weit auseinander und es gelänge noch nicht einmal,
das Theoretische und Dichterische wie bei Schiller als kontrastierend sich er-
hellende Ausdrucksweisen eines Geistes zu begreifen.

Durch solche Trennung wird das Problem, wie sich das Dichten und das
spekulative Denken zueinander verhalten, nur verdeckt, nicht erklärt.
Kann man sich vorstellen, Novalis habe, sobald er zu dichten begann, all
jene Ahnungen und Einsichten eingeklammert oder vergessen, von denen
seine Fragmente und Notizen sprechen? Wohl kaum. So hätte er mit gänzlich
unzureichenden Mitteln gedichtet? Dann wäre er nur ein Dilettant gewesen.
Das wird niemand zu behaupten wagen. Er war ein großer Dichter, und um
1800 einer der modernsten.

Es bleibt vor allem zu fragen, wie das theoretische und das dichterische
Werk von Novalis zusammenhängen. Diese Frage wegzuschieben oder auf
allzu einfache Weise zu beantworten, geht nicht an, weil Novalis in beiden
Bereichen ernst zu nehmen ist. Das macht ihn zu einer paradigmatischen
Figur. Ihre Deutung muß den Texten abgewonnen werden, in denen die Idee
am reinsten oder extremsten erscheint. Es ist die Idee, deren mythischer Name
Orpheus lautet. Den Mythos vom Dichter hat Novalis noch einmal zu erzählen begonnen. Daß die Erzählung eine Apotheose der Poesie werden
sollte, war folgerichtig. Denn zuvor hatte Novalis bereits denkend den Logos
der Poesie, das Wesen des schöpferischen Geistes und Wortes zu ergründen
gesucht.

1. KAPITEL

Dichten und Denken

Novalis als Philosoph — Novalis als Dichter?

Am 23. Februar 1800, elf Monate vor seinem Tod, schrieb Novalis in der letzten großen produktiven Phase an Ludwig Tieck einen enthusiastischen Brief. Dieses Schreiben wurde später zur heiligen Urkunde der Novalis-Interpretation. Einige auf die erste Hälfte des HEINRICH VON OFTERDINGEN gemünzte Sätze schienen die einfache Lösung für das schwierige Problem zu liefern, ob man Novalis als einen Philosophen oder als einen Dichter, als einen philosophischen Poeten oder einen poetischen Philosophen zu deuten habe. Novalis hatte nämlich in diesem Brief so entschieden: „Es ist ein erster Versuch in jeder Hinsicht — die erste Frucht der bei mir wieder erwachten Poesie, um deren Entstehung Deine Bekanntschaft das größeste Verdienst hat. Unter Spekulanten war ich ganz Spekulation geworden."[1] Hierzu paßten aufs beste einige andere Bemerkungen: „Die Philosophie ruht jetzt bei mir im Bücherschranke. Ich bin froh, daß ich durch diese Spitzberge der reinen Vernunft durch bin und wieder im bunten erquickenden Lande der Sinne mit Leib und Seele wohne. Die Erinnerung an die ausgestandenen Mühseligkeiten macht mich froh. Es gehört in die Jahre der Bildung. Übungen des Scharfsinns und der Reflexion sind unentbehrlich."[2] Dem folgen Sätze, in denen die jahrelange Beschäftigung mit der „Philosophie" noch deutlicher als bloßer Übergang charakterisiert wird. Man müsse nicht über der Grammatik die Autoren vergessen, überm Spiel mit Buchstaben die bezeichneten Größen. Man könne die Philosophie hoch schätzen, ohne sie zur Hausverwalterin zu haben und einzig von ihr zu leben. Mathematik allein werde keinen Soldaten und Mechaniker, Philosophie allein keinen Menschen machen.

Hatte Novalis damit nicht ein authentisches Schema für die Einordnung seiner verschiedenartigen Schriften geliefert? Wem die Masse der sogenannten Fragmente eher eine wenn auch kaum eingestandene Last war als eine

Freude, konnte sich also mit beinahe gutem Gewissen um so mehr dem Dichter der blauen Blume widmen. Wer großzügig genug verfuhr, konnte die schöne Entwicklung von der Philosophie zur Dichtung auch ungefähr in der Chronologie der Aufzeichnungen und Werke gespiegelt sehen. Ernsthaft brauchte man sich fortan nur noch mit dem Dichter Novalis abzugeben. Was man um so beruhigter tun konnte, als die Parallelenjäger derweilen den Denker Novalis durch die nachgewiesenen Einflüsse von Kant, Schiller, Fichte, Herder, Lavater, Hemsterhuis, Böhme wenn nicht zur Strecke, was ja nie die Absicht gewesen, so doch aufs rechte Maß gebracht hatten.

Wem die einfache Rangordnung eines abgeleiteten Philosophen und originalen Poeten nicht genügte, der konnte sich aufs Romantische zurückziehen. Hatte nicht Friedrich Schlegel, der andere Part der realsymbolischen Romantiker-Freundschaft, im ATHENAEUM Novalis angemessen gefeiert? „Nicht auf der Gränze schwebst du, sondern in deinem Geiste haben sich Poesie und Philosophie innig durchdrungen." Und hatte nicht Novalis in seiner Randbemerkung die innige Durchdringung von Poesie und Philosophie auf echt romantische Weise beschrieben, nämlich als enthusiastische Hoffnung: „Wenn irgend jemand zum Apostel in unsrer Zeit sich schickt, und geboren ist, so bist du es. Du wirst der Paulus der neuen Religion seyn, die überall anbricht — einer der Erstlinge des neuen Zeitalters — des Religiösen. Mit dieser Religion fängt sich eine neue Weltgeschichte an" (III, 493). Aber wenn das Romantische der Versuch ist, die Grenzen von Poesie und Philosophie aufzuheben, um so zu einer neuen Religion zu gelangen, dann hilft es nicht weiter, auf dieses Romantische zu verweisen. Man erhält so keine Antwort auf die Frage nach dem Verhältnis von Dichtung und Philosophie bei Novalis.

Von den Verteidigern des Philosophen Novalis ist genug Material zusammengetragen worden, das der Verleugnung der Spekulation durch den Dichter selbst das Gewicht halten kann.[3] Doch verfehlt man das Problem, wenn man mit chronologischen Tatsachen, Vermutungen und Gegenzitaten die einseitige Deutung jener Briefstellen zurechtrückt. Liest man den Brief an Tieck unvoreingenommen, aber genau, so entdeckt man bald, daß es um anderes geht. Zunächst läßt sich leicht erklären, warum Novalis hier die Poesie gegen die Spekulation ausspielt. Er hätte den HEINRICH VON OFTERDINGEN wohl kaum zu schreiben begonnen ohne die Überzeugung, damit etwas zu realisieren, was ihm in früheren Versuchen nicht gelungen schien. Solange er an diesem Roman schrieb, hielt er ihn für das rechte Medium, das zu gewinnen, was auch das Ziel seiner Spekulation gewesen. Und weil er kein Dilettant war, fielen bei ihm Glaube und Tätigkeit zusammen. So spricht er nicht von einem gewählten oder wiederaufgenommenen Ausdrucksmittel, sondern von der Poesie selbst, die wieder erwacht sei.

Ein Jahr zuvor, am 27. Februar 1799, hatte er an Caroline Schlegel geschrieben: „Schade nur, daß mir jetzt keine Zeit zum ideenreichen Müßiggang bleibt — und ich so selten mich sammeln und auf meinen innern Sprachorganen phantasieren kann. Ich fühle jedoch, daß diese Unterbrechung eine ruhige, weinichte Gärung befördert und ich nach geendigtem Lernen mit neuer gebildeter Kraft zur alten Poesie und Philosophie zurückkehren werde. Beide sind zur glücklichen Ehe unentbehrlich..." Die alte Poesie und die alte Philosophie also schlummern beide, solange die Gärung dauert. Weder zur Philosophie allein noch zur Poesie will er zurückkehren. Wenn der Schlummer endet und die Tätigkeit der neuen, gebildeten Kraft beginnt, zwingt gerade das Neue an dieser Kraft dazu, das so einfache „und" zwischen „Poesie" und „Philosophie" daraufhin zu prüfen, wie es sich mit der Tätigkeit des erwachten inneren Sprachorgans verträgt.

Auf dieses „und" wird sich schließlich das phantasierende Sprachorgan, dessen anderer Name produktive Einbildungskraft lautet, konzentrieren. Die Konzentration wird das Verhältnis von Dichtung und Philosophie radikalisieren, und sie wird bewirken, daß das Produkt der wiedererwachten Poesie nichts weniger als eine „Apotheose der Poesie" selbst sein soll. Eben davon ist im Brief an Tieck in der Tat die Rede: „Mein Roman ist im vollen Gange. Zwölf gedruckte Bogen sind ohngefähr fertig. Der ganze Plan ruht ziemlich ausgeführt in meinem Kopfe. Es werden zwei Bände werden — der erste ist in drei Wochen hoffentlich fertig. Er enthält die Andeutungen und das Fußgestell des zweiten Teils. Das Ganze soll eine Apotheose der Poesie sein."

Ein Roman, der nichts geringeres als die Apotheose der Poesie sein soll und als Plan ziemlich ausgeführt im Kopfe des Dichters ruht — dieses ungeheure Projekt läßt an die älteren gigantischen Enzyklopädiepläne von Novalis denken. Die Schwierigkeit des Unterfangens scheint dem Dichter in diesem Augenblick noch verborgen zu sein. Denn er schreibt mit leichter Hand: „Heinrich von Afterdingen wird im ersten Teile zum Dichter reif — und im zweiten als Dichter verklärt." Nun kann man sich zwar anhand des ersten Teiles vom OFTERDINGEN ein Bild davon machen, wie nach der Vorstellung von Novalis ein dichterischer Mensch reif, wie er zum Dichter wird. Aber von der Verklärung gewinnt man allenfalls eine so phantastische wie vage Vorstellung, obwohl zum zweiten Teil ein Kapitel und etliche Notizen

2

erhalten sind.[4] Die Apotheose, die Vergöttlichung eines Menschen ist in der
bildenden Kunst oft so dargestellt, daß der unter die Götter Erhobene sichtbar gen Himmel getragen wird. Die Apotheose eines Dichters kennen wir
von der Verklärung des Homer. Wenn nun Heinrich von Ofterdingen,
nachdem er zum Dichter reif geworden, als Dichter verklärt wird und diese
Verklärung der Inhalt eines Romanes sein soll, zu dem der erste Teil nicht
mehr als Andeutung und Fußgestell ist, lassen uns zumindest die literarischen
Analogien im Stich. Es bleibt die rätselhafte Formel, daß ein Roman die
Apotheose der Poesie selbst sein soll.

Im Brief an Tieck ist freilich alles leicht und enthusiastisch gesagt. Der
Abgrund, der sich mit der Erhebung eines Dichters in die Himmel für den
schreibenden Poeten selbst auftun könnte, bleibt verborgen: „Er wird man-
cherlei Ähnlichkeiten mit dem ‚Sternbald‘ haben — nur nicht die Leichtigkeit.
Doch wird dieser Mangel vielleicht dem Inhalt nicht ungünstig.“ Ein be-
grenztes Kompliment also, das leicht darüber hinwegtäuscht, daß hier mehr
verschwiegen als gesagt wird: „Es ist ein erster Versuch in jeder Hinsicht —“,
hier stockt man, verführt, den Satz wortwörtlich zu nehmen: ein erster Versuch in jeder Hinsicht! Aber es scheint leichter gemeint zu sein: „. . . in jeder
Hinsicht — die erste Frucht der bei mir wieder erwachten Poesie, um deren
Entstehung [5] Deine Bekanntschaft das größeste Verdienst hat. Unter Spekulanten war ich ganz Spekulation geworden.“ Wieder ist man verlockt zu
fragen, ob es bloßer Zufall ist, daß da steht: ich war ganz Spekulation
geworden, anstatt: ich war ganz Spekulant geworden. Spekulation werden,
das klingt zweideutiger, ironischer. Aber vielleicht ist die Formulierung
nur Zufall, die Feder eilt weiter: „Es sind einige Lieder drin von meiner
Art. Ich gefalle mir [6] sehr in der eigentlichen Romanze.“

Sollte man sich nicht doch hüten, hier zuviel herauszulesen? Selbst das
Projekt scheint seine Dimension zu verlieren, sobald man es innerhalb einer
Phantasmagorie formaler Pläne sieht: „Ich werde mannigfachen Nutzen von
meinem Roman haben — der Kopf wimmelt mir von Ideen zu Romanen
und Lustspielen. Sollt ich Dich bald sehn, so bring ich eine Erzählung und
ein Märchen aus meinem Roman zur Probe mit.“

Dem folgt aber ein Hinweis, der die Apotheose in ein neues Licht rückt
und die vermeintlich einfache Wendung von der Spekulation zur Poesie
wieder fragwürdig macht. Jakob Böhme lese er jetzt im Zusammenhang
und fange an, ihn zu verstehen, wie er verstanden werden müsse, schreibt
Novalis und zieht die Summe seiner kreativen Lektüre. Man sehe in Böhme
„den gewaltigen Frühling mit seinen quellenden, treibenden, bildenden und

mischenden Kräften, die von innen heraus die Welt gebären — Ein echtes
Chaos voll dunkler Begier und wunderbarem Leben — einen wahren, aus-
einandergehenden Mikrokosmus." Novalis gibt so unter der Hand das Beispiel für eine Interpretation, die man spekulativ nennen darf.

Von Jakob Böhme ist in diesem Brief noch einmal die Rede: „Welch heitre
Fröhlichkeit herrscht nicht dagegen in Böhme, und diese ist's doch allein, in
der wir leben, wie der Fisch im Wasser." Heitre Fröhlichkeit ist hier ein so
überraschender Ausdruck, daß man vermuten darf, die klassizistische Floskel,
die ja gerade bei Böhme kaum am Platze ist, deute auf ein zentrales Problem
von Novalis selbst. So wird denn auch die in Böhme herrschende heitre
Fröhlichkeit gegen nichts geringeres als die Selbstvernichtung der Poesie
gesetzt. Wäre nicht gesagt, um was es sich handelt, man würde es schwer
erraten: WILHELM MEISTERS LEHRJAHRE.

Goethes Roman gilt der doppelt geführte Angriff. Einmal wird gegen
den MEISTER der eigene Roman, also die Apotheose der Poesie, gestellt.
Zum andern wird Goethes Werk einer Kritik unterworfen, die das genaue
Gegenstück zum Entwurf der Böhme-Interpretation ist: „Wenn die ‚Lite-
ratur-Zeitung' nicht so jämmerlich wäre, so hätt' ich Lust gehabt, eine Rezen-
sion von ‚Wilhelm Meisters Lehrjahren' einzuschicken... So viel ich auch
aus ‚Meister' gelernt habe und noch lerne, so odiös ist doch im Grunde das
ganze Buch... Es ist ein ‚Candide' gegen die Poesie — ein nobilitierter
Roman. Man weiß nicht, wer schlechter wegkömmt — die Poesie oder der
Adel, jene, weil er sie zum Adel, dieser, weil er ihn zur Poesie rechnet. Mit
Stroh und Läppchen ist der Garten der Poesie nachgemacht. Anstatt die
Komödiantinnen zu Musen zu machen, werden die Musen zu Komödiantinnen gemacht... Das Buch ist unendlich merkwürdig — aber man freut sich
doch herzlich, wenn man von der ängstlichen Peinlichkeit des vierten Teils
erlöst und zum Schluß gekommen ist... es ist mir alles so klar und ich sehe
so deutlich die große Kunst, mit der die Poesie durch sich selbst im ‚Meister'
vernichtet wird — und während sie im Hintergrunde scheitert, die Ökonomie sicher auf festem Grund und Boden mit ihren Freunden sich gütlich tut
und achselzuckend nach dem Meere sieht."[7] Die Rezension, schreibt Novalis,
habe er im Kopfe. Sie würde das völlige Gegenstück zu Friedrichs Aufsatz
sein, also von der im Athenaeum erschienenen Rezension, die als „Übermeister" soviel zu Friedrich Schlegels Ruhm beigetragen hat.[8]

Vom Gegenstück zu Schlegels Rezension spricht Novalis so entschieden,
weil der Übermeister für seine ältere, inzwischen überholte Meinung steht.
Deshalb sagt Novalis jetzt: „Es ist mir unbegreiflich, wie ich solange habe

2*

blind sein können." Diese Blindheit hinderte ihn auch zu sehen, daß im WILHELM MEISTER der Verstand „wie ein naiver Teufel" sei.

Das Dokument jener vermeintlichen Blindheit ist ein großes Fragment über Goethe, etwa anderthalb Jahre vor dem Brief an Tieck entstanden.[9] Auch hier heißt es, Wilhelm Meister sei „ganz ein Kunstproduct — ein Werk des Verstandes". Doch ist das noch ganz positiv gemeint. Denn von Goethes „Verstand" heißt es: „An ihm kann man die Gabe zu abstrahiren in einem neuen Lichte kennen lernen. Er abstrahirt mit einer seltnen Genauigkeit, aber nie ohne das Object zugleich zu construiren, dem die Abstraction entspricht." Schon aus diesem Satz ist abzulesen, daß „Abstraktion", weit über die gängige Bedeutung des Wortes hinaus, für Novalis ein zentraler Begriff sein muß.[10] Seine ganze Fülle bekam das Wort in der Aneignung neuplatonischer Gedanken. Und wie Novalis, nach der Auseinandersetzung mit Kant und Fichte, als seinen Philosophen Plotin entdeckte, so findet er nach Goethe Jakob Böhme. Dessen Wert als Dichter soll Thema einer Abhandlung werden.[11]

Im Goethe-Essay von 1798 heißt es also noch, und nicht abschätzig: „Der Sitz der eigentlichen Kunst ist lediglich im Verstande. Dieser konstruirt nach einem eigenthümlichen Begriff. Fantasie, Witz und Urtheilskraft werden nur von ihm requirirt. So ist Wilhelm Meister ganz ein Kunstproduct — ein Werck des Verstandes." Zwar gilt schon hier: „Göthe wird und muß übertroffen werden." Aber eben übertroffen und nicht überwunden, während später der OFTERDINGEN den MEISTER überwinden sollte. Und ein Roman, der den MEISTER überträfe, wäre kein Gegenstück zu diesem, sowenig wie eine Goethe-Studie jetzt noch, im Sommer 1798, ein Gegenstück zu Friedrich Schlegels Rezension bedeutete. Denn noch ist Novalis weit von der Alternative entfernt, in der die Selbstvernichtung der Poesie, also WILHELM MEISTER, gegen die überwindende Apotheose des OFTERDINGEN steht. Denn Goethe soll nur übertroffen werden, „wie die Alten übertroffen werden können, an Gehalt und Kraft, an Mannichfaltigkeit und Tiefsinn — als Künstler eigentlich nicht — oder doch nur um sehr wenig, denn seine Richtigkeit und Strenge ist vielleicht schon musterhafter, als es scheint." Keine moderne Nation habe den Kunstverstand in so hohem Grad gehabt als die Alten.

Mit dem Vergleich zwischen der Antike und Goethe spielend, will Novalis sich den progressiven Charakter der Aneignung als erste Phase des Übertreffens klarmachen. Dabei gibt er im Vorübergehen ein Beispiel romantischer Deutung des Begriffes „Klassik". Er bestimmt das Wesen des „Kunst-

verstandes" bei den Alten so: „Alles ist bey ihnen Kunstwerk." Für sich
allein genommen wäre diese Bestimmung nur ein platter Romantizismus
jener Art, wie sie Generationen später noch die Griechenschwärmer wiederholen. Indessen heißt es bei Novalis weiter: „— aber vielleicht dürfte man
nicht zu viel sagen, wenn man annähme, daß sie es erst für uns sind, oder
werden können." Sie sind jedoch noch gar nicht Kunstwerk „für uns". Die
Aneignung ist nämlich progressiv, und der Prozeß geschieht allein in der
Weise des Produzierens.

Weil das Produkt, in dem die Alten Kunstwerk sind, noch nicht da ist,
können sie es werden. Novalis scheut sich folglich nicht, so fortzufahren:
„Der classischen Literatur geht es, wie der Antike; sie ist uns eigentlich nicht
gegeben — sie ist nicht vorhanden — sondern sie soll von uns erst hervor-
gebracht werden." [12] Das wird nur scheinbar durch den Satz abgeschwächt:
„Durch fleißiges und geistvolles Studium der Alten entsteht erst eine klassische Litteratur für uns — die die Alten selbst nicht hatten." Der Schluß
des Satzes verrät, wie weit wir von Winckelmann, ja auch von Goethe bereits
entfernt sind. Denn wenn auch das „fleißige" Studium noch allenfalls mit
Winckelmanns Entdeckung und Goethes Aneignung der Antike Ähnlichkeit haben mag, so ist das geistvolle Studium von Novalis anderer Natur.

Wenn der Geist, von dem hier die Rede ist, sich selbst zu finden anfängt,
so wird er Goethe nicht mehr nur übertreffen, sondern überwinden wollen.
Dann heißt es aber von Goethes Roman: „Künstlerischer Atheismus ist der
Geist des Buches." Daß da von künstlerischem Atheismus gesprochen wird,
verrät, wie weit sich Novalis bereits vom Feld entfernt hat, auf dem zu
dieser Zeit noch immer die Theologen mit den Philosophen hadern. Denn
der Vorwurf eines künstlerischen Atheismus setzt voraus, daß eine Sphäre
erreicht oder erstrebt wird, in der die Kunst nicht die Dienerin der Religion
ist, sondern ihre vollendende Erscheinungsform. Oder gar ihre Aufhebung
zu sein beansprucht. Die Apotheose der Kunst, die Vergöttlichung der poetischen Schöpfung wird zum Postulat der Vernunft. Und soll ein Werk, das
die Apotheose ausdrücken will, das Gegenstück zu dem anderen Buch sein,
das Friedrich Schlegel öffentlich die dritte große Tendenz neben der Französischen Revolution und Fichtes Wissenschaftslehre nannte [13], dann muß
der Geist dieses andern Buches künstlerischer Atheismus sein.

Das Wort findet sich in einer der Notizen, die von heftiger Auseinandersetzung zeugen und verraten, daß es bei alledem nicht bloß um Literatur
geht. Die Aufzeichnung (III, 638) beginnt: „Wilhelm Meisters Lehrjahre
sind gewissermaßen durchaus *prosaisch* — und modern." Als Gegenteil des

Prosaischen gilt auch hier das Poetische. Doch erscheint es in potenzierter Form, als das „Romantische". Im WILHELM MEISTER gehe das Romantische mitsamt der Naturpoesie und dem Wunderbaren zugrunde.

Überraschend ist, daß die Gegenwelt nicht nur prosaisch, sondern auch „modern" genannt wird. Für die geistigen Weggenossen von Novalis, ja für ihn selbst, sind romantisch und modern oft Synonyme. Nun aber wird die Gegenwelt prosaisch und modern genannt. Die eigentliche Welt, also das Romantische, die Naturpoesie, das Wunderbare, geht in dem Buche, das Novalis als Bibel der Gegenwelt jetzt bekämpft, entweder zugrunde oder ist gar nicht vorhanden: „die Natur und der Mystizism sind ganz vergessen". Und wenn nicht vergessen: „Das Wunderbare darinn wird ausdrücklich, als Poesie und Schwärmerey, behandelt." Eben deshalb ist künstlerischer Atheismus der Geist des Buches.

Über die prosaische und moderne Gegenwelt heißt es in dieser Notiz noch, sie sei die Welt der gewöhnlichen menschlichen Dinge. Bloß davon handle WILHELM MEISTER. „Es ist eine poetisirte bürgerliche und häusliche Geschichte." Daß es Goethe gelang, gerade einen solchen Stoff zu poetisieren, erregte ursprünglich die Bewunderung und Begeisterung von Schlegel wie von Novalis.[14] Jetzt wird gerade darin die Sünde wider den Geist der Poesie gesehen. Denn wenn es sich bloß um gewöhnliche menschliche Dinge handelt, die bürgerliche und häusliche Geschichte aber wirklich poetisiert wird, so besteht im romanhaft repräsentierbaren Bereich keine Notwendigkeit mehr für das „Wunderbare". Es muß daher „ausdrücklich" als Poesie und Schwärmerei behandelt werden. In einer durchaus prosaischen Welt sind Poesie und Schwärmerei ebenfalls zwangsläufig gleichzusetzen. Das Wunderbare, für den Dichter das Wirkliche, das Poetische, die Poesie selbst, ist das Göttliche. Nur wer daran glaubt, glaubt an die Poesie. Die Poetisierung der Poesie aber ist ihre Vergöttlichung, ihre Apotheose.

In der prosaischen Welt wird das Wunderbare geleugnet. Sie ist atheistisch. Diese prosaische Welt poetisieren heißt, das Wesen der Poesie verkehren. Eine solche Perversion ist das Gegenteil der Apotheose, eine Verhöhnung, ein Satyrspiel: „Die Poesie ist der Arlequin in der ganzen Farce" (III, 647).

Künstlerischer Atheismus ist also der Geist des WILHELM MEISTER. Sein Stoff hingegen, als solcher zugleich der Geist der prosaisch-modernen Welt, ist die Ökonomie. Der künstlerische Atheismus verbindet Geist und Stoff, aber er erreicht dabei weniger als den Abglanz des Göttlichen, nämlich nur den Abglanz seiner Wirkung: „Sehr viel Oeconomie — mit prosaischen, wohlfeilen Stoff ein poetischer Effect erzielt" (III, 639). Auch der Atheismus der prosaischen und modernen Welt ist noch eine Art Glauben. Sein Inhalt, die Ökonomie, steht gegen die Poesie. Der Kampf zwischen Poesie und Ökonomie endet im WILHELM MEISTER mit dem Sieg der Ökonomie. Es ist ein teuflischer und sicherer Sieg, weil die Poesie mit großer Kunst durch sich selber vernichtet wird.

Daß es sich für Novalis hier wirklich um eine Art geistigen Glaubenskrieg handelt, läßt sich noch deutlicher an der erwähnten Aufzeichnung ablesen, in der sich viele Sätze des Briefes an Tieck fast wörtlich finden. Es heißt hier, der Held retardiere das Eindringen des Evangeliums der Ökonomie. Gerade im Retardieren entfaltet sich die Kunst des Atheismus, hier erst wird er ganz künstlerisch. Denn durch dieses Retardieren wird es möglich, das Eindringen des Evangeliums der Ökonomie als das Schauspiel der Selbstvernichtung der Poesie zu inszenieren. Ohne die Verzögerung könnte die Poesie, der Harlekin in der ganzen Farce, nicht in ihrem Untergang vorgeführt werden. Die „poetische Maschinerie" käme nicht in Gang, wenn die Ökonomie zu rasch eindringen würde und gleich zu Anfang sich sicher auf festem Boden mit ihren Freunden gütlich tun und achselzuckend nach dem Meer sehen könnte. Erst im Ende enthüllt sich der wirkliche Sinn dieses Spiels: „Es ist eine Satyre auf die Poesie, Religion etc. Aus Stroh und Hobelspänen ein wolschmecken-des Gericht, ein Götterbild zusammengesetzt. Hinten wird alles Farce. Die Oeconomische Natur ist die Wahre — *Übrig bleibende*" [15] (III, 646).

Die Heftigkeit des ablehnenden Urteils erklärt sich wieder aus dem Um-schlag. Nicht nur Schlegel hatte ja in seiner Rezension die eigentliche Kunst des Romans an seiner „retardierenden Natur" nachgewiesen. Auch Novalis hatte zunächst gerade dies als die Kunst im MEISTER bewundert: „Der Text ist nie übereilt ... Die retardirende Natur des Romans zeigt sich vor-züglich im Styl" (III, 326). Das dient zu dieser Zeit aber gerade als Beweis, daß Goethes Roman der eigenen Welt und nicht der Gegenwelt zugehört: „Die Philosophie und Moral des Romans sind *romantisch*." Wie kann Novalis aber in der prosaischen Welt, von der der MEISTER handelt, noch die romantische zu erblicken glauben? „Das Gemeinste wird wie das Wich-tigste, mit romantischer Ironie angesehn und dargestellt. Die *Verweilung* ist überall dieselbe. Die Accente sind nicht logisch, sondern (metrisch und) melodisch — wodurch eben jene wunderbare romantische Ordnung entsteht — die keinen Bedacht auf Rang und Werth, Erstheit und Leztheit — Größe und Kleinheit nimmt." [16] Im Medium der Ironie also mußte Novalis den WILHELM MEISTER sehen, um all das zu entdecken, was er später darin nicht mehr findet oder nur als Verleugnung und Verkehrung der Poesie.

So nimmt es nicht Wunder, daß die Ironie, die bei Novalis nie die Rolle spielte, die sie im Denken Friedrich Schlegels einnahm, schließlich sogar als Begriff fast ganz verschwindet.

Die romantische Ordnung im WILHELM MEISTER, mit Hilfe der Ironie entdeckt, soll dadurch entstanden sein, daß Goethe die Akzente nicht logisch, sondern melodisch gesetzt hat.

Erst mit der Arbeit am OFTERDINGEN entsteht das Bedürfnis, sich so gründlich von Goethes Roman zu distanzieren. Aber bereits einige Monate zuvor läßt eine Aufzeichnung die nahe Abwendung ahnen. Bereitet sich hier nicht schon die Überzeugung vor, daß im Meister der künstlerische Atheismus auf besonders raffinierte Weise am Werk sei? „So sonderbar, als es manchen scheinen möchte, so ist doch nichts wahrer, als daß es nur die Behandlung, das Äußre — die Melodie des Styls ist, welche zur Lektüre uns hinzieht und uns an dieses oder jenes Buch fesselt. Wilhelm Meisters Lehrjahre sind ein mächtiger Beweis dieser Magie des Vortrags, dieser eindringlichen Schmeicheley einer glatten, gefälligen einfachen und mannichfaltigen Sprache. Wer diese Anmuth des Sprechens besitzt kann uns das Unbedeutendste erzählen, und wir werden uns angezogen und unterhalten finden — diese geistige Einheit ist die wahre Seele eines Buchs — wodurch uns dasselbe persönlich und wircksam vorkommt" (III, 568 f.).[17] Vom Unbedeutendsten als Inhalt eines Buches bis zur prosaischen Welt der Ökonomie ist nur ein Schritt. Er ist getan, sobald das Bedeutendste, die Poesie selbst, als Inhalt eines Romans gegen das Unbedeutende gesetzt wird. Dann wird auch die Farce durchschaut, deren Harlekin die Poesie ist. Und die Magie des Vortrags wird als der Zauber einer Scheinordnung erkannt. Der Zauber ist so groß, weil ein Magier die Akzente gesetzt hat. Und als Magier hat er sie nicht logisch, sondern melodisch gesetzt. So entstand die täuschende Harmonie.

Die Aufzeichnung über Wilhelm Meister als Beweis der Magie des Vortrags ist noch sehr zurückhaltend. Die Bewunderung überdeckt noch die sich regende Kritik. Im Umkreis dieser Notiz finden sich Bemerkungen über das Verhältnis von Dichtung und Philosophie. Sie werden als zwei Weisen der einen Tätigkeit gesehen. Ja, ihre Trennung ist wohl nur dadurch bedingt, daß diese Tätigkeit noch nicht ihren angemessenen Ausdruck gefunden hat. „Dichtkunst ist wohl nur — willkührlicher, thätiger, produktiver Gebrauch unsrer Organe — und vielleicht wäre Denken selbst nicht viel etwas anders — und Denken und Dichten also einerley" (III, 563). Daran zweifelt Novalis noch nicht, obwohl ihm bereits die Poesie selbst als eigentlicher Gegenstand der Dichtung vorzuschweben scheint: „Ein Roman muß durch

und durch Poesie seyn. Die Poesie ist nämlich, wie die Philosophie, eine
harmonische Stimmung unsers Gemüths …" (III, 558).

Während der Arbeit am OFTERDINGEN scheint das Problem des Einerlei
von Dichten und Denken sich zu lösen. Und zwar auf Kosten des Denkens,
das als Spekulation zur bloßen Vorbereitung erklärt wird. Das ist verständlich, denn die wiedererwachte Poesie hatte Novalis leidenschaftlich ergriffen.
Da blieb nicht Zeit noch Kraft, Einerlei oder Unterschied von Dichten und
Denken weiter zu prüfen. Aber das Problem wäre in neuer und schärferer
Weise zurückgekehrt bei der Fortsetzung des OFTERDINGEN. Denn dort hätte
sich gezeigt, wohin ein Dichter gerät, der mit den romantischen Mitteln
artistischer Naivität die Apotheose der Poesie versucht.

2. KAPITEL

Die orphische Wissenschaft

Enzyklopädistik und Experiment

Auch die echte romantische Ordnung entsteht durch Melodie. Denn es ist die Ordnung, die durch den neuen Orpheus gestiftet wird. Das Erscheinen des neuen Orpheus würde die Apotheose der Poesie bedeuten und die Herrschaft der prosaischen Ökonomie beenden. Der Kampf, der solchem Untergang voraufginge, wäre apokalyptisch: „Prosaische Natur des jetzigen Himmels und der jetzigen Erde. Weltperiode des Nutzens. Welt*gericht* — Anfang der neuen, gebildeten, poetischen Periode" (III, 312).

Diese Aufzeichnung mit dem Stichwort „Cosmologie" findet sich im ALLGEMEINEN BROUILLON, der Materialsammlung von 1798/99 zum großen enzyklopädistischen Plan. Unmittelbar davor steht eine Charakterisierung der Personen des WILHELM MEISTER, ganz in der Manier der bewundernden Einfühlung.[18] Novalis ist also noch weit davon entfernt, hier die prosaische Natur der zu überwindenden Epoche zu sehen. Erst später, nachdem die Enzyklopädistik in den Hintergrund getreten und der OFTERDINGEN als ein Mittel zur Bildung der neuen poetischen Welt den Dichter beschäftigt, gerät Goethes Roman auf die andere Seite. Erst dann wird auch die apokalyptische Scheidung, die in der Notiz zur Kosmologie bloße These scheint, zum dichterischen Postulat.

Daraus darf nicht gefolgert werden, Novalis habe mit seinem enzyklopädistischen Entwurf weniger hoch gegriffen als mit dem OFTERDINGEN. Auch die Enzyklopädistik zielte als universelles Buch auf eine Apotheose der Poesie. Allerdings meint Poesie da noch deutlicher als im Roman nicht nur die Dichtkunst, sondern Schöpfung und Schaffen im weitesten Sinne. Nur wenn man den ungeheuren enzyklopädistischen Entwurf kennt, ahnt man die Dimension, in der die Dichtungen von Novalis stehen. Wie umgekehrt von diesen eschatologischen Dichtungen Licht auf seine philosophischen und wissenschaftlichen Spekulationen fällt.

Bei den Notizen des ALLGEMEINEN BROUILLONS handelt es sich nicht, wie oft angenommen wird, um Bruchstücke eines unvollendeten Werkes. Und auch nicht um Fragmente im Sinne jener Aphorismen, wie sie Novalis und Friedrich Schlegel im ATHENAEUM veröffentlichten. Das ALLGEMEINE BROUILLON ist vielmehr eine Sammlung von Materialien. Man hat zwar versucht, diese Notizen nach Stichworten zu ordnen, um wenigstens eine Art Rohmanuskript der geplanten Enzyklopädistik zu gewinnen.[19] Aber jeder Versuch einer solchen Rekonstruktion ist zum Scheitern verurteilt und hat so wenig Sinn wie etwa die Konstruktion eines Hauptwerkes von Nietzsche aus dessen nachgelassenen Aufzeichnungen. Der jüngste Herausgeber des ALLGEMEINEN BROUILLONS hat die Unmöglichkeit einer systematischen, nachvollziehenden Ordnung zureichend dargelegt.[20]

Die Notizen sind deshalb nicht weniger wertvoll. Doch ist bei ihrer Deutung jene Umsicht und Vorsicht nötig, an der man es meist fehlen ließ. Vor allem verbietet sich die Berufung auf losgelöste Einzelsätze. Gerade die überraschendsten Bemerkungen, die Novalis so modern erscheinen lassen, erhalten oft einen andern Sinn, sobald man sie im größeren Zusammenhang liest und in ihrer literarischen Herkunft begreift.

Zu den Bruchstücken vom zweiten Teil des OFTERDINGEN meinte Achim von Arnim, die Durchsicht habe ihn fester überzeugt, „daß so überhaupt keine Dichtung weiter entstehen kann, sondern daß sie da mit der Entwerfung des Planes aufgebraucht ist — wie Didos Ochsenhaut, die den weiten Acker fein geschnitten umspannt, kaum mehr zum Lager dienen kann." [21] Gilt das, falls es für den OFTERDINGEN zutrifft, auch für die Enzyklopädistik? Was umspannt der Plan? Der Herausgeber des ALLGEMEINEN BROUILLONS hält zumindest für gewiß, daß das enzyklopädistische Werk keine Fragmentensammlung werden sollte.

Die Bemerkungen von Novalis zur Gestalt des Buches weisen auf eine „enzyklopädische Vielfalt der Ausdrucksformen".[22] Zumindest zeitweilig scheint Novalis an eine extrem romantische Abfolge gedacht zu haben, so daß die einzelnen „Stücke" und „Glieder" in den verschiedensten Gattungen oder Gattungselementen sich präsentieren sollten. So tauchen Begriffe wie Essay, Fragment, Gutachten, Geschichte, Rezension, Rede, Monolog und Dialog auf. Auch von einer Folge von Fragmenten, Briefen, Gedichten, strengen Aufsätzen ist die Rede.

Trotz aller Hinweise von Novalis wagt der Herausgeber des BROUILLONS jedoch nur die Vermutung, „daß das geplante Werk ein höchst kompliziertes, differenziert aufgebautes ‚wissenschaftliches Organon‘ werden sollte, das seiner Form nach die universale Tendenz des Inhalts zu spiegeln hätte“.

Vom Inhalt selbst sagt der neue Herausgeber bestimmter, es sei Novalis um eine Grundlegung aller Wissenschaften gegangen, „um eine Wissenschaftslehre als ‚System des wissenschaftlichen Geistes‘, die das Verbindende zwischen den verschiedenen Zweigen und Sachgebieten der Wissenschaften aufsucht und diese auf ihre tiefere Einheit zurückführt“. Nicht um stoffliche Vollständigkeit, sondern um das Prinzip ging es Novalis, woraus sich sowohl die Verwendung des Wortes Enzyklopädistik, statt Enzyklopädie, erklärt, wie auch die mögliche Beschränkung auf die Methodik des Verfahrens. So gesehen sei das ALLGEMEINE BROUILLON, „obwohl es nur Materialien bietet und der ihm zugrundeliegende Gedanke nicht ausgeführt wurde, ein vollkommenes Zeugnis dessen, was sein Autor beabsichtigte: die Aufsplitterung und Vereinzelung der Wissenschaften durch ihre Rückführung auf eine ‚Combinationslehre‘ oder ‚Compositionslehre‘ oder ‚Construktionslehre des schaffenden Geistes‘ zu überwinden, da ihr ‚Eintheilungsgrund‘ nach seiner tiefsten Überzeugung *zufällig* und *fremd*‘ ist“.

Der Herausgeber betont freilich auch zurecht, daß man das Projekt von Novalis nicht ganz so einfach, wie das bisher geschehen sei, als etwas völlig Neues und Eigenes gegen die Enzyklopädie-Bestrebungen des 18. Jahrhunderts ausspielen dürfe.[23] Bei produktiven Köpfen braucht ohnehin nicht um Prioritäten gestritten zu werden. Novalis selbst bezeichnet die Sucht nach Originalität als gelehrten, groben Egoismus. „Wer nicht jeden fremden Gedanken, wie einen Seinigen, und einen Eigenthümlichen, wie einen fremden Gedanken behandelt — ist kein ächter Gelehrter“ (III, 405).

Ja, er sagt sogar: „Eine Idee verliert außerordentlich, wenn ich ihr den Stempel *meiner* Erfindung aufdrücke, und sie zu einer Patentidee mache“ (III, 414). Die Aufzeichnungen des BROUILLONS, immerhin die materiale Grundlage für das große spekulativ-wissenschaftliche Projekt, sind denn auch sehr eng an die exzerpierende Lektüre sehr vieler Bücher gebunden. Man macht Novalis nicht größer, wenn man die Art und den Grad solcher Anregung verkleinert. Wie man umgekehrt seinem Denken nicht näher kommt, indem man es in lauter Einflüsse auflöst. Beides ist als Folge wissenschaftlicher Moden unter Verletzung philologischer Grundsätze bis zur Absurdität getrieben worden. Die Alternative, die einen großen Teil der älteren Novalis-Literatur in solche Enge zwang, ist überholt.[24]

Die genauere Einsicht in die Quellen von Novalis hat nicht nur eine bessere Grundlage für die Interpretation der Texte, Pläne und Ziele geschaffen. Sie gibt vielmehr auch einen Maßstab, mit dessen Hilfe man die Eigenständigkeit dieses genialen Geistes angemessener bewerten kann als mit der vagen Größe der behaupteten Originalität. Zunächst einmal gilt für Novalis selbst: „Wie Copernikus machens alle guten Forscher — Aerzte, und Beobachter und Denker — Sie drehn die Data und die Methode um, um zu sehn, obs da nicht besser geht" (III, 355).

Die eigens unter dem Stichwort „Encyklopädistik" rubrizierte Bemerkung ist ein gutes Beispiel dafür, mit welcher Unbefangenheit Novalis sich jeder Anregung und Assoziation überließ und überlassen durfte. Denn hier klingt natürlich Kants Hinweis aus der Vorrede zur zweiten Auflage der KRITIK DER REINEN VERNUNFT deutlich genug an: „Es ist hiemit eben so, als mit den ersten Gedanken des Copernicus bewandt, der, nachdem es mit der Erklärung der Himmelsbewegungen nicht gut fortwollte, wenn er annahm, das ganze Sternheer drehe sich um den Zuschauer, versuchte, ob es nicht besser gelingen möchte, wenn er den Zuschauer sich drehen und dagegen die Sterne in Ruhe ließ." [25] In einer Fußnote Kants taucht auch schon der Begriff auf, der sich bei dem Satz von Novalis wie von selbst einstellt, und dessen Verbindung mit der Philosophie über die Romantik hinaus bis zu Nietzsche seine große Rolle spielen wird. Es ist der Begriff des Experimentes.[26]

Bei Kant nun heißt es zwar noch, die dem Naturforscher nachgeahmte Methode bestehe darin, die Elemente der reinen Vernunft in dem zu suchen, was sich durch ein Experiment bestätigen oder widerlegen lasse. Wobei berücksichtigt wird, daß sich zur Prüfung der Sätze der reinen Vernunft kein Experiment mit ihren Objekten, wie in der Naturwissenschaft, machen lasse, sondern nur mit Begriffen und Grundsätzen. Novalis hingegen meint das Experiment nicht mehr nur als eine der Naturforschung verwandte Methode. Er radikalisiert den Vergleich und hebt dabei den Unterschied der Methoden auf. Die kopernikanische Wende Kants scheint ihm noch nicht gründlich genug zu sein, er will über Kant und auch über Fichte hinaus. Dabei stößt er dann auf einen nicht mehr nur historisch nachempfundenen, sondern wiedergeborenen Neuplatonismus, als dessen Bestätigung ihm Plotin gilt.

Eine frühere Notiz des BROUILLONS (III, 256) gibt eine Deutung des Begriffes Experiment, an der die Entfernung von Kant bereits abzulesen ist. Hier stellt Novalis Genie und Experiment so zusammen, daß Genie als Voraussetzung des Experimentierens erscheint. Solches Genie wird nur wenigen Menschen zugestanden. Die Erklärung der These läßt vermuten, daß anderes gemeint ist als bloßer Begabungsunterschied der Naturforscher, der ja auch schon über Sinn und Erfolg eines Experiments mitentscheidet. So

spricht Novalis zunächst nicht vom genialen Naturforscher oder Experimentator, sondern vom „Genie zum Experimentieren" und erklärt dann: „Der
ächte Experimentator muß ein *dunkles Gefühl der Natur* haben, das ihn,
je vollkomner seine Anlagen sind, um so sicherer auf seinem Gange leitet
und mit desto größerer *Genauigkeit* das versteckte entscheidende Phaenomen
finden und bestimmen läßt."

Dem folgt eine Übertragung Kantischer Erkenntnisbestimmungen auf die
Natur selbst, was zwangsläufig zu einer Überschreitung der durch Kants
Kritik gesetzten Grenzen führt: „Die Natur *inspirirt* gleichsam den ächten
Liebhaber ..." Durch Kant und Fichte gehemmt, scheint Novalis — „gleichsam" — vor der mit dem Begriff der Inspiration sich aufdrängenden Konsequenz noch zu zögern. Aber er zieht sie dann doch: „Die Natur *inspirirt*
gleichsam den ächten Liebhaber und offenbart sich um so vollkommner durch
ihn — je harmonischer seine *Constitution* mit ihr ist." Eine benachbarte
Notiz (III, 257) bestimmt den politischen Begriff der Constitution als „Con-
structionsformel einer Nation, eines Staats". Auf die Analogiebesessenheit
von Novalis sich stützend, darf man ohne Gewaltsamkeit auch die Constitution eines Individuums seine Konstruktionsformel nennen. In einem der
bedeutendsten Blütenstaub-Fragmente (II, 455) heißt es bereits, daß alles
Genie bisher einseitig, Resultat einer krankhaften Konstitution war.

Die nicht einseitige Konstitution besteht in der Harmonie mit der Natur.
Genie kann so als konstitutionelle Naturharmonie bezeichnet werden. Das
wäre die Konstruktionsformel des vollständigen Individuums. Dem entspricht die Tätigkeit des Genies im Experiment: „Der ächte Naturliebhaber
zeichnet sich eben durch seine Fertigkeit die Experimente zu vervielfältigen,
zu vereinfachen, zu combiniren, und zu Analysiren, zu romantisiren und zu
popularisiren ..." aus. Unter der klassifizierenden Überschrift „Romantik"
wird im unmittelbaren Umkreis unserer Notiz folgende Definition gegeben:
„Absolutisirung — Universalisirung — *Classification* des individuellen Moments, der individuellen Situation etc. ist das eigentliche Wesen des *Roman-
tisirens*" (III, 256). Zur Exemplifizierung dieser Bestimmung wird auf „Meister" und das „Märchen" hingewiesen. Davon wird später zu reden sein. Für
jetzt genügt es festzuhalten, daß unter Romantisieren die Classification des
individuellen Moments zu verstehen ist. Wohlgemerkt, die Classification
im Sinne der Universalisierung, ja Absolutisierung.

Eine Notiz (III, 333 f.), die von der Anwendung des Systems auf die
Teile und der Teile auf das System und der Teile auf die Teile handelt,
spricht von der äußersten Wichtigkeit der Kritik der philosophischen Krite-

rien.[27] So wichtig wie diese von Kant versuchte Kritik ist eine „Kritik der naturhistorischen Kriterien für die Naturgeschichte". Das Modell liefert wieder Kants Versuch: „Kants Grundsätze der Kritik. *Bericht über sein Unternehmen.* Der (Formations) (Lebens)proceß unsrer Vorstellungen dürfte wohl der *Gegenstand der Beobachtung* und des Nachdenkens des philosophischen Classificators und Systematikers seyn — wie auf eine analoge Weise der Lebensproceß der naturhistorischen Gegenstände das *Phaenomèn* des Naturhistorikers." Vom Lebensprozeß heißt es, er bestimme als Raum- und Zeiterfüllungs- und Gliederungsprozeß die Individualität. Die vollständige Betrachtung des Lebensprozesses liefere uns das vollständige Natursystem eines Individuums. Dann zieht Novalis den Schluß, der die Ausgangsthese von der Wechselwirkung von Teil und System modifiziert: „Jeder individuelle Lebensproceß wird durch den universellen Lebensproceß, das Natursystem eines Individuums sowohl durch die übrigen individuellen Natursysteme, als durch das höhere, allgemeine — und am Ende durch das Natursystem des Universums mitbestimmt — insoweit dasselbe jene und dieses gegenseitig bestimmt. Mit Recht kann man also das vollständige Natursystem eines vollkommnen Individuums — eine Function jedes andern vollkommnen Individuums — und eine Function des Universums nennen. Darinn liegt vielleicht der Caracter eines *vollständigen* Individuums."

Die Erkenntnis des sachlichen Zusammenhangs zwischen dieser Notiz und der Betrachtung über das Experiment (III, 256) führt zu überraschenden Einsichten. Entgegen der landläufigen Vorstellung vom Romantischen als einem Trieb zum Unendlichen wird gerade das unvollständige Individuum und sein Natursystem indiziert durch „Fortstreben", durch „Schrankenlosigkeit", eine Folge der „Lücke", des „Unbefriedigtseins". Und die herkömmliche Unterscheidung von klassischem und romantischem Weltbild scheint völlig umgekehrt zu werden, wenn das „vollständige System", das ja dem vollständigen Individuum korrespondiert, charakterisiert wird als eines, das „vollkommene Thätigkeit" ist: „... ohne Bedürfniß, ohne Unruhe — ein Glied greift ins Andre und in sich selbst beschlossen rollt das System seine unveränderliche, gesezmäßige, selbstständige Bahn um ein höheres System herum...". Das Ende des Satzes verrät, daß Novalis hier experimentierend denkt: „... um ein höheres System herum, wenn es eins giebt, mit welchem es zu Einem Zweck (Lauf) in gleicher Dignitaet verbunden ein neues größeres System ausmacht."

Ein Vergleich, wonach die Einheiten oder Merkmale[28] Planeten seien, die sich um ein Hauptmerkmal als Sonne bewegen, scheint nur verdeutlichende Funktion zu haben. Doch mit jener überraschenden, aber typischen Wendung macht Novalis aus dem Beispiel die Analogie. Und Analogie hat für ihn höhere Realität als jede andere Erkenntnisweise. Die einzelnen Merkmale sind die „Planeten", die sich um ein Hauptmerkmal als „Sonne" bewegen: „Die Gesetze ihrer Verhältnisse und gegenseitigen Bewegungen und Veränderungen umfaßt ihre Theorie, wie denn alle Theorie Astronomie ist. Ihr Natursystem ist ihr Lebenssystem — das System ihres Mechanismus." Wie im erwähnten Blütenstaub-Fragment taucht wiederum die Einseitigkeit als Symptom auf: „Auch hier hat der Ptolemaeische und Tycho de Brahesche Irrthum geherrscht. Man hat ein einzelnes, untergeordnetes Merckmal zum Hauptmerckmal gemacht und dadurch sind falsche einseitige Systeme entstanden."

Noch einmal wird die Analogie von Theorie und Astronomie ins bloße Beispiel zurückgenommen und dabei die Scheidung von philosophischer und naturhistorischer Kriterienkritik wieder verwischt: „Auch hier hat der optische Betrug, daß um das Eine Merckmal, worauf man sich fixirte, die Himmelskugel mit ihren Welten zu drehen schien, geherrscht — und zu täuschenden Schlüssen veranlaßt. Hier hat Kant die Rolle des Copernikus gespielt und das empirische Ich nebst seiner Außenwelt als Planet erklärt und den Mittelpunct des Systems im Sittengesetz oder ins moralische Ich gesetzt..."

Aber Kants Wendung hat sowenig wie die des Kopernikus zum „vollständigen System" geführt, beide waren nur die Gesetzesfinder, die Erfinder eines Systems der „Außenwelt", also eines trotz seiner Richtigkeit noch immer einseitigen Systems. So jedenfalls darf man aus der Fortsetzung der Notiz schließen. Sie lautet: „... oder ins moralische Ich gesetzt — und Fichte Neuton ist der Gesetzerfinder des innern Weltsystems — der 2te Copernikus geworden."

Die Verbindung der unvollständigen Systeme von Kant und Fichte ergibt nicht einfach jenes vollständige System, das als Theorie Astronomie ist. Der echte Experimentator, der kraft naturharmonischer Konstitution Genie ist, kann nicht einfach nur zusammenrechnen, was die Vorgänger durch kopernikanische Wendungen gefunden haben. Will er ein guter Forscher, Arzt, Beobachter und Denker sein, so muß er, als ein dritter Kopernikus, noch einmal Data und Methode umdrehn, um zu sehen, ob's da nicht besser geht (III, 355). Erst die Fähigkeit zu solcher Wendung zeichnet ihn als das Genie aus: „Auch Experimentator ist nur das Genie" (III, 256).

Mit diesem Satz kehren wir wieder zum Stichwort Experiment zurück. Es gelingt nur dem echten Naturliebhaber. Gleichsam von der Natur inspiriert, arbeitet er wie die Natur selbst: „Der ächte Naturliebhaber zeichnet sich eben durch seine Fertigkeit die Experimente zu vervielfältigen, zu vereinfachen, zu combiniren, und zu Analysiren, zu romantisiren und zu popularisiren, durch seinen Erfindungsgeist neuer Experimente — durch seine Naturgeschmackvolle oder Natursinnreiche Auswahl und Anordnung derselben, durch Schärfe und Deutlichkeit der Beobachtung, und artistische, sowohl zusammengefaßte, als ausführliche Beschreibung, oder Darstellung der Beobachtung aus. Also — Auch Experimentator ist nur das Genie." Mit der artistischen Beschreibung oder Darstellung der Beobachtung ist nicht eine stilistische Fähigkeit des Naturforschers gemeint, sondern das schöpferische Vermögen, das ihn überhaupt erst zum Experimentator macht. Das Vermögen aber schafft aus dem Geiste der Natur, es wird von der Natur selbst inspiriert. So wird die Lehre von der Beschaffenheit der Natur, die Physik, zur Kunstlehre.

Die Physik ist die artistische, naturharmonische Theorie der Physis als des Ganzen selbst. Die Notiz steht denn auch unter der Überschrift: „Physikalische Kunstlehre." Auf diese Kunstlehre deutet auch ein Satz der anderen Notiz, die bei der Erklärung des Begriffes „Experiment" zunächst weiterhalf: „... wie denn alle Theorie Astronomie ist" (III, 334). Freilich, nur die Theorie des genialen Experimentators, des dritten Kopernikus, ist Astronomie in solchem Sinn.

Zunächst scheint Novalis allerdings weniger an eine neue Wendung als vielmehr an Ergänzung und Weiterführung gedacht zu haben. In einer benachbarten Notiz (III, 335) heißt es etwa, Fichte sei der Bearbeiter der Kantischen Kritik. Seiner Wissenschaftslehre als Philosophie der Kritik fehle aber viel zu diesem Ideal. Sie begreife nur einen Teil der Philosophie der Kritik und sei so unvollständig wie die Kritik selbst. Immer wieder kommt Novalis auf die Unvollständigkeit von Kant und Fichte zurück. In einer späteren Bemerkung wird solche Unvollständigkeit auf das Experiment bezogen: Fichtes und Kants Methode sei noch nicht vollständig und genau genug dargestellt.[29] „Beyde wissen noch nicht mit Leichtigkeit und Mannichfaltigkeit zu experimentiren — überhaupt nicht *poetisch* — Alles so steif, so ängstlich noch" (III, 445). Das soll nicht heißen, es käme nun darauf an, die Entdeckungen von Kant und Fichte in weniger steifer und ängstlicher, also in bilderreicher poetischer Darstellung wiederzugeben. In der Fortsetzung der Notiz wird vielmehr angedeutet, was unter poetischem Experimentieren zu

verstehen ist: „Die freye *Generationsmethode* der Wahrheit kann noch sehr
erweitert und simplificirt — überhaupt verbessert werden. Da ist nun diese
ächte Experimentirkunst — die *Wissenschaft* des *thätigen Empirismus.*
(Aus der *Tradition* ist *Lehre* geworden) (Alle *Lehre* bezieht sich auf Kunst-
Praxis.)"

Die Experimentierkunst als Praxis des Empirismus —: wird sie sich, insofern sie „poetisch" ist, am Ende wieder mit der Theorie als Astronomie
decken? Die Notiz sagt darüber noch nichts, aber sie bestimmt das Poetische,
indem sie die freie Generationsmethode der Wahrheit auslegt als die Ver-
gegenwärtigung der Wahrheit selbst, als ihre Repräsentation. Solche Repräsentation ist nicht totes Abbild, sondern Poesie, Schöpfung, Generation im
Sinne von Zeugung und Folge zugleich. Die Weise dieser Schöpfung, der
Weg ihrer Abfolge, kurz, die Methode ihrer Generation ist das echte Experiment. Es gelingt nur dem schöpferischen, poetischen, naturharmonischen
Geist. Seine Erfahrung ist die Praxis des von der Natur selbst inspirierten
Experimentierens, also tätiger Empirismus. Die Notiz schließt folgerichtig
mit dem Satz: „Man muß die Wahrheit überall vergegenwärtigen — überall
repraesentiren (im thätigen, producirenden Sinn) können."

Überall muß die Wahrheit poetisch, das heißt tätig und produzierend
repräsentiert werden. Die Forderung, von Friedrich Schlegel als progressive
Universalpoesie proklamiert, beschränkt sich nicht auf die herkömmliche
Kunst. Die Kunst wird vielmehr als potenzierte Poesie zur Apotheose der
Poesie selbst. Die Forderung gilt auch der Wissenschaft. Von poetischer
Mathematik, poetischer Physik, poetischer Physiologie und mehrerem ist die
Rede. Die Forderung gilt auch dem Staat, der als poetischer erst seinen echten
Repräsentationscharakter offenbart.

Überall muß man die Wahrheit im tätigen produzierenden Sinne vergegenwärtigen können. Der Gesetzesfinder und Erfinder dieser Kunst, die
echtes Experiment und tätiger Empirismus zugleich sein soll, wäre der dritte
Kopernikus. Von ihm gilt: „Erst dann, wenn der Philosoph, als Orpheus
erscheint, ordnet sich das Ganze in regelmäßige gemeine und höhere gebildete,
bedeutende Massen — in ächte *Wissenschaften* zusammen" (III, 335).

Nicht nur die Bekundung der mitdenkenden und empfindenden Freundschaft, die „Symphilosophie", gehörte zum Stil der Frühromantik, sondern
auch die Berufung auf Vorgänger. Sie wurden so zu Vorbildern. Doch nicht
auf Nachahmung war der Sinn gerichtet, sondern auf Fortsetzung und
Vollendung. Kant, Fichte, Hemsterhuis und Goethe sind Namen, an denen
Novalis sich immer wieder entzündet. Es sind nicht die einzigen, aber es sind

jene, die ihn am stärksten zur Fortsetzung reizten.[30] Wobei sich jedesmal zeigte, daß es auf den Versuch einer Überwindung hinauslief. So geht die Apotheose des Poetischen zur Zeit des OFTERDINGEN mit der Forderung einer Überwindung Goethes und der Entdeckung Jakob Böhmes in eins. Das von Hemsterhuis und anderen angeregte Enzyklopädieprojekt hingegen nennt Goethe noch wie einen Schutzpatron. Es wird vom „Göthischen Philosoph oder Denker" gesprochen (III, 406), und die Charakterisierung führt in die Nähe des Philosophen als Orpheus. Ja, der ganze Plan — „mein Project" — wird auf die Formel gebracht: „Göthische Behandlung der Wissenschaften" (III, 452).

Von Goethe darf gesagt werden, daß er mit Leichtigkeit und Mannigfaltigkeit zu experimentieren wisse, daß er, im Gegensatz zum steifen, ängstlichen Kant oder Fichte, „poetisch" sei. Dennoch wird die Wende, die vollendend über Kants und Fichtes Unvollständigkeit hinausführt, weniger ausdrücklich an den Namen Goethe geknüpft. Vielmehr: „Plotin war schon in Betreff der meisten Resultate — kritischer Idealist und Realist" (III, 445). Unabhängig von der Bedeutung des Namens „Plotin" darf man zunächst einmal schließen, der Schritt über Kant und Fichte führe zu einer neuen Bestimmung des Verhältnisses von Idealismus und Realismus. Das Wort kritisch weist darauf hin, daß die neue Bestimmung nicht mit einem Rückfall in die vorkantische Position verwechselt werden sollte.[31]

Die Subsumtion von Idealismus und Realismus unter den Begriff der Kritik bedeutet jedoch, daß die neue Bestimmung einer Vereinigung gleichkommt. Das wirkt wiederum auch auf den von Kant übernommenen Begriff der Kritik verändernd zurück. Vor allem aber erhält der Begriff „Realismus" durch diese Verbindungen einen ganz neuen Bedeutungsumfang und -reichtum. Negativ ausgedrückt: „Der Idealismus sollte nicht dem Realism entgegengesetzt werden, sondern der Formalism" (III, 364).[32] Doch läuft die Vereinigung nicht einfach auf eine Aufhebung des Unterschiedes hinaus. Schließlich soll ja nicht die Kritik eliminiert werden. Und vom Kritischen bliebe nichts mehr, würden Idealismus und Realismus, so untrennbar sie auch sein mögen, bloße Synonyme. Bewahrung der Differenz also anstatt Entgegensetzung, obwohl, ja weil das Wechselverhältnis als das Problem erkannt ist. „Das vollständige Zusammentreffen des Idealism und Realism — bey der vollständigsten Unabhängigkeit giebt für jedes den vollständigen Beweis des richtigen Verfahrens. Umsetzung des Einen in den Andern" (III, 382). Also doch tautologische Spielerei? Darauf ist erst später eine Antwort möglich.

3*

Zurück zu Plotin. Schon lange vor der Begegnung mit diesem Neuplato-
niker hat Novalis sich über seine Entfernung von Kant und Fichte, man
nenne sie nun Vollendung, Wendung, Ab- oder Umkehr, Klarheit zu ver-
schaffen gewünscht. Dabei prägte er die berühmt gewordene Formel des
magischen Idealismus. Ihre Auslegung, von Novalis selbst vielfältig versucht, enthält bereits die ganze orphische Philosophie. Man darf sie Poetologie nennen, wenn man das Wort im weiteren und zugleich genaueren Sinn
versteht.

Die Begegnung mit Plotin brachte wie die Entdeckung Böhmes für Novalis
nichts, was er nicht schon zuvor geahnt, gesucht und sogar gefunden hatte.
So könnte man sagen, er habe bei Plotin nicht Neues, sondern nur Bestätigung
gelesen. Gewiß. Will man aber diesen scheinbar so einfachen Tatbestand nicht
in falscher Minderung mißdeuten, muß man wissen, was im Bereich spekulativen Denkens Bestätigung bedeutet. Am Beispiel der Begegnung von Novalis mit Plotin kann man es studieren. Einfluß oder gar Abhängigkeit sind
dafür ganz unzureichende Begriffe. Es sei denn, man nehme das Wort Einfluß wieder wörtlich als influxus und frage dann nach dem geistigen Sinn
der Metapher.

Novalis hat Plotin nur über eine Geschichte der Philosophie kennen-
gelernt, Dietrich Tiedemann's „Geist der spekulativen Philosophie". Der
Titel des sechsbändigen, 1791—97 erschienenen Werkes ist trefflich. Doch
hat der Autor ihn nicht als einfühlende und positive Charakterisierung gemeint, wie wir zunächst zu lesen geneigt sind. Vielmehr haftet in der Aufklärung am Begriff des Spekulativen der Geruch des Phantastischen, Irratio-
nalen, „Scholastischen", Abergläubischen. Und Tiedemann ist ein Sohn
seines Jahrhunderts. Joachim Mähl sagt: „So erstaunlich es ist, auf welch
breitem Raum Tiedemann — erstmals in der Philosophiegeschichte des 18.
Jahrhunderts — die kabbalistischen, neuplatonischen und theosophischen
Strömungen der nachmittelalterlichen Philosophie behandelt, so wenig läßt
er den Leser über die Tendenz seiner Darstellung und den kritischen Standpunkt des Autors im unklaren. Dieser ist Rationalist und Aufklärer ohne
jede Einschränkung, nur daß er eine bemerkenswerte Schlußfolgerung für die
Aufgaben und Pflichten des Historikers zieht, die ihn von Brucker u. a.
(= Philosophiehistorikern des 18. Jahrhunderts) unterscheidet und die zeigt,
daß der Sensualismus Lockes und der Skeptizismus Kants ihn nicht ganz
unberührt gelassen ... haben."[33]

Nicht in dem „strengen Gericht", dem Tiedemann die Theosophen unter-
wirft, liegt seine Bedeutung, sondern in seiner Bemühung, mit Gründlichkeit

und einiger Objektivität vorzuführen, was er dann urteilend verwirft. Novalis hat, Mähls Nachprüfungen zufolge, „mindestens fünf der sechs Bände aufmerksam studiert", und das heißt in diesem Falle, „als Quellenwerk benutzt und sich stillschweigend über die kritisch-polemische Tendenz des Autors hinweggesetzt". So lernt Novalis auch die ganze Ahnenreihe des Neuplatonismus kennen, samt den mächtigen Nebenlinien der Kabbalistik, Alchemie, Theosophie. Nachdem J. Mähl an vielen Beispielen gezeigt hat, wie Novalis, nicht nur im Falle Tiedemanns, exzerpierte, lassen sich die Grade der aneignenden Verwandlung teilweise bestimmen. So ist nicht allein ein Maß gegeben für die Abhängigkeit oder die Originalität, sondern auch ein Hinweis für die Einordnung von Novalis in die Geschichte des Denkens.

Diese Geschichte ist größer als die Geschichte der Philosophie. Das lehrt gerade die Betrachtung von Novalis. Denn Novalis ist eine der späten Kulminationen des spekulativen Geistes selbst, wie Hegel eine andere. In der Vollendung, die auch immer ein Ende bedeutet, häufen sich solche Kulminationen. Sie zu vergleichen hilft die Kraft erkennen, die sie hervortrieb. Aber solche Vergleiche verführen leicht zu schiefen Deutungen. Kommt man von Hegel, so liegt es nahe, Novalis einfach als Philosophen auszulegen.[34] Er wird dann zum Vorläufer oder gar Konkurrenten Hegels, zu einem Dialektiker eigener Art, dessen immanentes System man auswickeln und offenlegen zu können glaubt. Die „Fragmente" lassen sich dann leicht in die bekannten Felder verteilen. Die Geisteslandschaft, durch solche Brille betrachtet, erscheint freilich Grau in Grau. Dialektik als Generalnenner ist nie falsch, denn der Begriff ist groß und porös genug, um alle Differenzen aufzusaugen. Novalis als Philosoph ist eine Formel, durch die gerade zum Verschwinden gebracht wird, was es aufzuzeigen gilt: Warum Novalis neben und trotz Hegel eine der Kulminationen des spekulativen Geistes ist.

3. KAPITEL

Neue Religion und absolutes Buch

Die szientifische Bibel

Die Notizen des ALLGEMEINEN BROUILLONS sind zwischen September 1798 und März 1799 geschrieben worden (III, 207 f.). Auf Plotin ist Novalis durch Tiedemann wohl schon im Herbst gestoßen.[35] Die Begegnung war vorbereitet durch das Studium eines medizingeschichtlichen Werkes, in dem die neuplatonischen und kabbalistischen Strömungen mit einiger Ausführlichkeit behandelt sind.[36]

In einem Brief vom 20. Januar 1799 an Caroline Schlegel gibt Novalis ein Resümee seines Fundes. Er war ihm weniger philosophiehistorische Wiederentdeckung als vielmehr in die Zukunft weisende Bestätigung eigener Gedanken. Von den naturphilosophischen Theorien Ritters, Schellings und Baaders ausgehend, schreibt Novalis: „Das Beste in der Natur sehn indes diese Herrn doch wohl nicht klar. Fichte wird hier noch seine Freunde beschämen — und *Hemsterhuis* ahndete diesen *heiligen* Weg zur Physik deutlich genug. Auch in Spinoza lebt schon dieser göttliche Funken des Naturverstandes. *Plotin* betrat, vielleicht durch Plato erregt, zuerst mit echtem Geiste das Heiligtum, und noch ist nach ihm keiner wieder so weit in demselben vorgedrungen. In manchen ältern Schriften klopft ein geheimnisvoller Pulsschlag und bezeichnet eine Berührungsstelle mit der unsichtbaren Welt — ein Lebendigwerden. Goethe soll der *Liturg* dieser Physik werden — er versteht vollkommen den Dienst im Tempel. Leibnizens Theodicee ist immer ein herrlicher Versuch in diesem Felde gewesen. *Etwas Ähnliches* wird die künftige Physik — aber freilich in einem höhern Stile." [37]

Der Entwurf dieser künftigen Physik, zumindest der Entwurf ihrer Konstruktionsprinzipien, war Aufgabe der geplanten echten Enzyklopädistik. Denn diese höhere Physik sollte ja tätiger Empirismus, naturharmonisches Experimentieren, naturanaloges Konstruieren, naturinspirierte Artistik, kurz kritisch-poetische, philosophisch-orphische Wissenschaft sein. Jetzt,

Ende Januar 99, ist die Idee zwar konturierter als ein halbes Jahr zuvor beim Beginn des BROUILLONS. Aber von der Ausführung wird nicht mehr mit dem Enthusiasmus gesprochen, der noch vor kurzem den Plan vorantrieb. Seit zwei Monaten sei alles bei ihm ins Stocken gekommen, nicht drei gute Ideen habe er in dieser Zeit gehabt, klagt Novalis. Er lebe ganz in der Technik, weil seine Lehrjahre zu Ende gingen und ihm das bürgerliche Leben mit manchen Anforderungen immer näher trete. Also Abschluß der Berufsausbildung, baldige Ehe, familiäre Verpflichtungen. Was bleibt? „Für künftige Pläne sammle ich nur jetzt und gedenke vielleicht diesen Sommer manches Angefangene oder Entworfne zu vollenden. Die Poesie mit lebendigen Kräften, mit Menschen, und sonst gefällt mir immer mehr. Man muß eine poetische Welt um sich her bilden und in der Poesie leben." Oder wie es in der parallelen Brouillon-Notiz von der „schönen, liberalen Oekonomie" heißt: „Dichten mit lebendigen *Figuren*" (III, 469).[38]

Wird da nicht eine gewisse Resignation verdeckt, und eine zwar nicht triviale, aber doch bürgerlich eingeschränkte Entwicklung gewaltsam symbolisiert und stilisiert? Friedrich Schlegel gegenüber äußert sich Novalis am selben Tag so: „Ein sehr interessantes Leben scheint auf mich zu warten — indes aufrichtig wär' ich doch lieber tot."

Hier spielt Novalis auf seinen früheren Gedanken an, Sophie, der so jung gestorbenen Braut, in den Tod nachzufolgen.[39] Auf welche Weise er sich auch immer ein solches Nachsterben vorgestellt haben mochte, der groß gefaßte Entschluß hatte sich verändert, war stückweise vom Leben aufgebraucht worden und nur als Idee noch dem Denken und der Kunst anheimgegeben. Auch wenn der Enthusiasmus zum Tode von Schmerz und Verlust entfacht wurde, so bleibt doch nach seinem Erlöschen die Aschenspur zurück, und das neue Leben muß sich gegen das Stigma der Niederlage wehren. So wird es poetisiert. Sich bescheiden, sich fügen heißt zwar nicht nur, doch immer auch resignieren.

Glaubt Novalis wirklich, daß nur die äußeren Umstände ihn daran hindern könnten, die Projekte auszuführen, welche die Stelle des aufgeschobenen Todes füllen sollten? An Fr. Schlegel: „Ich sammle viel — vielleicht kommt auf den Sommer Zeit zur Ausführung." Da schimmert der Zweifel hindurch. Leicht könnte er bestimmend werden, und dann verdrängte die Idee, der Toten nachzusterben, wieder die Projekte des Dichtens mit lebendigen Figuren und des Poetisierens der Wissenschaft: „... indes aufrichtig wär ich doch lieber tot. Ich belausche den Gang der Umstände — seh ich eine Möglichkeit, mich entbehrlich zu machen — stoß ich auf Hindernisse — so sind es mir Winke, den ersten Plan auszuführen..."

Leben und Tod auf solche Art gegeneinander abgewogen zu sehen wirkt befremdlich, auch wenn man vermuten kann, daß Novalis in diesem Augenblick mehr an seine zweite Braut als an seine geistigen Experimente gedacht hat.[40] Ist das nicht nur romantisches Spiel? Und könnte solches Spiel den nötigen Ernst durch die Behauptung gewinnen, daß die poetischen Projekte des Lebens wie des Geistes auf dasselbe gerichtet sind: Auf die Weisheit, welche die Liebe werden soll und die Liebe, welche die Weisheit ist? Also Sophia-Sophie? So jedenfalls hatte Novalis schon viel früher geschrieben, als er noch nicht ahnen konnte, welchen Tribut er dem Tod für dieses Wort zu entrichten haben werde: „Mein Lieblingsstudium heißt im Grunde wie meine Braut. Sophie heißt sie — Philosophie ist die Seele meines Lebens und der Schlüssel zu meinem eigensten Selbst. Seit jener Bekanntschaft bin ich auch mit diesem Studio ganz amalgamiert. Du wirst mich prüfen. Etwas zu schreiben und zu heiraten, ist *ein* Ziel fast meiner Wünsche" (8. Juli 1796 an Fr. Schlegel).

Was er da schreiben will, deutet Novalis nur sehr vage an. „Ich fühle in allem immer mehr die erhabnen Glieder eines wunderbaren Ganzen — in das ich hineinwachse, das zur Fülle meines Ichs werden soll..." Doch weiß er immerhin, daß er über Fichte hinaus will oder Fichte über sich hinaus gelangen muß: „Schade, daß ich in Fichte noch nichts von dieser Aussicht sehe, nichts von diesem Schöpfungsatem fühle. Aber er ist nahe dran..." Acht Monate danach, im März 1797, stirbt die fünfzehnjährige Sophie.

Als er dann, fast zwei Jahre später, im Januar 1799 Friedrich Schlegel Näheres über Julie von Charpentier, die zweite Braut, mitteilt, verschränkt er das Dichten mit der lebenden Figur mit dem Dichten der mythisch gewordenen Gestalt.[41] Und was einst so naiv heiraten und etwas schreiben hieß, lautet jetzt: entweder den größten Plan erfüllen, nämlich Sophie nachsterben, oder mit der zweiten Braut ein bürgerliches, aber gerade damit poetisches und „sehr interessantes" Leben zu beginnen und daneben das Projekt auszuführen, dessen kürzester Name szientifische Bibel lautet.

Die Quintessenz dieser Bibel wird im Brief an Friedrich Schlegel vom 20. Januar 1799 in die Worte gefaßt: „... meine Ideen von der bisherigen Verkennung von *Raum* und *Zeit*..., deren Persönlichkeit und Urkraft mir unbeschreiblich einleuchtend geworden ist. Die Tätigkeit des Raums und der Zeit ist die Schöpfungskraft, und ihre Verhältnisse sind die Angel der Welt. Absolute Abstraktion — Annihilation des Jetzigen — *Apotheose der Zu-*

kunft — dieser eigentlichen bessern Welt, dies ist der Kern der Geheiße des Christentums — und hiermit schließt es sich an die Religion der *Antiquare* — die Göttlichkeit der Antike — die Herstellung des Altertums, als der zweite *Hauptflügel* an — beide halten das Universum, als den Körper des Engels, in ewigem Schweben — in ewigem *Genuß* von Raum und Zeit."

Der Plan vom fundamentalen Buch taucht ziemlich früh in den enzyklopädistischen Notizen auf, aber seine Anfänge liegen noch weiter zurück. In den „Vermischten Bemerkungen", deren von Friedrich Schlegel beeinflußte und wohl auch beeinträchtigte Druckfassung als BLÜTENSTAUB-Fragmente bekannt geworden sind, heißt es bereits: „Wenn der Geist heiligt, so ist jedes ächte Buch Bibel" (II, 462). Aus diesem Aperçu Lessing'scher Art wird im ALLGEMEINEN BROUILLON dann das Programm: „Anfang der neuen *Periode*: Jedes Menschen Geschichte soll eine Bibel seyn — wird eine Bibel seyn. Xstus ist der neue Adam. Begriff der Wiedergeburt. Eine Bibel ist die höchste Aufgabe der Schriftstellerey" (III, 321).

Eine andere Notiz beweist, daß die Enzyklopädistik durchaus in solchem Sinne geplant ist: „Mein Buch soll eine scientifische Bibel werden — ein reales, und ideales Muster — und Keim aller Bücher" (III, 363).

Ein Brief an Friedrich Schlegel vom 7. November 1798 kann zur Erläuterung dieser Notiz dienen. Schlegel hatte am 20. Oktober in der ihm eigenen Weise den bombastischen Plan mitgeteilt: „Was mich betrifft, so ist das Ziel meiner literarischen Projekte eine neue Bibel zu schreiben, und auf Muhameds und Luthers Fußstapfen zu wandeln." [42] Obwohl Novalis in seiner Antwort von einem auffallenden Beispiel der „innern Symorganisation und Symevolution" spricht, geht er mit keinem Wort auf Schlegels Idee der Mohammed- oder Luther-Nachfolge ein, sondern entwickelt statt dessen kurz seine eigene Vorstellung: „Du schreibst von Deinem Bibelprojekt, und ich bin auf meinem Studium der Wissenschaft überhaupt und ihres Körpers, des *Buchs* — ebenfalls auf die Idee *der Bibel* geraten — der Bibel als des *Ideals jedweden* Buchs. Die Theorie der Bibel, entwickelt, gibt die Theorie der Schriftstellerei oder der Wortbildnerei überhaupt — die zugleich die symbolische, indirekte Konstruktionslehre des schaffenden Geistes abgibt ... Dies soll nichts anders als eine Kritik des Bibelprojekts — ein Versuch einer Universalmethode des Biblisierens — die Einleitung zu einer echten Enzyklopädistik werden."

Schlegel, an starke Töne gewöhnt, hat nicht das Ohr, aus solchen Sätzen anderes herauszuhören als „Analogie mit einem idealen Buch von mir über die *Prinzipien der Schriftstellerei*". [43] Durch dieses — nie geschriebene — Buch möchte Schlegel den fehlenden Mittelpunkt der Lektüre und der Universitäten konstituieren. Freilich hatte Novalis die kopernikanische Wendung, die sich durch die Formel „Konstruktionslehre des schaffenden Geistes" schon deutlich ankündigt, wieder in einer Ergänzung versteckt. Schlegel konnte um so leichter darüber hinweglesen, als sie in seiner eigenen Tonlage gehalten war: „Ich denke hier Wahrheiten und *Ideen im großen* — *genialische* Gedanken zu erzeugen — ein lebendiges, wissenschaftliches Organon hervorzubringen — und durch diese synkritische Politik der Intelligenz mir den Weg zur *echten Praxis* — dem wahrhaften Reunionsprozeß — zu bahnen."

Schlegel also, nachdem er den Plan von Novalis mit seiner eigenen Idee einer „Enzyklopädie" verwechselt hat, entwirft in seiner Antwort vom 2. Dezember 1798 entgegen solchen eingeschränkteren, wiewohl noch immer für einmalig gehaltenen Plänen sein eigenes Überprojekt, das ihn zum Nachfolger der Mohammed und Luther machen soll.[44] Er habe eine Bibel im Sinn, die „nicht gleichsam, sondern ganz buchstäblich und in jedem Geist und Sinne Bibel wäre, das erste Kunstwerk dieser Art, da die bisherigen nur Produkte der Natur sind". Schlegel wendet seine früher schon entwickelten Thesen über das Verhältnis von antiker und moderner, klassischer und romantischer Literatur ungehemmt auf die Religion und ihre Dokumente an und schließt daraus, daß sein Projekt im Gegensatz zu dem von Novalis kein literarisches, sondern ein „durchaus religiöses" sei: „Ich denke eine neue Religion zu stiften oder vielmehr sie verkündigen zu helfen: denn kommen und siegen wird sie auch ohne mich." [45]

Hier klingt natürlich DIE ERZIEHUNG DES MENSCHENGESCHLECHTS an. Sie erschien 1780. Der § 86 des Lessing'schen Testamentes lautet: „Sie wird gewiß kommen, die Zeit eines *neuen ewigen Evangeliums,* die uns selbst in den Elementarbüchern des Neuen Bundes versprochen wird." Schlegel ist sich der Verbindung bewußt, ja er gibt sich ausdrücklich als Fortsetzer und Vollender von Lessing. Lebte dieser noch, schreibt er in seinem Brief, so bräuchte er das Werk nicht zu beginnen. Der Anfang wäre dann wohl schon vollendet. Keiner habe von der wahren neuen Religion mehr geahnt als Lessing. In seiner „Ideen" genannten Fragmentensammlung, die Schlegel 1800 im ATHENAEUM veröffentlicht, ist dann viel von der neuen Religion die Rede, und Lessings Entwurf wird mit der eigenen Bibel-Vorstellung gekoppelt: „Als Bibel wird das neue ewige Evangelium erscheinen, von dem Lessing geweissagt hat." [46]

Im Brief vom 2. Dezember 1798 träumt Friedrich Schlegel von einem Werk, das buchstäblich und in jedem Sinne Bibel und zugleich erstes Kunstwerk dieser Art wäre. Und da er sich als Stifter oder Verkünder der neuen

Religion sieht, deren Organ die Kunstwerk-Bibel sein soll, darf man wohl in Schlegel den Verfasser oder zumindest den Hauptautor und General-redaktor vermuten. Das biblische Projekt soll zwar weder die Eigenständig-keit der Poesie noch die der Philosophie antasten, aber immerhin dürfte es, neben anderem, als ein Ferment für eine revolutionäre Verbindung von Dichten und Denken wirken. Gegenstände der biblischen Behandlung sollen solche sein, „die weder Philosophie noch Poesie behandeln kann. Ein solcher Gegenstand scheint mir *Gott*, von dem ich eine durchaus neue Ansicht habe".

Aus der Herkunft des Gedankens kann man seine Tendenz erschließen. Schlegel hält es, seinem Brief zufolge, für ein Hauptverdienst von Kant und Fichte, daß sie die Philosophie bis an die Schwelle der Religion führen. Von der andern Seite lustwandle Goethes Bildung in den Propyläen dieses Tem-pels. Im Innern selbst soll Lessing fortgesetzt werden, und zwar durch die Schöpfung der neuen Bibel. Schlegel spricht von Sachen, Gedanken und Gedichten, „die nur in Episteln, Apokalypsen u. dgl. dem Zeitalter enthüllt werden können". Zum Beweis, daß das neue Evangelium sich schon zu regen anfange, führt er die Tätigkeit von Zeitgenossen an, die „ganz eigens unsre" sind und die — eben deshalb wohl — zu den wenigen Mitbürgern der an-brechenden Periode gehören: Schleiermacher, der an einem Werk über die Religion arbeite, Tieck, der den Jakob Böhme mit großer Liebe studiere. Auf Seiten der Philosophie Schelling und Hülsen etwa.

Schlegel berauscht sich an der Idee dieser neuen Bibel und verliert jedes Gefühl für Rang und Distanz. Er sei gesonnen, mit der viel beredeten All-macht des Wortes Ernst zu machen. „Daß dies durch ein Buch geschehen soll, darf um so weniger befremden, da die großen *Autoren* der Religion — Moses, Christus, Mohammed, Luther — stufenweise immer weniger Politiker und mehr Lehrer und Schriftsteller werden." Die Hybris wirkt noch verstiegener, weil Schlegel eigens betont, wie er „auch kleinere Ideen adle und umfasse", um dann, nach solchem Atemholen, von seiner Stifteridee zu behaupten: „und für diese, die das Herz und die Seele meines zeitigen und irdischen Lebens ist, fühle ich Mut und Kraft genug, nicht bloß wie Luther zu predigen und zu eifern, sondern auch wie Mohammed mit dem feurigen Schwert des Wortes das Reich der Geister welterobernd zu überziehn, oder wie Christus mich und mein Leben hinzugeben". Hier scheint selbst Schlegel Angst vor seinem eigenen Enthusiasmus zu bekommen. Es drängt ihn plötzlich, die Last der Aufgabe zu teilen oder gar das meiste davon dem Freund als Postulat zu vermachen: „Doch vielleicht hast Du mehr Talent zu einem neuen Christus, der in mir seinen wackern Paulus findet." Zwei weitere Hinweise auf die „neue Religion" gibt Schlegel noch in diesem Brief. Ihre vollsten Keime sollen im Christentum, aber auch da ziemlich vernachlässigt liegen. Und sie solle ganz Magie sein.

Obwohl Schlegel damit Novalis recht nahe zu kommen scheint, antwortet dieser am 10. Dezember 1798 ziemlich zurückhaltend.[47] Er weist zunächst auf ein ganz neues Projekt hin. Es soll ein „Hauptgeschäft" seines Lebens werden. Unter jener Voraussetzung freilich, daß nicht doch noch der andere Plan realisiert werde, der alle irdischen Projekte erledige, also die Nachfolge Sophiens. In einer Wendung der religiösen Stilschicht spricht Novalis davon: „Bleib ich bei Euch..." Für diesen Fall plant er die Errichtung eines literarischen, republikanischen Ordens, der merkantilisch politisch genannt wird und eine echte Kosmopolitenloge sein soll. Der Anfang müsse mit eigener Buchdruckerei und eigenem Buchhandel gemacht werden. „Ihr sollt nicht mehr von Buchhändlern literärisch und politisch gewissermaßen dependieren."

Nicht ohne Grund spielt Novalis auf finanzielle Abhängigkeit an. Schlegel hatte seinen großen Brief über die Stiftung der neuen Religion mit der Bitte um etwa 200 Taler beendet. Seine ohnehin immer prekäre Lage war durch das Verhältnis mit der noch verheirateten Dorothea Veith, geb. Mendelssohn, bedrohlich geworden. Die dringend nötigen Taler kann Novalis im Augenblick nicht beschaffen, aber sein Trost wenigstens ist merkantilisch-politisch. Schlegel hatte die Behauptung, daß die neue Religion ganz Magie sein solle, lediglich durch den Hinweis ergänzt, daß das Christentum zu politisch und seine Politik viel zu materiell sei.

Aber dann scheint Novalis doch ganz ernsthaft auf Schlegels Plan einzugehen und ihn mit seiner eigenen neuesten Idee zu kombinieren: „Wer weiß, ob Dein Projekt nicht in das meinige eingreift — und ebenso den Himmel in Bewegung setzt, wie meines den irdischen Sphäroid." Und er wiederholt sogar, im Pluralis symevolutionis, fast wörtlich die ungeduldige Aufmunterung Schlegels, man spreche und erzähle seit etwa hundert Jahren ... und er sei gesonnen, Ernst daraus zu machen: „Man hat lange genug von solchen Projekten *gesprochen*. Warum sollen wir nicht etwas ähnliches auszuführen suchen? Man muß in der Welt sein, was man auf dem Papier ist — Ideenschöpfer."

Bis hierher hätte Schlegel, wie so oft in seinem Dialog mit Novalis, den Brief als Zeichen der Übereinstimmung lesen und gar als Beweis der Unterordnung deuten können. Denn trotz aller beschworenen Symphilosophie, Synkritik, Symevolution und Symorganisation spielt Schlegel, auch wenn er sich inter pares gab, doch immerhin den Primus. Und auf die Praeceptor-Rolle hatte er zu dieser Zeit gewiß noch nicht verzichtet. Hierzu paßte es, daß Novalis, wenn auch auf schillernde oder gar ironische Weise, bestätigt, daß ihrer beider Projekte ineinandergriffen. Aber nachdenklich stimmen oder gar empfindlich treffen mußten Schlegel die weiteren Worte von Novalis: „Auf Deine Gedanken von Religion und Bibel geh ich jetzt nicht ein — kann auch nicht eingehn, weil mir das meiste davon kimmerisch dunkel ist — einige treffliche Einfälle — besonders die Fühlhörner — ausgenommen." Schlegel hatte Schelling und Hülsen als Fühlhörner bezeichnet, „so die Schnecke der isolierten Philosophie gegen das Licht und die Wärme des neuen Tages ausstreckt".

Von dem ganzen Bibel- und Religionsprojekt Schlegels läßt Novalis also zunächst lediglich ein paar Einfälle gelten, vor allem eine Metapher für die neue Position der nachkantischen Philosophie. Alles andere bleibt für ihn der Region zugehörig, wo nach Homer immer Dunkelheit herrscht und Helios nicht leuchtet.

So antwortet Novalis indirekt auf Schlegels schlimmstes Mißverständnis. Hatte dieser doch das enzyklopädistische Projekt von Novalis mehr oder weniger einfach mit einem eigenen geplanten Buch über die Prinzipien der Schriftstellerei verwechselt und gegenüber solchen kleineren Projekten sein eigenes Haupt- und Staatsprojekt, die neue Bibel, gesetzt. Dagegen stellt nun wieder Novalis einen neuen Plan, auch als ein Hauptgeschäft seines Lebens angekündigt: die Gründung einer Schriftstellervereinigung, mit handfester kaufmännischer Politik als Boden, mit Büros in Jena, in Hamburg, in der Schweiz, es hängt vom Frieden ab. Man schreibt ja erst 1798, und niemand kann zu dieser Zeit schon ahnen, was Napoleon bald bedeuten wird. Ein literarischer, republikanischer Orden, eine Kosmopolitenloge ist das Ziel.

Die Gründung von Gesellschaften, Geheimbünden, Orden, war nicht nur eine Mode des Jahrhunderts, die seltsame Blüten trieb. In der Mode steckte ein tieferes Bedürfnis als bloße Neigung des schwärmerischen Herdengeistes. Vor der Großen Revolution bekam jeder aufgeklärte Kopf, jeder sich bildende Geist, selbst noch jede mystische Seele täglich die Macht der Hierarchien zu spüren. Wer an der Gültigkeit, der Dauer, ja am Zustand der weltlichen und geistlichen Ordnungen Zweifel hegte und zu neuen Ordnungen strebte, suchte und fand Bundesgenossen. Doch gab sich solche Genossenschaft gern als Gemeinde, Brüderschaft, geheime Gesellschaft. Die Sozietäten dachten freilich kaum an politische Verschwörung, diese wird erst mit dem neunzehnten Jahrhundert zur Regel. Das achtzehnte begnügt sich besonders in

Deutschland fast immer mit der allgemeinen Beförderung der Humanität oder der Pflege der erweckten Seelen im auserwählten Zirkel. Die große Allegorie der Tendenz erfindet Goethe im WILHELM MEISTER mit der Gesellschaft vom Turm. Ihr bester organisatorischer Ausdruck sind die Freimaurerlogen. Gerade sie, denen sich gerne auch die aufgeklärteren unter den erlauchten Herrschaften anschlossen, verraten den unpolitischen vorrevolutionären Charakter der Bestrebungen. Als ihr Zerrbild erschien den Zeitgenossen der Jesuitenorden, ein satanischer Geheimbund mit finstern Praktiken und hemmungsloser politischer, wenn auch nicht revolutionärer Absicht. Noch verzerrt blieb er ein geheimes Leitbild, und die Faszination des Verabscheuten sollte schon bald in neue Reverenz umschlagen.[48]

Auch zu dieser Zeit ist einem jungen Deutschland jede echte politische Tätigkeit versagt. So wirft sich die ganze Leidenschaft auf die Literatur, zu der in diesem Falle auch die Philosophie, ja selbst die Wissenschaft zu zählen ist. Der neue literarische Geist, den man eben jetzt, im endenden Jahrhundert, den echt religiösen zu nennen beginnt, soll auch die Französische Revolution beerben. Das Wort Republik wird in Deutschland erst durch diesen neuen Geist geadelt. Bei Novalis steigert sich die weit verbreitete Idee einer geistigen Vollendung und Aufhebung der blutigen Revolution zur chiliastischen Vision. Und da wird Novalis Schlegel einholen und weit überholen.

Der literarische Orden, den Novalis gründen will, soll republikanisch sein. Die Verwandlung des politischen Begriffes in einen geistigen oder geistes-politischen klingt an. Doch hat das Wort hier auch noch die einfache Bedeutung der gleichen Stellung im Orden. Die Gemeinschaft soll nicht esoterisch bleiben, sondern ins Große wirken: „Jeder schaffte einige tüchtige Kandidaten — Gemeinschaftlicher Fleiß, gemeinschaftlicher Kopf — Gemeinschaftlicher Kredit kann den kleinen Zündfunken bald vergrößern."

Der Gedanke, durch Zusammenschluß die ökonomischen Existenzprobleme zu lösen und größere gesellschaftliche Macht zu erhalten, ist nicht einmalig in der Geschichte der Literatur. Aber bei Köpfen, die mit einer gewissen modischen Manie ihre Grundbegriffe durch ein „Syn-" oder „Sym-" zu potenzieren suchten, lag es nahe, sich von der rechten Organisation des ohnehin gemeinschaftlichen Geistes viel zu erhoffen. Friedrich Schlegel rettete sich gerne, wenn ihn nach dem Rausch der Projekte die Nüchternheit der einsamen ersten und zweiten Schritte zu lähmen drohte, in die Vorstellung einer Kräfte vermehrenden Genossenschaft. Er fand in solcher Gemeinschaft nicht nur leeren Trost, sondern auch die Stärkung, manches zu realisieren. Selbst das ATHENAEUM wäre, was es wurde, nicht geworden ohne den Glauben an die Geistesrepublik der Gleichgesinnten. Oft aber, und gerade bei den höchsten, ausgreifendsten und auch ausschweifendsten Plänen, wirkt die Hoffnung auf die Gruppe wie eine Flucht vor der Alternative, das Projekt verwirklichen oder sein Scheitern eingestehen zu müssen.

Schlegels hybride Idee von der Stiftung einer neuen Religion durch Schöpfung einer neuen Bibel verwandelt sich schon während der Dauer eines Briefes in den Gedanken, das neue Evangelium rege sich bereits, und er, Schlegel, könne vielleicht die Rolle eines Christus mit der eines Paulus vertauschen. Flüchtet nicht auch Novalis in ähnlicher Weise vor den Schwierigkeiten seiner so groß angelegten Enzyklopädistik, ja selbst vor den Schwierigkeiten ihrer Methode, nur in das neue Projekt des literarischen Ordens?

Der Verdacht drängt sich auf, und ganz läßt er sich nicht entkräften, obwohl er durch Erwähnung der Enzyklopädistik in diesem Brief geschwächt wird. Novalis spricht davon eher indirekt, und doch trifft seine Anspielung ins Zentrum und enthält im Geheimen auch die eigentliche Antwort auf Schlegels Gedanken über Religion und Bibel: „Ich weiß nicht, ob ich Dir schon von meinem lieben *Plotin* schrieb. Aus Tiedemann lernt ich diesen für mich geborenen Philosophen kennen — und erschrak beinah über seine Ähnlichkeit mit Fichte und Kant — und seine idealische Ähnlichkeit mit ihnen. Er ist mehr nach meinem Herzen als beide. Jemand hat mir gesagt, daß meine Entdeckung nicht neu und schon in Maimons ‚Leben‘ diese wunderbare Übereinkunft bemerkt worden sei. Warum ist aber alles still davon? In Plotin liegt noch vieles ungenutzt — und er wäre wohl vor allen einer neuen Verkündigung wert."[49]

Auch Schlegel hatte in seinem Brief von einer Verkündigung geschwärmt. Bedenkt man, daß Novalis im selben Atemzug den Inhalt der geplanten Schlegelschen Verkündigung als kimmerisch dunkel bezeichnet, so erhält die hier mitgeteilte Entdeckung Plotins noch ihr besonderes Gewicht. Ganz nebenbei unterscheidet Novalis zwischen der Vermittlung durch Tiedemann und der Entdeckung selbst. Er sagt also deutlich, daß Tiedemann, obwohl er den Plotin studierte und exzerpierte, nichts von dessen Geist verstanden hat. Damit wird aber auch gesagt, daß mit einer bloßen Kenntnis der Plotinschen Texte nichts gewonnen wäre. Die Verkündigung kann sich nicht im Hinweis und in der Vermittlung erschöpfen. Denn der Inhalt dieser Verkündigung, für den „Plotin" eher eine Chiffre ist, brächte ans Licht, was bei Schlegel dunkel blieb.

Kein Zweifel, daß Schlegel nicht begriff, für was der Name Plotin hier stand. Er hätte sonst in der REDE ÜBER DIE MYTHOLOGIE,[50] deren Inhalt

eben die neue Religion selbst ist, nicht Spinoza, sondern Plotin zum Kron-
zeugen gemacht. Denn vom Plotin des Novalis gilt, was Schlegel als These
mit dem Namen Spinoza verkündet: „Ergreift die Gelegenheit und schaut
hin! Es wird Euch ein tiefer Blick in die innerste Werkstätte der Poesie ge-
gönnt."

Nicht nur in der REDE ÜBER DIE MYTHOLOGIE ertönt das große Thema
von neuer Religiosität oder gar neuer Religion, vom „Phänomene aller
Phänomenen, daß die Menschheit aus allen Kräften ringt, ihr Centrum zu
finden." [51] Unmittelbarer noch spricht Friedrich Schlegel im selben Band des
ATHENAEUMS in Fragmenten „einige Ideen" aus, „die aufs Centrum deuten".[52] Die Fragmentensammlung selbst ist IDEEN betitelt. Sie endet mit einer
Huldigung „An Novalis". Er wird gepriesen, weil in seinem Geiste sich Poesie und Philosophie „innig durchdrungen" haben. Mit dem Preis von Novalis
rühmt Schlegel sich auch selbst: „Was du gedacht hast, denke ich, was ich
gedacht, wirst du denken, oder hast es schon gedacht." Die innige Durchdringung von Poesie und Philosophie sieht Schlegel also auch als sein eigenes
Charakteristikum an.

Was er letzten Endes unter Durchdringung verstehe, hatte Schlegel kurz
davor einfach so bestimmt: „Poesie und Philosophie sind, je nachdem man
es nimmt, verschiedne Sphären, verschiedne Formen, oder auch die Factoren
der Religion. Denn versucht es nur beyde wirklich zu verbinden, und ihr
werdet nichts anders erhalten als Religion." [53] Ein „je nachdem man es
nimmt" muß bei Schlegel des öfteren die Abgrenzung oder Definition ersetzen, die am Platze wäre.

Ein robuster Optimismus läßt Schlegel daran glauben, daß die „einzige
bedeutende Opposition gegen die überall aufkeimende Religion der Menschen und Künstler" von den „wenigen eigentlichen Christen" zu erwarten
sei, die es noch gäbe. Aber auch sie würden niederfallen und anbeten, wenn
die Morgensonne wirklich emporsteige.[54] Und die Verkündigung? Noch
immer hält Schlegel an der Idee fest, die er 1798 Novalis mitgeteilt hatte.
Jetzt formuliert er so: „Als Bibel wird das neue ewige Evangelium erscheinen,
von dem Lessing geweissagt hat: aber nicht als einzelnes Buch im gewöhnlichen Sinne." Und er frägt, ob es ein anderes Wort gibt, „um die Idee eines
unendlichen Buchs von der gemeinen zu unterscheiden als Bibel, Buch
schlechthin, absolutes Buch?"

Bei der unumgänglichen näheren Bestimmung dieses absoluten Buches
weicht Schlegel in ein Beispiel aus: „Alle classischen Gedichte der Alten
hängen zusammen, unzertrennlich, bilden ein organisches Ganzes, sind richtig

angesehen nur Ein Gedicht, das einzige in welchem die Dichtung vollkommen erscheint. Auf eine ähnliche Weise sollen in der vollkommnen Litteratur alle Bücher nur Ein Buch seyn, und in einem solchen ewig werdenden Buche wird das Evangelium der Menschheit und der Bildung offenbart werden." [55] Das heißt aber nichts anderes, als daß Schlegel seine Definition der romantischen Poesie als einer progressiven Universalpoesie, die er im ATHENAEUM von 1798 gegeben hat, nun einfach auf die neue Religion und ihr Organ, die ewig werdende Bibel als absolutes Buch, überträgt. Die vereinigende Funktion der progressiven Universalpoesie kommt auch der neuen Religion zu, und das gilt von allem übrigen, was sonst noch von dieser Poesie ausgesagt wird, die „gleichsam die Dichtkunst selbst ist: denn in einem gewissen Sinn ist oder soll alle Poesie romantisch seyn." [56]

Den möglichen Zweifel, ob seine Vorstellungen sich mit denen von Novalis wirklich decken, überspielt Schlegel in der Huldigung an den Freund: „Es gibt Mißverständnisse die das höchste Einverständnis neu bestätigen." Man könnte vermuten, daß Novalis nicht einfach gewillt war, die Mißverständnisse so dialektisch als Bestätigungen des Einverständnisses interpretiert zu sehen. Mußte er nicht den Zweifel zur Kritik verschärfen, wenn er verhüten wollte, daß seine gerade an Plotin gestärkten Ahnungen und Einsichten sich in jener Religion verloren, die Schlegel selbst als „schlechthin unergründlich" bezeichnete, weil man darin „überall ins Unendliche immer tiefer graben" könne? Daher die durch keine Rücksicht auf die Öffentlichkeit geschwächte Reaktion von Novalis: „Aber auch einfach bis zur Vernichtung aller Quantität und Qualität." (III, 490)

Mit solchen Randbemerkungen hat Novalis Friedrich Schlegels Fragmentensammlung IDEEN versehen. Die Notizen sind neben den Briefen das aufschlußreichste Dokument des an Zwischen- und Untertönen reichen Dialoges der Freunde.[57] In seiner Huldigung an Novalis spricht Schlegel nicht etwa von verschiedenen Ansichten, sondern von Mißverständnissen. Das harte Wort wird durch die Stilisierung ins Einverständnis zwar gemildert, aber nicht aufgelöst.

Novalis lag freilich wenig daran, die Mißverständnisse hervorzukehren. Auch er bedurfte freundschaftlichen Einverständnisses, und er gab sich dem mit nicht geringerem Enthusiasmus hin als Schlegel. Deshalb beschließt er die kritischen Randbemerkungen ebenfalls mit einer Huldigung: „An Julius." Der Name ist Schlegels LUCINDE entnommen. In diesem Romanfragment hatte Schlegel sich selbst recht deutlich als Julius zu verewigen gesucht, und an diesen Julius ist die begeisterte Antwort des von Schlegel in den IDEEN

gefeierten „Novalis" gerichtet: „Wenn irgend jemand zum Apostel in unsrer Zeit sich schickt, und geboren ist, so bist du es." In bewußter Anspielung,
vielleicht auch nur in unbewußter Assoziation greift Novalis dann auf Schlegels Brief von 1798 zurück: „Du wirst der Paulus der neuen Religion seyn,
die überall anbricht — einer der Erstlinge des neuen Zeitalters — des Religiösen. Mit dieser Religion fängt sich eine neue Weltgeschichte an. Du ver-
stehst die Geheimnisse der Zeit — ...".

Kimmerisch dunkel waren Novalis im Dezember 1798 Schlegels Gedanken
über Religion und Bibel noch gewesen. Hatte sich die Dunkelheit seither
gelichtet? Die Worte scheinen das zu behaupten. Doch der Ton, in dem sie
gesprochen sind, erregt Zweifel. Denn es ist ganz der Ton einer Beschwörung.
Sie gilt nicht der persönlichen Freundschaft, die Novalis so wenig wie Schlegel bedroht sieht. Es geht vielmehr um die Bundesgenossenschaft einer chiliastischen Hoffnung. Zu wissen, daß anderen eben diese Hoffnung auch ein
Glaube ist, feit gegen die Leere, die hinter jeder Vision und jeder spekulativen Idee lauert. Der hellsichtige Rausch, in dem Einsichten immer schon zu
Projekten werden, fordert seinen Tribut an Ernüchterung und Zweifel so gut
wie Tat oder Werk. Auch Novalis, dem Genie der analogischen Kombina-
torik, blieb die Rancune des Großen nicht erspart,[58] und er rettet sich davor
in die Begeisterung der harmonisierenden Freundschaft.

Was bei kritischer Betrachtung dunkel und vage erscheinen mußte, setzte
der Enthusiasmus in eins mit den eigenen Vorstellungen. Diese transzen-
dierten ohnehin die Wirklichkeit durch Sehnsucht und Hoffnung: „Auf dich
hat die Revolution gewirckt, was sie wircken sollte, oder du bist vielmehr ein
unsichtbares Glied der heiligen Revolution, die ein Messias im Pluralis, auf
Erden erschienen ist." Hier fühlt man sich an die Rede über DIE CHRISTEN-
HEIT ODER EUROPA erinnert, und die Assoziation gibt der Stelle einen
psychologischen Schlüsselwert.[59] In der EUROPA, wie der geschichtsphilo-
sophisch-utopische Essay nach Novalis' eigener Abkürzung genannt werden
darf, sagt der Dichter zum ersten Male deutlich, was er unter der zukünftigen Religion versteht. Die EUROPA, eine Spiegelung der neuen goldnen Zeit,
hätte nach dem Willen von Novalis im ATHENAEUM von 1800 erscheinen
sollen. Man hielt jedoch den Text für eine zu gefährliche Belastung der um-
kämpften Zeitschrift und mit Goethes Rat wurde die Rede nicht aufgenommen. Novalis teilte die Bedenken der Freunde nicht. Die Ablehnung muß ihn
also getroffen haben. Er bat um Rücksendung und fügte hinzu: „Ich habe
eine andre Idee damit — sie kann mit einigen Veränderungen zu einigen

andern öffentlichen Reden kommen und mit diesen besonders gedruckt werden." [60]

In der Huldigung „An Julius" wird bereits der Geist der EUROPA beschworen und damit Friedrich Schlegel als Verkündiger dieses Geistes umworben: „Ein herrliches Gefühl belebt mich in dem Gedanken, daß du mein Freund bist und an mich diese innersten Worte gerichtet hast. Ich weis, daß wir in vielen Eins sind und glaube, daß wir es durchaus sind, weil Eine Hoffnung, Eine Sehnsucht unser Leben und unser Tod ist." In seinen Randbemerkungen drückt Novalis zwar seine Zustimmung zu etlichen IDEEN von Friedrich Schlegel aus, aber er sagt selten Ja, ohne den Schlegel'schen Gedanken zu modifizieren. Und wo er ihn nicht ins eigene umbiegen oder durch Präzisierung sich anverwandeln kann, wird die Bemerkung dazu kritisch. Die Gefahr Schlegels, überm Spekulieren ins Bodenlose zu geraten oder sich zu versteigen, wird benannt und abgewehrt.

Die Grenze der Übereinstimmung wird markiert durch die Frage, mit der Novalis das 20. Fragment kommentiert. Schlegel behauptet, Künstler sei ein jeder, dem es Ziel und Mitte des Daseins ist, seinen Sinn zu bilden. Novalis dagegen: „Sollte dies nicht der Dilettant seyn — *Mit* seinem Sinne zu bilden, dann ist es der Künstler." Daß nicht nur die Mahnung gemeint ist, zu bilden statt zu reden, verraten die knappen Bemerkungen zum 14. Fragment. Schlegel sagt da von der Religion, sie sei nicht bloß „ein Teil der Bildung, ein Glied der Menschheit, sondern das Centrum aller übrigen, überhaupt das Erste, und Höchste, das schlechthin Ursprüngliche". Novalis behauptet, die Religion scheine ihm „mehr durchaus und wesentlich ein hors d'Oeuvre zu seyn". Der Satz ist vieldeutig und überraschend, denn gerade von Novalis würde man es am wenigsten erwarten, die Religion eine Zugabe oder ein Vorgericht genannt zu sehen. Aber wie immer man ihn zu deuten geneigt ist, der Satz mag davor bewahren, den umlaufenden vagen Begriff romantischer Religiosität ungeprüft auf Novalis anzuwenden.

Ein Hinweis liegt in der Anmerkung zum 13. Fragment, in dem Schlegel nur denjenigen als Künstler gelten läßt, der eine eigene Religion, eine originelle Ansicht des Unendlichen habe. Novalis aber: „Der Künstler ist durchaus irreligiös — daher kann er in Religionen wie in Bronze arbeiten. Er gehört zu Schleyermachers Kirche." Die Provokation wird durch die Berufung auf Schleiermacher nur wenig gemildert. Denn was ist unter einer Religion zu verstehen, in der sich wie in Bronze arbeiten läßt? Und was unter einem Künstler, der „irreligiös" sein muß, um solches zu können?

4*

Der Dialog, den Novalis mit Schlegel in der Form von Randbemerkungen zu dessen IDEEN führt, dreht sich vor allem um die Religion und das Künstlertum. Schlegel ruft im 22. Fragment dazu auf, alle Religionen aus ihren Gräbern zu wecken, die unsterblichen neu zu beleben und zu bilden durch die Allmacht der Kunst und Wissenschaft. Novalis antwortet, indem er präzisiert und zugleich einschränkt. Und indem er einen auch Schlegel vertrauten Begriff — Enthusiasmus — zum Oberbegriff macht: „Wenn du von Religion sprichst, so scheinst du mir den *Enthusiasmus* überhaupt zu meynen, von dem die Religion nur Eine Anwendung ist."

Andere Anwendungen? Ehe darauf geantwortet wird, notiert Novalis noch einen jener Einfälle, die auf den ersten Blick nur den überraschenden Reiz des Rätselhaften oder Unerwarteten zu haben scheinen. Sieht man genauer hin, entdeckt man einen zentralen Begriff. Schlegels Metapher der aus ihren Gräbern zu weckenden Religionen verführt Novalis zu dem Gedanken, das Grab sei „recht eigentlich ein religiöser Begriff". Daraus zieht er den unterscheidenden Schluß: „Nur die Religion und ihre Bekenner liegen in Gräbern. Der Scheiterhaufen gehört zum Ritus der Bekenner des Universums." Giordano Bruno also. Der Name wird nicht genannt, aber er vor allem dürfte anklingen, wenn die Bekenner des Universums den in den Gräbern liegenden Bekennern der Religion gegenüber gestellt werden.[61] Und von Giordano Bruno führt auch für Novalis die Linie zum Neuplatonismus zurück.

In diesem Dialog mit Schlegel bekennt Novalis auf seine Weise den Glauben an das Universum. Bei einem dürftigen Fragment Schlegels [62] regt ihn die Unterscheidung von Mensch und Menschheit zu einer Betrachtung an, die sich ganz vom Ausgangspunkt, Schlegels Fragment, entfernt. Gerade deshalb wird sie zu einem Bekenntnis: „Ich weis nicht warum man immer von einer abgesonderten Menschheit spricht. Gehören Thiere, Pflanzen und Steine, Gestirne und Lüfte nicht auch zur Menschheit und ist sie nicht ein bloßer Nervenknoten, in den unendlich verschiedenlaufende Fäden sich kreutzen. Läßt sie sich ohne die Natur begreifen —? ist sie denn so sehr anders, als die übrigen Naturgeschlechter?"

Novalis bleibt damit ganz im Gedankenkreis seiner enzyklopädistischen Entwürfe, deren Bestätigung ihm Plotin bedeutete. Daran erinnert auch eine weitere Bemerkung über den Künstler. Sie ergänzt die Behauptung von der „Irreligiosität", kraft derer der Künstler in Religion wie in Bronze arbeiten kann. Im 96. Fragment spielt Schlegel mit der Idee von Philosophie und Poesie als Formen von Idealismus und Realismus. Novalis hierzu: „Thätige

Unthätigkeit, ächter Quietismus ist der kritische Idealism. Du wirst leicht einsehn, wie sehr Fichtens Wissenschafts-Lehre, nichts als Schema des innern Künstlerwesens ist. Realism ist *Asthenie — Gefühl* — Idealism — *Sthenie, Vision* oder *Fiction.*" Über Fichte hinausgehen hieße also, das Schema des inneren Künstlerwesens durch die Konstruktionslehre des schaffenden Geistes zu ersetzen, aus dem kritischen Idealismus den magischen zu machen; hieße, die tätige Untätigkeit in tätigen Empirismus zu verwandeln.

Das Organon dieser Verwandlungen, das Werk der neuen kopernikanischen Wende sollte ja ursprünglich die Enzyklopädistik als scientifische Bibel werden. Was ist inzwischen aus dem Bibel-Projekt geworden? In den Anmerkungen zu Schlegels IDEEN findet sich ein Hinweis. Denn zu jenem 96. Fragment, in welchem Schlegel das Bibelprojekt vom Herbst 1798 mit der Idee der progressiven Universalpoesie verbindet, notiert Novalis: „Bibel ist ein Gattungsbegriff unter dem Büchergeschlecht. Er subsumirt nach Arten und Individuen. Die Bibeln sind die Menschen und Götter unter den Büchern. Sie haben gewissermaaßen selbst einen Anteil an ihrer Entstehung — und ihr Ursprung ist schlechthin unerklärlich. Originale müssen sie daher nothwendig seyn. Man liebt und haßt, vergöttert und verachtet sie, wie eigne Wesen. Eine Bibel schreiben zu wollen — ist ein Hang zur Tollheit, wie ihn jeder tüchtige Mensch haben muß, um vollständig zu seyn." In dieser Erklärung steckt zwar die Berufung auf die alte heilige Mania. Aber es wird auch das Scheitern des ungeheuren Planes wenn nicht gar zugestanden, so doch erwogen. So gälte also auch für dieses Unternehmen der Vergleich mit Didos Ochsenhaut?[63]

4. KAPITEL

Chiliastische Geschichtsphilosophie

Lessing — Schiller — Novalis

Der Versuch einer Konstruktionslehre des schaffenden Geistes fand schließlich ein Gegenstück und seine Fortsetzung im Versuch einer Phänomenologie des poetischen Geistes. So hat schon Rudolf Haym den HEINRICH VON OFTERDINGEN genannt.[64] Die Enzyklopädistik blieb Entwurf, Notizen- und Ideensammlung, der Roman Fragment. Wäre der Roman beendet, die Enzyklopädistik gar wieder aufgenommen worden, hätte Novalis länger gelebt? Darüber zu grübeln hat wenig Sinn. Den Texten eignet Reiz und Reichtum des Unmittelbaren, und daß sie bruchstückhaft sind, rückt nachträglich die Enzyklopädie-Notizen und das Romanfragment sogar näher zusammen. Wohl handelt es sich hier um ganz disparate Ausdrucksformen von Novalis. Dem Dichter schienen sie, wie der Brief an Tieck und andere Äußerungen zeigen, zuweilen fast unvereinbar weit auseinander zu liegen. Vor allem, solange die Leidenschaft der erwachten Poesie auch die ganze Kraft des Denkens forderte. In andern Augenblicken sah Novalis sehr wohl, wie diese Poesie der Poesie mit „Texten zum Denken" zusammengehört. Die Zusammengehörigkeit zeigen heißt, die ungeteilte geistige Erfahrung sichtbar zu machen, die danach drängte, die überkommene Trennung von Wissenschaft, Philosophie und Kunst aufzuheben, um dadurch das Leben selbst zu verwandeln.

Die erstrebte Einheit wird eine zeitlang Religion, auch neue Religion genannt. Die Suche danach ist ein Bemühen, den gemeinsamen, aber durch die Tradition verdeckten Grund von Philosophie und Poesie zu finden. Dabei gerät Novalis an die Vergangenheit und findet in ihr die Chiffren derselben Sprache, die er auch in der Natur zu entdecken glaubte. Die Entdeckung der Geschichte wird in einer der Naturphilosophie analogen Weise zur Verkündigung. Ihr großes Thema ist der Mythos von der goldnen Zeit, der Vorzeit und Zukunft ineinander spiegelt.[66] Novalis hat diesen Mythos in der

Rede DIE CHRISTENHEIT ODER EUROPA verkündet. Sie handelt von der Erscheinung des religiösen Geistes und bildet so die Mitte zwischen der Konstruktionslehre des schaffenden und der Phänomenologie des poetischen Geistes.

Bei der Ankündigung der neuen Physik erhob Novalis Goethe zu ihrem Liturgen. In der EUROPA wird auf Schleiermacher angespielt als auf einen „Bruder“: „Er hat einen neuen Schleier für die Heilige gemacht, der ihren himmlischen Gliederbau anschmiegend verräth, und doch sie züchtiger, als ein Andrer verhüllt.“ (III, 521). Ein anderer Name wird verschwiegen: Schiller. Und doch sind zum Verständnis der EUROPA Schillers Briefe ÜBER DIE ÄSTHETISCHE ERZIEHUNG DES MENSCHEN so aufschlußreich wie Schleiermachers REDEN ÜBER DIE RELIGION.[67]

In den HYMNEN AN DIE NACHT dient Schillers Gedicht DIE GÖTTER GRIECHENLANDS Novalis als Anstoß zu einer verklärenden Geschichtsdeutung. In der EUROPA ist die Auseinandersetzung mit Schiller versteckter, aber gerade deshalb umso heftiger. In der ÄSTHETISCHEN ERZIEHUNG wie in der EUROPA wird die Entzweiung, die Zerreißung gar konstatiert und die Überwindung des verderblichen Zustandes als Versöhnung proklamiert. Von Schiller wie von Novalis wird dieser Prozeß der Entzweiung und Versöhnung als die eigentliche Geschichte interpretiert. Diese Weltgeschichte erscheint bei Schiller wie bei Novalis als die verborgene Verbindung des Geistes und der Kunst mit der Politik. So entsteht ein neues, heilsgeschichtliches Drama, wenn es auch vor Schillers Auge anders abläuft als vor dem Auge dessen, der gerade das romantische Christentum entdeckt hat. Gemeinsam ist Schiller und Novalis auch die eine große Anregung, auf die sie reagieren: DIE ERZIEHUNG DES MENSCHENGESCHLECHTS. Lessings Testament hat auch Friedrich Schlegel zur Urkunde seiner neu zu stiftenden Religion machen wollen.

Wie bei Lessing herrscht auch bei Schiller und Novalis die triadische Struktur. Jede Geschichtsphilosophie und -theologie glaubt die drei Dimensionen der Zeit als den Prozeß der Welt selbst zu entdecken und erklärt dann die mit solcher Entdeckung enthüllte Zerreißung für heilbar. Von der Zukunft als Bastion der Hoffnung aus wird über die Gegenwart in die Vergangenheit zurückgeschaut, bis der Blick in einer frühen heilen Zeit das Versprechen erblickt, dessen die Hoffnung auf die Zukunft zur Rechtfertigung bedarf.

Soll die Geschichte nicht gänzlich ihren Sinn verlieren, so darf die goldene Zeit von einst doch nicht so vollkommen sein, daß nicht ein Abfall von ihr

möglich wäre. Die Geschichte beweist, daß der Abfall notwendig war, denn
er ist die Voraussetzung der Wiederkehr einer noch reineren und vollkom-
meneren goldenen Zeit. Der Mythos von Paradies, Abfall und Wiederherstellung schimmert durch jedes geschichtliche Denken. Das verlorene Paradies
kann viele Formen haben. Im achtzehnten Jahrhundert gab ihm Rousseau
das Ansehen natürlicher Unschuld. Das künstliche, antizivilisatorische Natur-
bild wirkte mächtig auf die Zeitgenossen. Aber der Zauber unterdrückte
nicht, sondern erregte gerade den Wunsch, auch für die Kultur das Beispiel unschuldiger Harmonie zu finden. So konnten die Griechen, die
Winckelmann als die Seinen entdeckt hatte, wirken. Auch Schillers Ästhetische Erziehung ist, wie die ganze Klassik, Zeugnis solcher Wirkung. Das
Griechenbild der Klassik hat wenig mit seinen Folgen im neunzehnten Jahrhundert zu tun. Es war vielmehr ein Entwurf, dessen Kühnheit man nur
ermessen kann, wenn man es gleichermaßen gegen die Barbarenschwärmerei,
die moralisierende Aufklärung und die antikisierende Rokoko-Mythologie
hält.

Für Schiller ist die goldene Zeit das Griechentum: „Die Griechen beschämen
uns nicht bloß durch eine Simplicität, die unserm Zeitalter fremd ist; sie
sind zugleich unsre Nebenbuhler, ja oft unsre Muster in den nehmlichen Vor-
zügen, mit denen wir uns über die Naturwidrigkeit unsrer Sitten zu trösten
pflegen. Zugleich voll Form und voll Fülle, zugleich philosophirend und
bildend, zugleich zart und energisch sehen wir sie die Jugend der Phantasie
mit der Männlichkeit der Vernunft in einer herrlichen Menschheit vereinigen." [68] Da die Erscheinung der griechischen Menschheit „unstreitig ein
Maximum (war), das auf dieser Stufe weder verharren noch höher steigen
konnte", mußte der Fortgang der Geschichte, sollte er wirklich Fortgang und
nicht nur Zerfall sein, Abfall und Entwicklung in einem bedeuten. Das ist
eine Paradoxie, die nur mit Hilfe von Dialektik der immanenten Gefahr der
Sinnlosigkeit entwunden werden konnte. In der Tat bedient sich Schiller,
wenn auch auf eingeschränktere und naivere Weise bereits des Hegel'schen
Prinzips, um den natürlichen Rhythmus des Völkerlebens in die Geschichte
als Entwicklung des Geistes zur Freiheit einzupassen. Verharren konnten
die Griechen nicht, „weil der Verstand durch den Vorrat, den er schon hatte,
unausbleiblich genötigt werden mußte, sich von der Empfindung und Anschauung abzusondern und nach Deutlichkeit der Erkenntnis zu streben".
Höher zu steigen aber war ihnen nicht möglich, „weil nur ein bestimmter
Grad von Klarheit mit einer bestimmten Fülle und Wärme zusammen bestehen kann". Dieser bestimmte, also beschränkte Grad machte durch das

Zusammenfallen von so beschränkter Fülle und beschränkter Klarheit eben jenes Maximum aus, das Schiller die „Totalität ihres Wesens" nennt.

Soll nun zu einer „höhern Ausbildung" fortgeschritten werden, so muß die Totalität eines solchen Wesens aufgegeben und „die Wahrheit auf getrennten Bahnen" verfolgt werden. Denn: „Die mannigfaltigen Anlagen im Menschen zu entwickeln, war kein anderes Mittel, als sie einander entgegen zu setzen." Die Entgegensetzung, von Schiller selbst Antagonismus der Kräfte genannt, ist dialektisch. Mit Hilfe dieses Schemas, das noch in Nietzsches antagonistischen Prinzipien begegnet, versucht Schiller, die Geschichte als die Entwicklung von der goldnen Zeit des Griechentums zum zukünftigen Reich der Freiheit, zum „ästhetischen Staat" [69] zu deuten.

Im Zwischenreich waltet der Antagonismus der Kräfte. Durch ihn wird zwar „die Gattung zur Wahrheit" geführt, aber das Individuum „unausbleiblich zum Irrtum". So leidet eben das Individuum unter dem „Fluche dieses Weltzwecks". Ein vorzeitiger, einseitiger und zum Scheitern verurteilter Versuch, sich von diesem Fluche zu erlösen: die Französische Revolution. Jede auf solche Staatsveränderung gegründete Hoffnung wird und muß solange „chimärisch" sein, „bis die Trennung in dem innern Menschen wieder aufgehoben und seine Natur vollständig genug entwickelt ist, um selbst die Künstlerin zu sein und der politischen Schöpfung der Vernunft ihre Realität zu verbürgen".

Die Entwicklung zur „Totalität in unserer Natur" geschieht durch die ästhetische Erziehung. Denn wenn auch das Gesetz der Natur noch so sehr dahin strebt, für die Ausbildung der einzelnen Kräfte das Opfer ihrer Totalität zu verlangen, so muß es doch „bey uns stehen, diese Totalität in unsrer Natur, welche die Kunst zerstört hat, durch eine höhere Kunst wieder herzustellen". [70]

Diese höhere Kunst ist das „Spiel". [71] Denn da der Mensch nur spielt, wo er in voller Bedeutung des Wortes Mensch ist, und nur da ganz Mensch ist, wo er spielt, ist der homo ludens im Stande der Götter. Götterstand: „ein bloß menschlicher Name für das freyeste und erhabenste Seyn". Die eingegrenzte Totalität, die das Maximum der Griechen ausmachte, ist im Spiel ebenso aufgehoben wie der Antagonismus: „In sich selbst ruhet und wohnt die ganze Gestalt, eine völlig geschlossene Schöpfung, und als wenn sie jenseits des Raumes wäre, ohne Nachgeben, ohne Widerstand; da ist keine Kraft, die mit Kräften kämpfte, keine Blöße, wo die Zeitlichkeit einbrechen könnte." Die besten der Griechen, ihre „vornehmsten Meister" haben es geahnt; „nur daß sie in den Olympus versetzten, was auf der Erde sollte ausgeführt werden".

Auf die Erde versetzt, bedeutet es, daß nach dem dynamischen und ethischen Staat der ästhetische beginnt. Im dynamischen Staat der Rechte wird das Wirken des Menschen beschränkt, weil der Mensch dem Menschen als Kraft begegnet. Im ethischen Staat der Pflichten herrscht Beschränkung, weil dem Wollen des Menschen der Mensch mit der Majestät des Gesetzes entgegensteht. Im ästhetischen Staat allein, dem „Kreise des schönen Umgangs", erscheint der Mensch dem Menschen „nur als Gestalt", steht der Mensch dem Menschen „nur als Objekt des freien Spiels" gegenüber: „Freyheit zu geben durch Freyheit ist das Grundgesetz dieses Reichs." Denn weil wir sowohl als Individuum wie als Gattung, das heißt als Repräsentanten der Gattung nur eines, das Schöne, genießen können, ist der ästhetische Staat als Reich des schönen Scheins nicht nur das Reich der Freiheit, sondern auch das der Gleichheit.[72] Schiller postuliert, allein durch Bildung im Sinne der ästhetischen Erziehung könne das Ziel erreicht werden, das die Revolution zu früh und mit falschen Mitteln zu erreichen trachtete. Er meint, man müsse, um jenes politische Problem in der Erfahrung zu lösen, durch das ästhetische den Weg nehmen, weil man durch die Schönheit zur Freiheit wandere.[73]

Aus Schillers erhabener Forderung, daß die Bildung das Werk der verdorbenen Revolution aufnehmen und reiner fortsetzen müsse, wird bei der jüngeren Generation ein Glaube. Weil ihr echte politische Tätigkeit versagt war, und weil die Empörung über den Jakobinerterrorismus ihr Urteil mit bestimmte, wandten die Jungen ihre Energie gänzlich an die Philosophie, die Wissenschaft, die Kunst. Die Erregung der Revolution vermochte nicht, das unterentwickelte politische Organ zum Wachsen zu reizen. Die Enkel und Urenkel von Pastoren, Verwaltungsbeamten und halben oder ganzen Leibeigenen konnten die vorgezeichnete Bahn ihres Erbes nicht umdrehen und zu dem Punkt zurückführen, wo einst im sechzehnten Jahrhundert die unbeholfenen Regungen eines selbstverantwortlichen politischen Bewußtseins niedergedrückt worden waren. Den späten Erben blieb, da sie die Wirklichkeit nicht verändern konnten, nur, sie anders zu interpretieren. Diese Interpretation blieb zwar dem Gesetz unterworfen, unter dem sie angetreten; aber größer wurde die Welt nie interpretiert.

Schiller gewinnt seine Utopie vom ästhetischen Staat, indem er an den Anfang das Maximum der Griechen setzt und alles weitere als notwendige Vereinzelung erklärt. Diese Notwendigkeit macht die Geschichte selbst aus. Sie führt vom einstigen Maximum zum zukünftigen der Freiheit, der echten

Totalität des Wesens. Weil dieser Weg über die zerrissene Vergangenheit und Gegenwart läuft, finden wir statt eines geradlinigen Fortschritts eine dialektische Entwicklung. Sie treibt von der goldenen Zeit über eine die Gegenwart umgreifende Historie zu einem neuen goldenen Zeitalter.

Der Glaube an das Kommen eines goldenen Zeitalters bedarf angesichts der zerrissenen Wirklichkeit eines Beweises. Er steckt in der goldenen Zeit von einst. Die utopische Zukunft legitimiert sich so durch die idealische Vergangenheit. Ihre Wiedergewinnung auf höherer Stufe erklärt die Notwendigkeit des Abfalls, richtet die Gegenwart und lenkt sie zugleich ins Zukünftige.

Revolution ist, und nicht nur dem Wortsinn nach, der Versuch einer Wiederherstellung auf höherer Ebene. Ihre Apologie — und jede Revolution ist im Kern apologetisch — läuft darauf hinaus, die Gegenwart als Verderbnis anzuklagen. Es wird eine frühere Reinheit postuliert und daran der Verfall gemessen. Findet sich in der Geschichte selbst kein leuchtendes Beispiel der Vollkommenheit, wird die Vollkommenheit als Idee gesetzt. So wird die Geschichte zum dialektischen Prozeß von Verfall und Fortschritt, und an ihrem Anfang steht eine wie auch immer verstandene Erbsünde.

Solange die christliche Glaubenskraft noch ungebrochen war, spielten sich die umwälzenden Bewegungen als Reformationen ab. Die goldene Zeit, die da benötigt wurde, war eine unverdorbene Christenheit. Je weniger sie faßbar war, desto heftiger wurde um die ursprüngliche Lehre gestritten. In der geänderten geistigen Konstellation, die sich mit der Renaissance ankündigt und im achtzehnten Jahrhundert sich zur neuen Epoche zu entfalten beginnt, wird mit der Loslösung von der Theologie das Bedürfnis nach einer außerchristlichen goldenen Zeit drängend. Ein solches Weltalter war am ehesten dort zu finden, wo noch kein Christentum hingekommen, also im Heidnischen. Und da konnte man entweder im vermeintlich natürlichen Zustand des vorzivilisatorischen Menschen das Ideal erblicken, oder in der höchsten Entfaltung außerchristlicher Kultur, im Griechentum. Wer aber als politischer Mensch weder auf den Staat verzichten noch mit ästhetischer Erziehung sich zufriedengeben wollte, beschwor die römisch-republikanische Tugend.

Ein idealisches Griechentum von Schillers Art dient auch dem jungen Friedrich Schlegel für den ersten Entwurf einer geschichtsphilosophischen Ästhetik, die dann bald den Titel der progressiven Universalpoesie erhalten sollte. 1795 schreibt Schlegel einen Aufsatz ÜBER DAS STUDIUM DER GRIECHISCHEN POESIE, der zum ersten mal 1797 gedruckt wird.[74] In Schlegels sämtlichen Werken von 1823 ist der Aufsatz dann mit leichten Änderungen erschienen. Die wichtigsten Korrekturen waren bei der Zeichnung der mittelalterlichen Poesie nötig geworden. An der Fassung von 1797 ist gerade die abschätzige Beurteilung des Mittelalters bemerkenswert. So wird die „geistlose Monotonie der barbarischen Chevalerie" gegen die „freyere Menschlichkeit" Homers gehalten.[75] Die „Phantasterey der Romantischen Poesie" wird durch eine „verkehrte Richtung" erklärt, die eine „an sich glückliche, dem Schönen nicht ungünstige Phantasie" genommen habe. Romantisch wird hier also noch im negativen Sinn gebraucht und für mittelalterlich gesetzt. Lediglich das „kolossalische Werk des Dante" ist von dem Urteil ausgenommen, „dieses erhabne Phänomen in der trüben Nacht jenes eisernen Zeitalters"[76]. Gegen solch eisernes Zeitalter wird dann das „Goldne" als „höchster Gipfel freier Schönheit", als „letzte Grenze der natürlichen Bildung der Kunst und des Geschmacks" gestellt. Dieses „höchste Schöne", das „Urbild der Kunst und des Geschmacks" ist die griechische Poesie.[77]

Dem Schema von naiv und sentimentalisch entsprechend wird die griechische Kunst, in der „das Ideal hervortrat", als Produkt und Vollendung des Natürlichen gefeiert und von diesem vollendeten, klassischen Urbild die moderne Poesie mit ihrem „künstlichen Charakter" abgehoben. Künstlich darf freilich nicht abschätzig verstanden werden. Es ist ein anderes Wort für Schillers sentimentalisch und meint die Entwicklung der Freiheit, die alle natürliche Vollkommenheit wie auch die natürliche Beschränkung übersteigt. Kulmination und Umschlag der natürlichen Bildung wird, wie bei Schiller, so erklärt, daß das Zerfallsmoment des vorbildlich Vollendeten sich als Motor der universalen Progression erweist: „Wenn der *gesammte* zusammengesetzte menschliche *Trieb* nicht allein das bewegende sondern auch *lenkende Prinzip der Bildung*, wenn die Bildung *natürlich* und nicht künstlich, wenn die ursprüngliche Anlage die glücklichste, und die äussre Begünstigung vollendet ist: so entwickeln, wachsen, und vollenden sich alle Bestandtheile der strebenden Kraft, der sich bildenden Menschheit *gleichmässig*, bis die Fortschreitung den Augenblick erreicht hat, wo die Fülle nicht mehr steigen kann, ohne die *Harmonie des Ganzen* zu trennen und zu zerstören."

Nur durch diese Zerstörung wird die eigentliche, künstliche Freiheit, in der die moderne Poesie wurzelt, entbunden. Denn: „Die Kunst ist unendlich perfektibel und ein absolutes Maximum ist in ihrer steten Entwicklung nicht möglich: aber doch ein bedingtes *relatives Maximum*, ein unübersteigliches f i x e s P r o x i m u m . " Schlegel will kein ästhetisches Dogma aufstellen, sondern sich mit dem „bescheidenen Verdienst" begnügen, „dem Gang der ästhetischen Kultur auf die Spur gekommen zu seyn, den Sinn der bisherigen Kunstgeschichte glücklich errathen, und eine große Aussicht für die künftige gefunden zu haben." [78] Da bei Schlegel aber wie bei Schiller der ästhetische Gang die Entwicklung der Menschheit umfaßt, bedeutet dieser Weg nichts Geringeres als den Gang des Geistes in der Weltgeschichte selbst.

Seinen Aufsatz „konsakriert" Schlegel „allen Künstlern".[79] Künstler nennt er die, „welche das Schöne lieben". Das Schöne jedoch liebt, den schon bei Schiller genannten Voraussetzungen zufolge ein jeder, der wirklich den Namen Mensch zurecht trägt. Deshalb darf man Schlegels Aufsatz ÜBER DAS STUDIUM DER GRIECHISCHEN LITERATUR die erste frühromantische Proklamation einer ästhetischen Erziehung des Menschengeschlechts nennen.

Ein paar Jahre später werden in den IDEEN des ATHENAEUMS von 1800 die Mißverständnisse zwischen Schlegel und Novalis Bestätigungen des höchsten Einverständnisses genannt. Und Schlegel schließt die Fragmentensammlung wie den Griechenaufsatz mit der Anrufung der „Künstler": „Allen Künstlern gehört jede Lehre vom ewigen Orient. Dich nenne ich statt aller andern." Die von Schlegel begrüßte Morgenröte soll mit der neuen Religion auch ein goldenes Zeitalter heraufbringen. Das Griechentum wird noch immer nicht verleugnet, Platos Philosophie zum Beispiel soll eine würdige Vorrede zur künftigen Religion sein.[80] Aber das einfache Schema einer im Griechentum repräsentierten goldenen Zeit der Natürlichkeit und einem zukünftigen goldenen Zeitalter von Bildung, Kunst, Freiheit — dieses Schema hat sich aufgelöst oder wenigstens sehr verschoben. Denn jetzt heißt es bereits: „Wie die Römer die einzige Nation, die ganz Nation war, so ist unser Zeitalter das erste wahre Zeitalter." [81] Und während Schiller in seiner Skizze einer ästhetischen Geschichtsphilosophie mehr oder weniger diskret das Christentum übergangen, und der junge Schlegel selbst im Griechenaufsatz von 1795 es scheinbar ohne Rest ins Mittelalterliche oder ins Moralische aufgelöst hatte, nennt der Schlegel von 1800 diese geistige Macht nun beim Namen: „Die eigentliche Centralanschauung des Christenthums ist die Sünde." [82] Was zwar nicht ganz falsch, aber in solcher Bezugslosigkeit gewiß zweideutig ist.

Greift Schlegel an? Nein, er schmilzt wieder ein: „Nichts ist witziger und grotesker als die alte Mythologie und das Christenthum; das macht, weil sie so mystisch sind." [83] Witzig und grotesk sind in Schlegels Sprachgebrauch keine mindernden Beiwörter. Was so genannt wird, gilt als ausgezeichnet im Sinne der universalen Progression. Und daß das Christentum ineins gesehen wird mit der alten Mythologie, daß beides „mystisch" genannt wird, bedeutet ebenfalls eine Ehrenrettung. Wenn Schlegel alle Mythologie und Religion als Material und Vorbereitung für die künftige Religion so aufarbeiten will, wie er zuvor die ganze bisherige Geistes-, ja Lebenstätigkeit zur progressiven Universalpoesie erhoben hat, kann er das Christentum nicht ausklammern. Aber er klammert es so gründlich ein, daß er es einfach aufhebt: „Die einzige bedeutende Opposizion gegen die überall aufkeimende Religion der Menschen und der Künstler, ist von den wenigen eigentlichen Christen zu erwarten, die es noch giebt. Aber auch sie, wenn die Morgensonne wirklich emporsteigt, werden schon niederfallen und anbeten." [84]

Schlegel wähnte, am ehesten Lessing fortzusetzen. Aber trotz vieler Entlehnungen und Weiterbildungen verfehlte er doch in seinem ebenso heftigen wie vagen Enthusiasmus, den Faden dort aufzunehmen, wo Lessing ihn für die Zukunft hatte liegen lassen. Es ist das Problem, das auch Schiller umging, und das den Dichter des Demetrius in seiner späten Periode bei der Reflexion über die Möglichkeit der modernen Tragödie wieder einholte: Wie soll das christliche Erbe in einer Zeit übernommen werden, in der es, mit Friedrich Schlegel zu reden, nur noch wenige eigentliche Christen gibt. Schlegel und viele andere negierten schließlich das Problem durch eine Entscheidung, die von Lessings Hoffnung her gesehen als Kapitulation erscheinen muß. Sie suchten das Heil im Bekenntnis, mit dem sie über den Glauben ihrer Väter zurück zum vermeintlich heilen Reich der Vorväter zu kommen wähnten. Von den Philosophen aber, die auf der vorgezeichneten Bahn blieben, wälzte Hegel den Stein in die philosophische Spekulation der Geschichte hinüber, während Schlegels romantischer Weggenosse Schelling ihn unter der Mystik der alten Mythologie und des Christentums vergrub.

Und Novalis? Er trägt Schillers Lösungsversuch in Lessings Theorie zurück. Das bedeutet zunächst einmal: Wie bei Lessing wird das Christentum weder ausgeklammert noch einfach in mystische Mythologie aufgelöst, sondern zum Thema gemacht. Lessing erklärte „die Offenbarung" als die Erziehung, die dem Menschengeschlecht geschehen sei und noch geschehe. Dem Glauben an den unendlichen Progreß der Vernunft entsprechend, wird für Lessing die Geschichte zur fortschreitenden Entfaltung der dreigestaltigen Offenbarung. Der joachemitische Gedanke von der Religion des Vaters, des Sohnes und des Geistes wird berufen, und zwar auf eine Weise, die dann Schiller auf die Französische Revolution übertragen kann: „Vielleicht, daß selbst gewisse Schwärmer des dreizehnten und vierzehnten Jahrhunderts einen Strahl dieses neuen ewigen Evangeliums aufgefangen hatten, und nur darin irrten, daß sie den Ausbruch desselben so nahe verkündigten." [85] Sie übereilten den Plan der allgemeinen Erziehung des Menschengeschlechtes, weil sie glaubten, „ohne Aufklärung", d. h. „ohne Vorbereitung" ihre Zeitgenossen zu Männern machen zu können, die des „dritten Zeitalters" würdig wären.

Bei Lessing ist also die Geschichte die Abfolge dreier Zeitalter: „Vielleicht war ihr dreifaches Alter der Welt keine so leere Grille..." Aber es ist eine Folge, die das von den Griechen überkommene und von Schiller dialektisch aufgefangene Abfall-Schema gerade umkehrt. So steht bei Lessing am Anfang nicht ein goldenes Zeitalter, aus dessen Verfall zunächst das silberne und schließlich das eiserne hevorgeht. Die Geschichte wird vielmehr zur Entwicklung aus dem eisernen des Alten Testamentes über das des Neuen Testamentes hin zu jenem Reich des Geistes, das wirklich das goldene ist, weil hier Vernunft und Unsterblichkeit zusammenfallen. Droht dem Glauben an diese Entwicklung nicht der Zweifel, den der Blick auf die Geschichte wecken muß? Nein, denn „es ist nicht wahr, daß die kürzeste Linie immer die gerade ist". Aber von der Zukunft her erscheint sie doch gerade genug: „Sie wird gewiß kommen, die Zeit eines *neuen ewigen Evangeliums,* die uns selbst in den Elementarbüchern des Neuen Bundes versprochen wird."

Die Erziehung des Menschengeschlechtes heißt bei Novalis: Die Christenheit oder Europa. Der letzte Abschnitt dieser Widerrede an Schiller aus dem Geiste einer Antwort auf Lessing beginnt: „Wann und wann eher? darnach ist nicht zu fragen. Nur Geduld, sie wird, sie muß kommen die heilige Zeit des ewigen Friedens, wo das neue Jerusalem die Hauptstadt der Welt seyn wird..." (III, 524).

Das neue Jerusalem, nicht das neue Athen! Weil aber das neue Athen inzwischen als der ästhetische Staat des schönen Scheins, als der Endzweck der Erziehung des Menschen, als das Ziel der Geschichte verkündet worden war, konnte Novalis nicht mehr mit dem einfachen Schema Lessings experimentieren. Er mußte seinen neuen Glauben der entwickelteren Dialektik Schillers anpassen. Und so setzt er denn an die Stelle von Lessings Zeit des Alten Testamentes und gegen Schillers natürliches Maximum der griechischen Menschheit seine eigene goldene Zeit: „Es waren schöne glänzende Zeiten, wo Europa ein christliches Land war, wo *Eine* Christenheit diesen menschlich gestalteten Welttheil bewohnte; *Ein* großes gemeinschaftliches Interesse verband die entlegensten Provinzen dieses weiten geistlichen Reichs" (III, 507).

So beginnt die Rede mit der Schilderung der „schönen wesentlichen Züge der ächtkatholischen oder ächt christlichen Zeiten" (509). Ihnen eignete die

„harmonische Entwicklung aller Anlagen". Der Zerfall dieses „herrlichen Reiches", für das die Menschheit „nicht reif, nicht gebildet genug" war, verlangt eine Erklärung. Und da mit dem Abfall von der einstigen goldenen Zeit die faßbare, in die Gegenwart mündende Geschichte beginnt, muß in dieser Erklärung auch die geschichtsphilosophische Grundthese stecken. So spricht Novalis denn auch, ehe er die nächste Epoche, die Reformation, behandelt, ausführlich von der Geschichte.

Lessing hatte die Evolution in den Mythus der Seelenwanderung gekleidet: „Warum sollte ich nicht so oft wiederkommen, als ich neue Kenntnisse, neue Fertigkeiten zu erlangen geschickt bin? Bringe ich auf Einmal so viel weg, daß es der Mühe wieder zu kommen etwa nicht lohnet?" Schiller hatte den Antagonismus der Kräfte zum großen Instrument der Kultur, zum Motor der Geschichte gemacht. Novalis nun: „... fortschreitende, immer mehr sich vergrößernde Evolutionen sind der Stoff der Geschichte. — Was jetzt nicht die Vollendung erreicht, wird sie bei einem künftigen Versuch erreichen, oder bei einem abermaligen; vergänglich ist nichts was die Geschichte ergriff, aus unzähligen Verwandlungen geht es in immer reicheren Gestalten erneuet wieder hervor" (510).

Erziehung und Bildung sind Grundworte Lessings wie Schillers, und als solche werden sie fast hypostasiert. Auch bei Novalis ist viel von Bildung die Rede, aber seine Hypostase ist die Geschichte. Von ihr handelt er in der EUROPA ausdrücklich zweimal. Zunächst im Übergang von der einstigen goldenen, echt christlichen Zeit zur Epoche des Abfalls und der Entzweiung. Und dann wieder in spiegelbildlicher Entsprechung an der Nahtstelle von Gegenwart und Zukunft. So ist zwischen die Schilderung der Französischen Revolution, mit der ja für Novalis noch die Geschichte in die Gegenwart mündete, und die Vision der Zukunft die Mahnung eingeschoben: „An die Geschichte verweise ich euch, forscht in ihrem belehrenden Zusammenhang, nach ähnlichen Zeitpunkten, und lernt den Zauberstab der Analogie gebrauchen" (518).

Lessing und Schiller konnten ihren Versuch noch als Vollendung einer recht verstandenen Aufklärung empfinden. So sagt Lessing: „Das Wort Geheimnis bedeutete in den ersten Zeiten des Christentums ganz etwas anderes, als wir jetzt darunter verstehen, und die Ausbildung geoffenbarter Wahrheiten in Vernunftswahrheiten ist schlechterdings notwendig, wenn dem menschlichen Geschlechte damit geholfen sein soll." [86] Er fragt in gelassener Freiheit gegenüber dem Dogmatismus der Theologen wie dem der Aufklärer: „Und warum sollten wir nicht auch durch die Religion, mit deren historischen

Wahrheit, wenn man will, es so mißlich aussieht, gleichwohl auf nähere und bessere Begriffe vom göttlichen Wesen, von unserer Natur, von unsern Verhältnissen zu Gott, geleitet werden können, auf welche die menschliche Vernunft von selbst nimmermehr gekommen wäre?"

Novalis jedoch kehrt sich entschieden gegen die Aufklärung, um das „Geheimnisvolle" vor ihrem Zugriff zu retten. Es soll geborgen werden in der Geschichte, dem fortdauernden Medium des Göttlichen: „In Deutschland betrieb man dieses Geschäft [die Aufklärung] gründlicher, man reformirte das Erziehungswesen, man suchte der alten Religion einen neuern vernünftigen, gemeinern Sinn zu geben, indem man alles Wunderbare und Geheimnisvolle sorgfältig von ihr abwusch; alle Gelehrsamkeit ward aufgehoben um die Zuflucht zur Geschichte abzuschneiden, indem man die Geschichte zu einem häuslichen und bürgerlichen Sitten- und Familien-Gemählde zu veredeln sich bemühte" (516). Zuflucht zur Geschichte — unsere späte, in der Krise des historischen Bewußtseins gereifte Skepsis wittert da vielleicht eine Ausflucht. Novalis aber glaubt wirklich an Zuflucht und Bergung: Unterm Schutz der Geschichte habe sich das bedrohte Geheimnis der Religion bewahren können. Die enge Verflechtung von historischem und restaurativem Denken, die erst später zutage trat, wurde vom Schlegelkreis und von Goethe bereits als mögliches Mißverständnis der Leser der EUROPA befürchtet. Novalis hingegen sah in der Aneignung der Geschichte eine Aufgabe der Evolution. Sie ist nur mit Hilfe der Analogie zu lösen, und die Verklärung der schönen glänzenden Zeiten ist analogisch, nicht restaurativ gemeint. Das wird am Ende der EUROPA deutlich.

Warum blieb das herrliche echt katholische Reich, das Novalis unter der Devise „Glauben und Liebe" sieht [87], nicht bestehen? Die Frage, die sich für Schiller und den jungen Schlegel angesichts des Griechentums stellte, muß Novalis für die echt christlichen Zeiten beantworten. Die Menschheit war noch nicht reif, und das heißt noch nicht gebildet genug. Wohl wird die Zerreißung als unausweichliche Folge solcher Unreife gesehen und als notwendig für die sich vergrößernden Evolutionen erkannt. Aber dieser Prozeß erscheint nicht mit der dialektischen Überzeugungskraft, den er bei Schiller oder gar bei Hegel gewinnt. Und zwar, weil Novalis jenes Element weggelassen hat, durch das der Gang des Geistes erst wirklich als dialektischer Prozeß der abendländischen Geschichte anschaulich wird: die Antike. Schiller hatte das andere Element, das Christliche, eingeklammert. Indem er an den Anfang das Griechentum und an das Ende die zur Freiheit erhöhte Wiederkehr des griechischen Geistes setzte, blieb das Christentum, auch wenn es verschwiegen wurde, doch wenigstens in der Klammer stehen. So bot sich die Geschichte dialektisch, freilich noch in klassizistischer Abstraktheit. Erst bei Hegel, der das Christentum aus der Klammer nimmt und es sprechen läßt, wo Schiller ihm Schweigen geboten, wird das Drama konkret.

Novalis schließt die Antike aus und setzt an den Anfang die echt christlichen Zeiten. Dadurch kommt er zu einem frühchristlichen Rousseauismus. Erklärt er doch den Untergang des herrlichen Reiches als ein „merkwürdiges Zeichen der Schädlichkeit der Kultur für den Sinn des Unsichtbaren".[88] Um aber die hypostasierte Geschichte zu retten, fügt er hinzu: „... wenigstens einer temporellen Schädlichkeit der Kultur einer gewissen Stufe" (509). Schillers Antagonismus der Kräfte wird durch eine naturanaloge Metaphorik ersetzt, die den Sieg der Hauptkraft, des religiösen Sinnes, garantiert, aber auch die Geschichte als proteische Evolution legitimiert: „Vernichtet kann jener unsterbliche Sinn nicht werden, aber getrübt, gelähmt, von andern Sinnen verdrängt."

Wenn das herrliche Reich von einst die erste Erscheinung des unsterblichen Sinnes in einer noch unreifen Menschheit war, so kommt alles darauf an, sie reifer und gebildeter zu machen, kurz, sie zu erziehen. Erzogen wird sie durch die Geschichte selbst, denn deren Stoff sind ja die fortschreitenden, immer mehr sich vergrößernden Evolutionen. Die Hauptphasen der Entwicklung schildert Novalis als Reformation, Gegenreformation, Aufklärung und Revolution.

Die Reformation versuchte vergeblich, jenes Christentum wieder herzustellen, das bereits einmal „mit voller Macht und Herrlichkeit" erschienen war. Bis zu einer „neuen Welt-Inspiration" herrschte nur seine „Ruine" (510). „Mit der Reformation wars um die Christenheit gethan" (513). Retten konnte sie auch die Gegenreformation nicht, obwohl sie von einer Gesellschaft getragen wurde, wie noch keine in der Weltgeschichte anzutreffen gewesen. Mit mehr als bloßem Respekt schildert Novalis den Jesuiten-Orden: „Ewig wird diese Gesellschaft ein Muster aller Gesellschaften seyn, die eine organische Sehnsucht nach unendlicher Verbreitung und ewiger Dauer fühlen." Das Modell des geplanten kosmopolitisch-literarischen Ordens ist hier zu suchen: „Noch merkwürdiger wird diese Gesellschaft, als Mutter der sogenannten geheimen Gesellschaften, eines jetzt noch unreifen, aber gewiß wichtigen geschichtlichen Keims." Die Entwicklung des Jesuitenordens ist jedoch auch der Beweis dafür, „daß die unbewachte Zeit allein die klügsten Unternehmungen vereitelt, und der natürliche Wachsthum des ganzen Geschlechts unaufhaltsam den künstlichen Wachsthum eines Theils unterdrückt"

(513/14). Schillers Idee vom versöhnten, vollendeten ganzen Menschen, vom homo ludens als Bürger des ästhetischen Staates schimmert hindurch, wenn das Scheitern des Jesuitenordens erklärt wird: „Alle Pläne müssen fehlschlagen, die nicht auf alle Anlagen des Geschlechts vollständig angelegte Pläne sind."

Noch herber als die Reformation kritisiert Novalis die Aufklärung. Er nennt sie den Zeitraum der triumphierenden Gelehrsamkeit. Ihr Merkmal ist der Haß, der sich gegen die Bibel, dann gegen den christlichen Glauben und schließlich gegen die Religion überhaupt richtet. Schiller hatte den Zustand der entzweiten Kräfte so geschildert: „Jene Polypennatur der griechischen Staaten, wo jedes Individuum eines unabhängigen Lebens genoß, und wenn es Not that, zum Ganzen werden konnte, machte jetzt einem kunstreichen Uhrwerke Platz, wo aus der Zusammenstückelung unendlich vieler, aber lebloser Theile ein mechanisches Leben im Ganzen sich bildet ... Ewig nur an ein einzelnes kleines Bruchstück des Ganzen gefesselt, bildet sich der Mensch selbst nur als Bruchstück aus, ewig nur das eintönige Geräusch des Rades, das er umtreibt, im Ohre, entwickelt er nie die Harmonie seines Wesens, und anstatt die Menschheit in seiner Natur auszuprägen, wird er bloß zu einem Abdruck seines Geschäfts, seiner Wissenschaft... Der todte Buchstabe vertritt den lebendigen Verstand, und ein geübtes Gedächtnis leitet sicherer als Genie und Empfindung." [89] Bei Novalis wird aus solcher Klage eine Anklage: „... der Religions-Haß dehnte sich sehr natürlich und folgerecht auf alle Gegenstände des Enthusiasmus aus, verketzerte Fantasie und Gefühl, Sittlichkeit und Kunstliebe, Zukunft und Vorzeit, setzte den Menschen in der Reihe der Naturwesen mit Noth oben an, und machte die unendliche schöpferische Musik des Weltalls zum einförmigen Klappern einer ungeheuren Mühle, die vom Strom des Zufalls getrieben und auf ihm schwimmend, eine Mühle an sich, ohne Baumeister und Müller und eigentlich ein ächtes Perpetuum mobile, eine sich selbst mahlende Mühle sey" (515).

Dieses Bild von der Aufklärung kommt einer Karikatur sehr nahe. Die Schärfe wird verständlicher, wenn man bedenkt, daß hier wirklich eine Gegenwelt gezeichnet wird. Denn der Kosmos, der mit der Heraufkunft des goldenen Zeitalters sichtbar und hörbar werden soll, ist das Chaos, das sich selbst durchdrang. Es wird erkannt von dem Genie, das sich selbst durchdringt und das so den Keim einer unermeßlichen Welt findet. Das BLÜTEN-STAUB-Fragment spricht bereits von einer Entdeckung, „die die merkwürdigste in der Weltgeschichte seyn mußte, denn es beginnt damit eine ganz neue Epoche der Menschheit, und auf dieser Stufe wird erst wahre Geschichte aller Art möglich: denn der Weg, der bisher zurückgelegt wurde, macht nun ein eignes, durchaus erklärbares Ganzes aus. Jene Stelle außer der Welt ist gegeben, und Archimedes kann nun sein Versprechen erfüllen" (II, 455).

Zwischen den BLÜTENSTAUB-Fragmenten — sie entstanden 1797/98 — und dem geschichtsphilosophischen Entwurf der EUROPA liegt der große Versuch einer Konstruktionslehre des schaffenden Geistes, von dem die Notizen des ALLGEMEINEN BROUILLONS zeugen. In der EUROPA ist weder vom archimedischen Punkt noch von einer neuen kopernikanischen Wende die Rede, vielmehr von der Geschichte, der allein es zu folgen gilt. Der Geist soll frei werden für das Wirken der Geschichte selbst: „O! daß der Geist der Geister euch erfüllte, und ihr abließet von diesem thörichten Bestreben die Geschichte und die Menschheit zu modeln, und eure Richtung ihr zu geben" (III, 518). Das gilt zwar vor allem den Anhängern der Revolution, den neuen Reformatoren. Aber gilt es nicht auch denen, die sich der höheren Erziehung des Menschengeschlechts verschrieben haben? Schillers Reaktion auf die Revolution war ja ein Appell zur ästhetischen Erziehung des Menschen, durch die allein ihm das vollkommenste aller Kunstwerke, der „Bau einer wahren politischen Freiheit" [90] möglich schien. Novalis hingegen verweist an die Geschichte wie ein Gläubiger an die Offenbarung: „Ist sie nicht selbständig, nicht eigenmächtig, so gut wie unendlich liebenswerth und weissagend? Sie zu studiren, ihr nachzugehn, von ihr zu lernen, mit ihr gleichen Schritt zu halten, gläubig ihren Verheißungen und Winken zu folgen — daran denkt keiner" (III, 518).

Wer aber auf die autonome Geschichte selbst zu hören vermag, kann auch den Zauberstab der Analogie gebrauchen. Einem solchen „historischen Gemüthe" kann nicht zweifelhaft bleiben, daß „die Zeit der Auferstehung gekommen ist" (517). Dem „historischen Auge" gar verraten die Zeichen der Zeit eine „universelle Individualität, eine neue Geschichte, eine neue Menschheit, die süßeste Umarmung einer jungen überraschten Kirche und eines liebenden Gottes, und das innige Empfängnis eines neuen Messias in ihren tausend Gliedern zugleich" (519). Die chiliastische Hoffnung gilt nicht der Restitution des alten, echt katholischen Christentums. „Seine zufällige Form ist so gut wie vernichtet, das alte Pabstthum liegt im Grabe, und Rom ist zum zweytenmal eine Ruine geworden" (524). Also nicht einfache Wiederkehr des früheren goldenen Zeitalters, sondern Auferstehung als echte Wiedergeburt, eine „neue goldne Zeit" (519). Daß sie nahe ist, verrät sich in Politik, Kunst, Wissenschaft.

Schiller hatte die Autonomie des ästhetischen Scheins postuliert und diese an den Anfang des neuen goldenen Zeitalters, des Reiches der Freiheit, gesetzt: „Bey welchem einzelnen Menschen oder gar Volk man den aufrichtigen und selbständigen Schein findet, da darf man auf Geist und Geschmack und jede damit verwandte Trefflichkeit schließen — da wird man das Ideal das wirkliche Leben regieren, die Ehre über den Besitz, den Gedanken über den Genuß, den Traum der Unsterblichkeit über die Existenz triumphieren sehen." [91] Bei Novalis führt die Autonomie der Geschichte zur Auferstehung des Christentums in einer neuen goldenen Zeit: „... eine große Versöhnungszeit, ein Heiland, der wie ein ächter Genius unter den Menschen einheimisch, nur geglaubt nicht gesehen werden [kann], und unter zahllosen Gestalten den Gläubigen sichtbar, als Brod und Wein, verzehrt, als Geliebte umarmt, als Luft geathmet, als Wort und Gesang vernommen, und mit himmlischer Wollust, als Tod, unter den höchsten Schmerzen der Liebe, in das Innre des verbrausenden Leibes aufgenommen wird" (III, 519).

Freiheit zu geben durch Freiheit, so bestimmte Schiller das Grundgesetz des ästhetischen Reiches. In diesem Staat ist alles, „auch das dienende Werkzeug ein freyer Bürger, der mit dem edelsten gleiche Rechte hat, und der Verstand, der die duldende Masse unter seine Zwecke gewaltthätig beugt, muß sie hier um ihre Beystimmung fragen. Hier also in dem Reiche des ästhetischen Scheins wird das Ideal der Gleichheit erfüllt, welches der Schwärmer so gern auch dem Wesen nach realisiert sehen möchte...". [92]

Novalis hingegen nennt die „Symmetrische Grundfigur der Staaten" die „Hierarchie" (522), und er schildert das Werden des Reichs der Freiheit so: „Aus dem heiligen Schooße eines ehrwürdigen europäischen Consiliums wird die Christenheit aufstehn, und das Geschäft der Religionserweckung, nach einem allumfassenden, göttlichem Plane betrieben werden. Keiner wird dann mehr protestiren gegen christlichen und weltlichen Zwang, denn das Wesen der Kirche wird ächte Freiheit seyn, und alle nöthigen Reformen werden unter der Leitung derselben, als friedliche und förmliche Staatsprozesse betrieben werden" (524).

Die Revolution vor Augen, tadelt Schiller es als Schwärmerei, die Gleichheit auch dem Wesen nach realisiert sehen zu wollen. Die Trennung von idealer und realer Welt aufzuheben, heißt für Schiller die Grenze überschreiten, an der Frevel und Tragik beginnen. Anders Novalis, der die Grenze für eine Täuschung hält. Deshalb mündet auch sein geschichtsphilosophischer Entwurf in der Utopie. Sie mit der Unschuld des Philologen zu betrachten, fällt schwer. Sie zusammen mit dem Ärgernis, das in ihr steckt, abzutun, verhindert die Größe der Idee.

5. KAPITEL

Die Apotheose der Poesie

Anamnesis — Unterreich

Die schönen glänzenden Zeiten, wo Europa ein christliches Land war, wählt Novalis folgerichtig für den Bildungsroman der Poesie. Heinrich von Ofterdingen lebt in einem so naiven wie phantastischen Mittelalter. Die Wartburg, der Stauferkaiser Friedrich II., die Kreuzzüge sind historische Markierungspunkte in einer Geschichtslandschaft, von der man wie Claudel vom Mittelalter seiner „Verkündigung" sagen könnte, es sei vorzustellen wie das Mittelalter selbst das Altertum sich ausmalte.[93] Im Unterschied zur EUROPA ist im OFTERDINGEN von der echt-katholischen Religion kaum die Rede. Von einem alten weisen Hofkaplan abgesehen, ist die Religion nur durch das schlichte, fromme und heitere Gemüt der Gestalten des Romans gegenwärtig.

Der geschichtsphilosophische Ort des Mittelalters wird im OFTERDINGEN auf eine Weise bestimmt, die den HYMNEN AN DIE NACHT näher ist als der EUROPA: „In allen Übergängen scheint, wie in einem Zwischenreiche, eine höhere, geistliche Macht durchbrechen zu wollen ... so hat sich auch zwischen den rohen Zeiten der Barbarei und dem kunstreichen, vielwissenden und begüterten Weltalter eine tiefsinnige und romantische Zeit niedergelassen, die unter schlichtem Kleide eine höhere Gestalt verbirgt. Wer wandelt nicht gern im Zwielichte, wenn die Nacht am Lichte und das Licht an der Nacht in höhere Schatten und Farben zerbricht; und also vertiefen wir uns willig in die Jahre, wo Heinrich lebte..." (I, 204).

Zwielicht, Zwischenreich, Übergänge: schon diese Stichworte weisen darauf hin, daß das Mittelalter im OFTERDINGEN eine andere Rolle spielt als in der EUROPA. In der Rede über die Religion nimmt die schöne glänzende Zeit ja die Stelle ein, die in der klassischen Gegenwelt Hellas inne hat. Jetzt, wo es um den Versuch einer Apotheose der Poesie geht und diese als die vollendende Wiederkehr des goldenen Zeitalters offenbar werden soll, dehnt sich das triadische Schema. Dem willig in die romantische Zeit vertieften Dichter wird sein Mittelalter zur anderen Gegenwart. Er bedarf solcher Gegenwart, um den orphischen Mythos zu verkünden. Wie jeder Mythos ist auch dieser eine Sage der Vorzeit. So reden denn im OFTERDINGEN die Menschen der wahrhaft mittleren Zeit immer wieder von einer alten, uralten, wunderbaren Zeit. Es ist die Zeit des Märchens. Das „es war einmal" heißt hier: einst. Dieses einst ist doppeldeutig, denn es gilt sowohl der Urzeit wie ihrer Wiederkunft. Symbol des ambivalenten einst ist die blaue Blume.

Nur der erste Teil des Romans, „Die Erwartung", wurde fertig. Vom zweiten, der „Erfüllung", ist das Fragment eines Anfangskapitels vorhanden. Ludwig Tieck hat, auf Notizen von Novalis selbst und auf Gespräche gestützt, eine Fortsetzung des Romans skizziert. Bei der Berufung auf Gespräche ist indessen noch mehr Umsicht geboten als bei der Ausdeutung bloßer Werknotizen. So steht etwa gegen Tiecks Bericht Friedrich Schlegels Erinnerung, die sich ebenfalls auf Gespräche stützt: „Noch den letzten Tag sagte er mir, daß er seinen Plan ganz und gar geändert habe." [94] Auch hier ist nicht zu entscheiden, wieweit Schlegel sich genau erinnert, und ob nicht die Rivalität zu Tieck sein Gedächtnis beflügelt.

Freilich spricht vieles dafür, daß Novalis bis zuletzt nach Lösungen für den zweiten Teil des OFTERDINGEN suchte. Die Schwierigkeit, die der Fortgang des Romans mit sich bringen mußte, konnte ihm beim Abschluß des ersten Bandes nicht mehr verborgen bleiben. Die Plannotizen verraten, wie der Dichter mit allen nur denkbaren Möglichkeiten fortwährender Metamorphosen laborierte. Was als einfache Erzählung begann wuchs barock, sobald die naive Trennung in Handlung, Rede und Erzählung mit dem Ende des ersten Teiles überholt war. In der „Erfüllung" konnten ja nicht mehr wie in der „Erwartung" Sagen und Märchen im Verlaufe des ohnehin dürftigen Geschehens erzählt werden. Solche Märchen mußten als die eigentliche poetische Wahrheit fortan selbst zur Handlung werden.

Das einzige Kapitel des zweiten Teiles setzt den OFTERDINGEN aber auf eine noch weit fragwürdigere Weise fort als etwa die Wanderjahre die Lehrjahre des WILHELM MEISTER weiterführen. Schiller schrieb am 8. Juli 1796 an Goethe: „Lehrjahre sind ein Verhältnisbegriff, sie fordern ihr Correlatum, die *Meisterschaft*, und zwar muß die Idee von dieser letzten jene erst erklären und begründen." Das gälte auch für das Verhältnis von Erwartung und Erfüllung.[95] Doch gilt für den OFTERDINGEN auch, was man aus Schillers weiterer Bemerkung herauslesen kann, wenn man sie zum Maßstab der Wanderjahre macht. Denn das Correlatum zu den Lehrjahren sind nicht die

Wanderjahre, die immer nur die Lehrjahre auf zerstreutere Weise fortsetzen können. Schiller bringt ausdrücklich Lehrjahre und Meisterschaft in Verbindung. „Nun kann aber diese Idee der Meisterschaft, die nur das Werk der gereiften und vollendeten Erfahrung ist, den Helden des Romans selbst nicht leiten, sie kann und darf nicht, als sein Zweck und Ziel *vor* ihm stehen, denn sobald er das Ziel sich dächte, so hätte er es eo ipso auch erreicht; sie muß also als Führerin *hinter* ihm stehen. Auf diese Art erhält das Ganze eine schöne Zweckmäßigkeit, ohne daß der Held einen Zweck hätte, der Verstand findet also ein Geschäft ausgeführt, indes die Einbildungskraft völlig ihre Freiheit behauptet."

Wilhelm Meister, von Schiller zurecht ein sentimentalischer Charakter genannt[96], erfährt eine wirkliche éducation sentimentale. Wenn auch die Desillusionierung noch nicht so ausdrückliches Thema ist wie später bei Flaubert, so spielt sie doch eine nicht geringe Rolle. Heinrich von Ofterdingen hingegen wird einfach zum Dichter reif und soll schließlich als Dichter verklärt werden. Ihm widerfahren keine Täuschungen, nicht einmal Enttäuschungen, er geht immer nach Hause. Das heißt, er bewegt sich im Kreis, und er sucht und findet nur, was er schon am Anfang gefunden. Seine Erkenntnis ist Erinnerung, seine Entdeckungen sind Wiedererkennen. Anamnesis ist die angemessene Weise, Sophia zu lieben. Dabei behauptet die autonome Einbildungskraft nicht nur völlig ihre Freiheit, sondern sie wird zur produktiven Einbildungskraft. Deren Schöpfung ist, anstatt Willkür zu sein, intellektuale Anschauung selbst. Urzeit enthüllt sich so als Zukunft. Sie wird Ereignis in der Gegenwart des goldenen Zeitalters.

Wie er uns vorliegt, enthält der Ofterdingen, den Anfang des zweiten Teiles eingeschlossen, nicht Lehrjahre, sondern Wanderjahre eines Dichters. Die Notizen zur Fortsetzung, wie immer man sich einen Schluß des Romans denken mag, führen den Ofterdingen weit ab vom Wilhelm Meister. Sie lassen eher an Faust II denken. Aber der universale Symbolismus, auf den der zweite Teil des Ofterdingen zutrieb, wäre mit den Mitteln, die dem jungen Dichter der „Erwartung" zu Gebote standen, nicht zu bewältigen gewesen. Das konnte Novalis nicht verborgen bleiben. Seine Reaktion auf diese Einsicht, in welcher sich die Erfahrung der Enzyklopädistik wiederholte, mochte sehr wohl gewesen sein, daß er noch in der allerletzten Zeit seinen Plan ganz und gar änderte. Die Unterhaltungen mit Tieck waren früher. Während dieser Unterhaltungen mochte Novalis noch daran geglaubt haben, den Roman in der Manier des Anfangs vollenden zu können.

Im vorhandenen ersten Teil des Romans sucht man vergebens nach Spuren eines Zweifels. Ein Plan ist erkennbar, der mit vielen Linien in den zweiten Teil hinüberweist. Es bekümmert den Dichter offensichtlich noch nicht, ob und wie er die Erwartungen, die er weckt, schließlich erfüllen wird. Obwohl die ohnehin handlungsarme Geschichte in einem künstlich gedämpften milden Ton gehalten ist, kontrastiert zu dem reinen Maß des Stils ein übermäßiges Drängen des Autors, so viel wie möglich von dem zu sagen, was er an Einsichten über Poesie, Natur, Geschichte nur immer gewonnen hat. Hier verrät sich Jugend, wie sie auch in den enzyklopädistischen Entwürfen oder der EUROPA zu spüren ist.[97]

Der kritischen Distanzierung vom WILHELM MEISTER ging bei Novalis bekanntlich eine längere Phase voraus, in der er dieses Buch mit nicht geringerem Enthusiasmus las als Friedrich Schlegel und viele andere. Noch unter den Brouillon-Notizen finden sich ja begeisterte Bemerkungen wie jene bereits erwähnte, die am Beispiel Goethes den idealen Stil entwirft: „Der Text ist nie übereilt — Thatsachen und Meynungen werden beyde genau bestimmt in der gehörigen Folge vorgetragen. Die retardirende Natur des Romans zeigt sich vorzüglich am Styl. Die Philosophie und Moral des Romans sind *romantisch*" (III, 326). Wie Friedrich Schlegel requiriert also auch Novalis da noch den WILHELM MEISTER für die romantische Poesie. Doch entfernt er sich bereits hier vom MEISTER wie vom „Übermeister" und bewegt sich, wenn er auch scheinbar nur von Goethe spricht, schon auf den OFTERDINGEN zu. Nach seiner schroffen Abkehr läßt Novalis dann an Goethes Roman nur noch die Darstellung als poetisch gelten. Und weil sie dem ganz unpoetischen, ökonomischen Zweck dient, wird sie zur Parodie des Dichterischen und Romantischen.

Wenn die Poesie statt der Ökonomie zum Zweck des Romans wird, braucht das Gemeinste nicht mehr wie das Wichtigste mit derselben Verweilung dargestellt zu werden. Denn nun ist alles gleich bedeutend, weil allein noch beim Bedeutenden verweilt wird. Damit ist die Ironie, die Novalis berufen hatte, um beim WILHELM MEISTER die wunderbare romantische Ordnung zu entdecken, gegenstandslos geworden. Rang und Wert, Erstheit und Letztheit, Größe und Kleinheit sind ja Begriffe, die nicht mehr erst mit Bedacht als für die Darstellung gleich wichtig angesehen zu werden brauchen. In der echten romantischen Ordnung der Poesie fallen Erstheit und Letztheit zusammen. Rang und Wert werden Symbole für den poetischen Geist des Universums, dessen Harmonie sich in der wechselweisen Spiegelung des Großen und Kleinen offenbart. Und die Akzente sind jetzt nicht mehr nur melodisch gesetzt, sondern auch logisch: das Wort im Sinne eines Logos verstanden, der erkennbar und vernehmbar wird, wenn der Philosoph als Orpheus erscheint. In der Phänomenologie des poetischen Geistes zeigt sich schließlich der poetische Takt auch in der Wahl der Beiwörter. Da ihre Auswahl durch die Idee des Dichtwerks bestimmt wird, und die Idee die Offenbarung der Poesie selbst ist, sind diese Wörter die kleinen melodischen Akzente der Sätze. Sie harmonisieren mehr, als daß sie charakterisieren.

Die „tiefsinnige", „romantische" Zeit des imaginären Mittelalters wird eine Epoche des Übergangs genannt. Eine Notiz (III, 587), die in verkürzter Einseitigkeit gerne zum Beweis der manieristischen Modernität von Novalis zitiert wird [98], faßt den Übergang als poetische Kategorie des Geschichtlichen, das sich im konstruktiven Geiste spiegelt. Von der möglichen Darstellung der Philosophie ausgehend denkt Novalis über historische Konstruktionen nach und findet, nichts sei poetischer als alle Übergänge und heterogenen Mischungen. Letzteres meint nicht das Bizarre, dessen starker Reiz davon herrührt, daß scheinbar Unvereinbares vereint wird. Viel eher darf man an jene „leise Planmäßigkeit" denken, die sich dem geschichtskundigen Auge offenbart. Ein solches Auge hat nur der Dichter, und so wird denn auch im OFTER-DINGEN von dieser Planmäßigkeit gesprochen (I, 258).

Im zweiten Teil des Romans sollte Heinrich die geschichtsbildenden Mächte real erfahren, in kriegerischen Unternehmungen und bei Aufenthalten am kaiserlichen Hof. Vorbereitet wird er dazu in der „Erwartung" durch die Begegnung mit dem Grafen von Hohenzollern. Einst selbst ein Krieger, meditiert der Graf nun als Einsiedler über die Geschichte. Den Besuchern seiner Höhle gibt er Anweisung zur historio-poetischen Betrachtung.

Geschichte ist danach die Sinnfigur, die sich aus den Geschichten, nämlich den Lebensläufen und Schicksalen der Menschen ablesen läßt. Distanz von der Gegenwart und Einsicht in das Wesen der Zeit als des Kreises von Vorzeit und Zukunft sind die Voraussetzungen für die historische Lesekunst. So doziert der Einsiedler: „Der eigentliche Sinn für die Geschichten der Menschen entwickelt sich erst spät, und mehr unter den stillen Einflüssen der Erinnerung, als unter den gewaltsameren Eindrücken der Gegenwart. Die nächsten Ereignisse scheinen nur locker verknüpft, aber sie sympathisieren desto wunderbarer mit entfernteren; und nur dann, wenn man imstande ist, eine lange Reihe zu übersehn und weder alles buchstäblich zu nehmen, noch auch mit mutwilligen Träumen die eigentliche Ordnung zu verwirren, bemerkt man die geheime Verkettung des Ehemaligen und Künftigen, und lernt die Geschichte aus Hoffnung und Erinnerung zusammensetzen" (I, 257).

Die „eigentliche Ordnung" erkennen heißt, mit dem eigentlichen Sinn die Sympathie begreifen, die zusammenbindet, was in der Unordnung oder Scheinordnung des Augenblickes nicht zusammenstimmt. Heterogen und dualistisch ist nur, was auf der Oberfläche erscheint. Wer sie durchdringt, entdeckt geheime Verkettung.

Verkettung ist eine wörtliche Übertragung von Catenation. Novalis gebraucht diesen alten Begriff in seinen theoretischen Notizen ziemlich häufig, er spricht auch von der „Kette". So heißt es in einer gegen Schelling gerichteten naturphilosophischen Bemerkung: „Warum geht er, der Chymiker, nicht vom *Process* aus — von dem Phaenomèn der Berührung — der *Kette*" (III, 470). Unmittelbar, nämlich schöpferisch, hat der Dichter Teil an diesem Prozeß, und um der unmittelbaren Teilhabe willen ist sein Schaffen „Catenation". Indem er die geheime Verkettung sichtbar und hörbar macht, stiftet er die eigentliche Ordnung, ordnet er das Ganze.

Von der uneigentlichen, an bloße Notwendigkeiten gebundenen Tätigkeit aus gesehen, ist diese Ordnung sowohl frei wie zufällig. Frei ist sie, weil sie sich im Medium der Ideen selbst bewegt. Zufällig, weil der Dichter, was immer er ergreift, ein Glied der Kette findet. Das Reich der Freiheit, in dem der Zufall als die Entsprechung der geheimen Verkettung herrscht, ist das Reich der Dichter. Novalis nennt dieses Reich oft einfach Märchen: „Das Mährchen ist gleichsam der *Canon* der *Poësie* — alles poëtische muß mährchenhaft seyn. Der Dichter betet den Zufall an" (III, 449).

Wie man sieht, hat diese Anbetung des Zufalls nur wenig mit der Deutung zu tun, die man heute einem solchen Satz gerne gibt. Was auch von jener andern BROUILLON-Notiz gilt, die aus dem Zusammenhang gelöst immer wieder beweisen soll, wie modern Novalis sei: „Der Poët braucht die Dinge und Worte, wie *Tasten* und die ganze Poësie beruht auf thätiger Idéenassociation — auf selbstthätiger, absichtlicher, idealischer *Zufallproduktion* — (zufällige — freye *Catenation*)" (III, 451).

Die wichtige Notiz endet mit Stichworten, die zu einem Schlüsselbegriff des OFTERDINGEN, der geheimen Verkettung, in enger Beziehung stehen: „(Casuistik — Fatum. *Casuation.*) (*Spiel.*)". Das Wort Fatum weist auf die Geschichte. In den sog. Teplitzer Fragmenten von 1798, in denen Novalis zum erstenmal seine Philosophie als magischen Idealismus bezeichnet, heißt es: „Das Fatum ist die mystificirte Geschichte" (II, 597). Ferner: „Wer viel

Vernunft in gewissen Sinn hat, bey dem wird alles *Einzig* — Seine Leidenschaften, seine Lage, seine Begebenheiten, seine Neigungen, kurz alles, was ihn berührt, wird *absolut* — zum *Fato*" (II, 607).

Solches geschieht vornehmlich dem Dichter. Mit der raffinierten Einfachheit, in der im OFTERDINGEN alle spekulativen Gedanken versteckt sind, heißt es im Roman denn auch, ein Geschichtsschreiber müsse notwendig ein Dichter sein. Denn nur Dichter verstehen sich auf die Kunst, „Begebenheiten schicklich zu verknüpfen" (I, 259). Es ist nicht übertrieben, das Wort schicklich hier nachdenklich zu lesen und es in Zusammenhang mit Schicksal und Geschichte zu bringen. Denn die Verknüpfungskunst, von der als von einer poetischen Kunst die Rede ist, zielt auf die geheime Verkettung.

Die Catenation liegt jedoch den Erscheinungen nicht einfach so zugrunde, daß man bloß hinsehen muß, um sie zu entdecken. Vielmehr ist ihre Entdeckung der Prozeß der intellektualen Anschauung selbst. Dieser Prozeß ist nur als Schöpfung, als Poesie im Wortverstande möglich. Auf die Geschichte angewandt und in der Sprache des OFTERDINGEN gesagt, heißt das: In den Märchen der Dichter ist mehr geschichtliche Wahrheit als in gelehrten Chroniken. „Sind auch ihre Personen und deren Schicksale erfunden: so ist doch der Sinn, in dem sie erfunden sind, wahrhaft und natürlich" (I, 259). Wie das Wort „schicklich", so sind auch die Ausdrücke „wahrhaft" und „natürlich" bedeutungsschwer, denn sie werden hier im Hinblick auf die Geschichtsmärchen der Dichter gebraucht. Und vom Märchen gilt, daß es der Kanon der Poesie sei. Oder, mit einer andern Wendung aus dem BROUILLON: „Sonderbar, daß eine absolute, wunderbare *Synthesis* oft die Axe des Märchens — oder das Ziel desselben ist" (III, 455).

Der mittlere gefällige Erzählerton täuscht leicht darüber hinweg, daß im OFTERDINGEN eine spärliche Handlung bis zum Bersten symbolistisch befrachtet wurde. Die Bedeutungsträger selbst sind so vereinfacht, daß ihnen alles Zwielichtige, Hintergründige, Elfische und Dämonische fehlt, also gerade das, was uns noch heute am WILHELM MEISTER als das Poetische anzieht. Die Turmgesellschaft von Goethes Roman samt ihrem weiblichen Zubehör ist uns sehr fremd geworden. An diese künstliche Sozietät erinnert jedoch das eher klassizistisch-allegorische als romantisch-dämonische Ensemble des OFTERDINGEN. Novalis setzt zwar das Wunderbare nicht nur in sein vermeintliches Recht, sondern sogar in eine problematische Vorherrschaft. Das Geheimnisvolle aber treibt er dabei auf seine Weise so gründlich aus wie nur jeder Rationalist. Die Klarheit reicht im OFTERDINGEN bis auf den Grund, wie tief dieser auch immer sein mag. Daher das beinahe Nazarenische dieses Romans, sein flächiger Symbolismus. Die langen Reden, in denen über die Natur, die Geschichte, die Dichtkunst, die Liebe gesprochen wird, verstärken den Eindruck. Das verschleiert jedoch das Wagnis dieses Buches. Denn hier wird der Logos der Poesie und ihre Apotheose zum Thema des Dichtens selbst gemacht.

Mit deutlicher Absicht ist das fünfte Kapitel, in dem der geschichtskundige Hohenzoller die ins Naive stilisierte Geschichtsphilosophie von Novalis vorträgt, durch die Begegnung mit einem Bergmann eingeleitet. Dieser Alte, von den Leuten der Schatzgräber genannt, führt das Unterreich vor. Er führt auch in das Unterreich hinein. Aber diese unterirdische Welt ist keine Hölle, nicht einmal eine Vorhölle. Vom Mittelalter, wie wir es heute kennen, unterscheidet sich das Mittelalter des Novalis vielleicht stärker als durch die bekannten Anachronismen durch die Eliminierung des Teufels. Novalis ging weiter als ein Winckelmann des Christentums wohl gegangen wäre. Gerade zu der Zeit, da er sich am stärksten dem Christlichen zu nähern schien, entfernte er sich am weitesten von der Überlieferung. Sein Dogma lautet nämlich: „Die Vernichtung der Sünde — dieser alten Last der Menschheit — und alles Glaubens an Buße und Sühnung ist durch die Offenbarung des Xstenthums eigentlich bewürckt worden" (III, 563). Konsequenter als Friedrich Schlegel, der in seinen „Ideen" gerade die Sünde als die „eigentliche Central-anschauung" des Christentums bezeichnet, [99] setzt Novalis Lessings Gedanken von den drei Zeitaltern und den drei Reichen fort und bindet ihn strenger als Lessing selbst wieder an seine joachemitische Herkunft.

In den schönen glänzenden Zeiten, die Novalis in der EUROPA beschwört und im OFTERDINGEN zum Schauplatz der Offenbarung des dichterischen Geistes macht, in diesem poetischen Weltalter ist kein Platz für die Teufels-besessenheit des historischen Mittelalters. Und wie das Zeitalter vom Satan freigehalten wird, so die Welt von seiner Wohnstatt, der Hölle. Deshalb kann der Bergmann verkünden (I, 247):

> Der ist der Herr der Erde,
> Wer ihre Tiefen mißt,
> Und jeglicher Beschwerde
> In ihrem Schoß vergißt.

Nicht erst der Dichter, schon der Bergmann hat Züge eines mythischen Christus. Assisi ist ins Unterreich verlegt. Es gibt keine Kunst, „die ihre Teilhaber glücklicher und edler machte, die mehr den Glauben an eine himmlische Weisheit und Fügung erweckte, und die Unschuld und Kindlich-

keit des Herzens reiner erhielte, als der Bergbau" (244). Es muß ein göttlicher
Mann gewesen sein, der den Menschen zuerst diese edle Kunst gelehrt hat
(246), und in seiner Nachfolge bleibt der Bergmann. Arm wird er geboren,
und arm gehet er wieder dahin. Frei von Besitzgier, diesem gefährlichen
Wahnsinn, freut er sich allein daran, die Schätze zu entdecken und zu för-
dern. Durch diese Freiheit in der Armut wird er nicht nur der Herr der Erde,
sondern der Herr der Welt, ein Abbild des Pantokrators (248):

> Sie mögen sich erwürgen
> Am Fuß um Gut und Geld,
> Er bleibt auf den Gebürgen
> Der frohe Herr der Welt.

Die theologisch eingefärbte Figur der Braut wird von Novalis wieder ganz
ins Mythische zurückgenommen. Der Herr der Erde ist zugleich der Bräuti-
gam (247):

> Er ist mit ihr verbündet,
> Und inniglich vertraut,
> Und wird von ihr entzündet,
> Als wär sie seine Braut.

Auch die Erde ist „mit Freundlichkeit bereit", ihm die „mächtigen Geschichten / Der längst verfloßnen Zeit" zu berichten. Später werden durch
den Mund von Klingsohr fast überdeutlich die verschiedenen Begegnungen
von Heinrichs Reise erklärt. Von den Szenen des fünften Kapitels heißt es
da: „die Natur und Geschichte sind Euch unter der Gestalt eines Bergmanns
und eines Einsiedlers begegnet" (283). Natur und Geschichte werden hier
nicht einfach nacheinander aufgezählt, sondern untrennbar miteinander verbunden. Denn für Novalis ist die Geschichte kosmisch. Die mächtigen Geschichten der längst verfloßnen Zeit sind nicht einfach nur die geologischen
Perioden. Es ist die „uralte Zeit" (253), eine „Vorwelt", in der „heilige
Lüfte" wehn. Deshalb ist der Bergmann der geeignete Führer, den jungen
Adepten in das Reich der Geschichte zu geleiten.

Metaphern häufend gibt Novalis einen Kommentar. Er bildet die Nahtstelle des Kapitels. Es ist Abend, der Bergmann möchte mit einigen Neu-
gierigen die Höhlen aufsuchen, die er in der Nähe entdeckt hat. Die Leute
aus dem Dorf hatten es bisher nie gewagt, hineinzusteigen, sie trugen sich
„mit fürchterlichen Sagen von Drachen und Untieren, die darin hausen sollten" (251). Das Unterreich wird von den Dorfbewohnern also noch für die
Wohnung der Dämonen und das Haus des Todes gehalten. Heinrich aber

ist schon vorbereitet, die Erde als Haus, ja als Schoß des Lebens und der Geschichte zu entdecken. Denn unterwegs hatten die Kaufleute eine Geschichte erzählt, eine romantische Variante des Proserpina-Mythos. An diese Geschichte erinnert er sich, während sie zu den Höhlen wandern.

Statt einer Naturschilderung wird währenddessen „das Märchen des Abends" selbst beschworen, das in Heinrichs Gemüt widerscheint. Der Weltrhythmus, der auch der Rhythmus der Geschichte ist, spiegelt sich darin. Nähe und Ferne werden vertauscht, und der vermeintlich geradlinige Fortgang der Zeit in die Zukunft erscheint umgekehrt als der Rücklauf in die Urzeit. Das Medium solcher Vertauschung ist der Traum, und in diesem Medium wird das Verhängnis der fortreißenden Zeit aufgelöst. Das „Märchen des Abends" freilich bringt noch nicht die orphische Erlösung selbst. Aber es führt in den Anfang zurück, an dem die Geschichte als Sehnsucht nach der Entfaltung beginnt: „Der Mond stand in mildem Glanze über den Hügeln, und ließ wunderliche Träume in allen Kreaturen aufsteigen. Selbst wie ein Traum der Sonne, lag er über der in sich gekehrten Traumwelt, und führte die in unzählige Grenzen geteilte Natur in jene fabelhafte Urzeit zurück, wo jeder Keim noch für sich schlummerte, und einsam und unberührt sich vergeblich sehnte, die dunkle Fülle seines unermeßlichen Daseins zu entfalten. In Heinrichs Gemüt spiegelte sich das Märchen des Abends. Es war ihm, als ruhte die Welt aufgeschlossen in ihm . . ." (252). Es folgt der erwähnte Kommentar, der die Grenzen dieser Poesie spüren läßt. Er darf nicht übergangen werden, ist er doch ein Teil jener tragenden Konstruktion, auf die diese Art von Dichtung sich stützen muß. Denn sie ist zu schwach, um in sich selbst als Bild oder als Handlung zu ruhen: „Die Worte des Alten hatten eine versteckte Tapetentür in ihm geöffnet. Er sah sein kleines Wohnzimmer dicht an einen erhabenen Münster gebaut, aus dessen steinernem Boden die ernste Vorwelt emporstieg, während von der Kuppel die klare fröhliche Zukunft in goldenen Engelskindern ihr singend entgegenschwebte."

Als Führer in das Innere der Erde ist der Bergmann auch Führer in die ernste Vorzeit. In der Höhle findet er nicht nur die bekannten Schätze. Er stößt auf den Einsiedler. Nach Klingsohr-Novalis verkörpert dieser die Geschichte. Die Natur in der Gestalt des Bergmanns und die Geschichte in der Gestalt des Einsiedlers begegnen sich also, und sie beginnen sogleich mit einer brüderlichen Wechselrede. Unbefangen wie nur je ein allegorisierender Dichter die Weisheit und die Tugend reden ließ, läßt Novalis diese beiden Figuren über die von ihnen repräsentierte Welt sprechen. Sie verstehen und ergänzen sich, „lächelnd" (260), und der gespannt lauschende Heinrich fühlt

„neue Entwickelungen seines ahndungsvollen Innern" (263). Er hört nicht nur
vom „Wissenwürdigsten", der Geschichte, also von jenem, „was erst die
Geschichte zur Geschichte macht" (259), sondern auch von der Geschichte
der Natur.

Die Geschichte der Natur ist die Entwicklung von der wilden zeugenden
Urzeit mit ihren sich regenden Riesenkräften zu einer Gegenwart, in der die
bildenden, veredelnden und geselligen Kräfte der Natur an die Stelle der
bloß zeugenden getreten sind. Das Gemüt der Natur „ist empfänglicher und
zarter, ihre Phantasie mannigfaltiger und sinnbildlicher, ihre Hand leichter
und kunstreicher geworden. Sie nähert sich dem Menschen..." (262). Auch
erfährt Heinrich aus dem Mund der inkarnierten Geschichte, daß die Bergleute, „beinah verkehrte Astrologen", in der Vergangenheit lesen wie die
Sternkundigen in der Zukunft. So sind alle Dimensionen genannt. Ihre
kosmische Einheit ist die übergreifende Kraft, welche die Zeit in den Kreis
der Wiederkehr zusammenschließt.

Nach solcher Vorbereitung kann Novalis die symbolistische Metapher
seines Höhlengleichnisses vorführen. Außer Heinrich gehen alle mit dem
Einsiedler, noch weitere Höhlen zu besichtigen. Er allein bleibt zurück, um
die Bücher anzuschauen, die der Einsiedler in seiner Wohnhöhle aufbewahrt.
„Endlich fiel ihm ein Buch in die Hände, das in einer fremden Sprache geschrieben war, die ihm einige Ähnlichkeit mit der lateinischen und italieni-
schen zu haben schien... Es hatte keinen Titel, doch fand er noch beim
Suchen einige Bilder. Sie dünkten ihm ganz wunderbar bekannt, und wie er
recht zusah, entdeckte er seine eigene Gestalt ziemlich kenntlich unter den
Figuren. Er erschrak und glaubte zu träumen, aber beim wiederholten An-
sehn konnte er nicht mehr an der vollkommenen Ähnlichkeit zweifeln"
(264).

So fallen denn an dieser entscheidenden Stelle platonische Grundworte.
Die Anamnesis, die wiedererkennende Erinnerung, weckt zunächst den er-
schreckenden Zweifel nicht an der Wahrheit des Gesehenen, sondern an der
Weise des Sehens: „Er traute kaum seinen Sinnen, als er bald auf einem
Bilde die Höhle, den Einsiedler und den Alten neben sich entdeckte. All-
mählich fand er auf den andern Bildern die Morgenländerin, seine Eltern,
den Landgrafen..." Die Erinnerung ist zugleich Vorblick: „Eine große
Menge Figuren wußte er nicht zu nennen, doch däuchten sie ihm bekannt."
Schließlich folgt auch noch der Hinweis auf das Medium der orphischen Er-
innerung, den Traum. Es ist der Traum von der blauen Blume, mit dem der
Roman beginnt: „Die letzten Bilder waren dunkel und unverständlich; doch

überraschten ihn einige Gestalten seines Traumes mit dem innigsten Entzücken..."

Jede Initiation ist esoterisch, und auch in diesem Fall schafft die Einweihung durch das Buch eine neue Distanz. Die vertraute Welt wird fremd. Was bisher allein wirklich schien, wird unwirklich, die alten Verhältnisse zwischen den Menschen sind plötzlich verändert. Der Eingeweihte reagiert auf solche Veränderungen noch unsicher. Die Trennung zwischen esoterischer und exoterischer Welt gelingt ihm nicht sofort, und er kann sich noch nicht sicher zwischen beiden Welten bewegen. Heinrich „war bestürzt, wie er die Gesellschaft zurückkommen hörte. Eine wunderliche Scham befiel ihn. Er getraute sich nicht, seine Entdeckung merken zu lassen...". Als er „obenhin", also sich verstellend, nach dem Titel und der Sprache des Buches fragt, antwortet der Einsiedler, soviel er wisse, sei es „ein Roman von den wunderbaren Schicksalen eines Dichters, worin die Dichtkunst in ihren mannigfachen Verhältnissen dargestellt und gepriesen wird". Kürzer und genauer kann man den Inhalt des HEINRICH VON OFTERDINGEN nicht angeben.

Novalis macht so aus einem alten Kunstgriff, der Spiegelerzählung, eine Achse des Romans. Ist in dem provenzalischen Buch — als ein solches bezeichnet es der Einsiedler — schon alles erzählt, was sich ereignen soll, wird alle Handlung Wiederholung und Rückholung. Die Zeit verliert den Anschein des bloßen unwiederbringlichen Ablaufs. Sie wird zum Umlauf nach der Art der Gestirndrehungen. Daß sich dieses Bild aufdrängt, ist kein Zufall. Novalis konstruiert die Geschichte analog zur Himmelskunde. Auch in der EUROPA verkündet er, daß der alte Himmel, also die Sehnsucht nach ihm, die lebendige Astronomie, wieder zum Vorschein kommen müsse. Und seine Berufung der alten Christenheit ist in dieser Rede über die Religion ganz daran geknüpft, daß der Glaube an den Himmel eben auch ein Glaube an das beseelte Firmament sei. Nur von diesem Himmel aus ist die Geschichte begreifbar, und umgekehrt wird auch die Astronomie durch die Analogie der Geschichte verständlich.

Nicht um einfache Restauration also geht es, wenn in der EUROPA die Tätigkeit der Staatsumwälzer zur Sisyphusarbeit erklärt wird: Die mächtige Last werde immer, sobald sie die Spitze des Gleichgewichts erreicht habe, auf der andern Seite herunterrollen. Nur die Anziehung durch den Himmel könne sie auf der Schwebe halten, die Stützen seien zu schwach, wenn der Staat die Tendenz nach der Erde behalte. „... aber knüpft ihn durch eine höhere Sehnsucht an die Höhen des Himmels, gebt ihm eine Beziehung auf das Weltall, dann habt ihr eine nie ermüdende Feder in ihm, und werdet eure

Bemühungen reichlich gelohnt sehn" (III, 518). Das in der EUROPA proklamierte Staatskirchentum der echten Freiheit ist kosmogonisch gemeint.

Im OFTERDINGEN wählt Novalis das Gespräch zwischen dem Bergmann und dem Einsiedler, um diese Überzeugung mitzuteilen. Den Astrologen ist der Himmel das Buch der Zukunft, während die Bergleute als beinah verkehrte Astrologen die Denkmale der Urzeit studieren. Der geschichtskundige Einsiedler ist die lebendig-symbolische Verbindung zwischen den beiden Geschichtsdimensionen. Seitdem er in der Höhle wohne, habe er mehr über die alte Zeit nachdenken gelernt. Diese alte Zeit ist die vormenschliche wilde Erdzeit. Ihre Zeugnisse, mächtige Knochen, liegen in der Höhle umher. Sie gelten ebenso als Denkmale der Urwelt wie die Gesteinsschichten der Erde. Mit dieser Vergangenheit verglichen kommt sich der Betrachter „wie ein Traum der Zukunft, wie ein Kind des ewigen Friedens" vor (I, 261).

Schon 1797 hat Novalis in den VERMISCHTEN BEMERKUNGEN die Summe seines Höhlengleichnisses vorweggenommen: „Die Fabellehre enthält die Geschichte der urbildlichen Welt — Sie begreift Vorzeit, Gegenwart und Zukunft. / Die Menschenwelt ist das gemeinschaftliche Organ der Götter. Poesie vereinigt sie, wie uns" (II, 456). Hier wird der geschichtsphilosophische Ort der Dichtung fixiert. Dem entspricht, daß nach der Unterhaltung zwischen dem Bergmann und dem Einsiedler, die ja „Natur" und „Geschichte" repräsentieren, die orphische Initiation durch ein Buch geschieht. Dieses Buch ist selbst ein Symbol der Anamnesis, der erinnernden und zugleich schöpferischen Entdeckung des Urbildes. Die Zukunft ist in diesem Buch bereits erzählt als Geschichte. Solches kann nur in einem inspirierten, die Zeit transzendierenden Buch erzählt werden, also in einem heiligen Buch, einer Bibel. Der Inhalt des Buches aber kann kein anderer sein als die Anamnesis selbst.

Das heißt in der Sprache des OFTERDINGEN ausgedrückt, das Buch handle von den wunderbaren Schicksalen eines Dichters. Die Schicksale, die Geschichten, sind exemplarisch. Handelt es sich doch um nichts weniger, als daß „die Dichtkunst in ihren mannigfaltigen Verhältnissen dargestellt und gepriesen wird". Diese Darstellung und Preisung ist die Apotheose der Poesie.

Der Einsiedler kommt als Repräsentant der Geschichte sich „wie ein Traum der Zukunft" vor. Aber nicht nur, weil ihn die Ereignisse vergangener Weltalter eine ungeheure Entwicklung ahnen lassen. Vielmehr spürt er auch, welche Bedeutung der Stunde zukommt, in der das seltsame provenzalische Buch kraft der Anamnesis eines werdenden Dichters zur geheimen Offenbarung der Poesie wird. „Heinrich glaubte zu bemerken, daß er ihn mit einem freundlichen durchdringenden Blick ansehe. Seine Abschiedsworte gegen ihn waren sonderbar bedeutend. Er schien von seiner Entdeckung zu wissen und darauf anzuspielen" (265).

6. KAPITEL

Orphische Initiation

Der Weg zum Reich des absoluten Geistes

Die Offenbarung durch die Dichterbibel im fünften Kapitel des OFTER-DINGEN ist die letzte von mehreren Vorbereitungen, die der wirklichen Begegnung mit der Dichtung und der Liebe vorangehen. Von dieser Begegnung wird im sechsten, siebten und achten Kapitel erzählt. Im neunten Kapitel, mit dem der erste Teil des Romans schließt, wird dann auf dem allegorischen Welttheater des Märchens das kosmogonische Geschichtsdrama von der Wiederkehr des goldenen Zeitalters vorgeführt.

In dem provenzalischen Buch entdeckt Heinrich einige Gestalten seines Traumes. Der Traum selbst wird im ersten Kapitel geschildert. In diesem Vorspiel ist in Bildern und Andeutungen die Zukunft vorweggenommen, wie sie dann auf andere Weise im provenzalischen Roman als Geschichte erzählt wird. Die spiegelbildliche Verwandtschaft dieser Kapitel bestimmt auch die Details. Die geheime Offenbarung geschieht in der Einsiedlerhöhle durch ein Buch. Einem andern als Heinrich wäre es nur ein Buch unter vielen. Er allein kann den geheimen Text entziffern, vermag den esoterischen Inhalt zu entdecken, obwohl er die Sprache nicht versteht, in der die exoterische Erzählung geschrieben ist.

Im ersten Kapitel, das in Heinrichs Elternhaus spielt, nimmt „der Fremde" [100] die Rolle des Buches vorweg. Die geheimnisvolle Gestalt erinnert an den Gott Hermes, den Geleiter und Führer der Träume, dessen Macht ins Reich des Todes wie in das der Liebe greift. „Wo eigentlich nur der Fremde herkam? Keiner von uns hat je einen ähnlichen Menschen gesehn; doch weiß ich nicht, warum nur ich von seinen Reden so ergriffen worden bin; die andern haben ja das nämliche gehört, und keinem ist so etwas begegnet" (I, 195). Als Heinrich auf den Bildern des provenzalischen Romans sich selbst und seine Bekannten in veränderter, aus anderer Zeit stammender Kleidung entdeckt, erschrickt er und glaubt zu träumen. Auch dieses Erschrecken kennt er bereits, denn nach den Erzählungen des Fremden sagte er zu sich selbst: „Ich glaubte, ich wäre wahnsinnig, wenn ich nicht so klar und hell sähe und dächte, mir ist seitdem alles viel bekannter."

Wie seit alters, so dient auch bei Novalis das Beispiel von Schlafen und Wachen, die mystische Erfahrung deutlich zu machen, in der sich das vertraute Verhältnis von Schein und Wirklichkeit umkehrt: „So ist mir noch nie zumute gewesen: es ist, als hätt ich vorhin geträumt, oder ich wäre in eine andere Welt hinübergeschlummert; denn in der Welt, in der ich sonst lebte..." Die Umkehr ist zugleich der Anfang der Heimkehr. Auch der zweite Teil des OFTERDINGEN, die Erfüllung, sollte allein von dieser Heimkehr handeln, denn Heinrich erhält dort auf seine Frage: „Wo gehn wir denn hin?" die Antwort: „Immer nach Hause" (325). Die Erweckung geschieht durch die Erzählung von der blauen Blume.

Rudolf Haym, der bei seiner Beurteilung des OFTERDINGEN eine mittlere Stellung zwischen der Verherrlichung der Romantik und der einseitig rationalistischen Polemik der Nachromantik einnehmen will, zitiert als Beispiel der einseitigen Kritik einen ungenannten Literarhistoriker. Nach dessen Meinung gehört die Analyse des Romans mehr in die Geschichte der Schwärmer und Träumer als in die der Dichtung.[101] Der Ungenannte aus dem vorigen Jahrhundert hatte so unrecht nicht, wenn auch nicht mit seiner negativen Wertung. Denn der OFTERDINGEN ist wirklich ein Dokument der mystischen Tradition. Man wird dieser kryptischen Überlieferung, von der viele Wurzeln in den Neuplatonismus reichen, freilich nicht gerecht, wenn man sie abschätzig als Schwärmertum bezeichnet.

Die blaue Blume hat man später zum Signet einer ganzen literarischen Richtung gemacht.[102] Damit wurde aus einem mystischen Symbol eine Bezeichnung, an die sich vor allem das Dubiose, Phantastische, ja Lächerliche anheftete, das mit dem Verfall der Romantik obenauf kam. Von diesen erst lange nach dem Tod von Novalis entstandenen Vorstellungen muß man sich frei machen, will man das Symbol deuten. Man entdeckt dann, daß mit dieser Blume die alchemistisch-mystische Flora um ein neues Gewächs bereichert wurde. Weder die traditionelle Rose noch die Lilie schien Novalis als Symbol orphischer Erkenntnis und Erlösung zu genügen.

Heinrich erfährt von der blauen Blume durch den „Fremden". Woher dieser Fremde kam, wohin er geht, wer er ist, erfahren wir nicht.[103] Aber gerade dadurch bleibt er der Mann des Geheimnisses, und das heißt auch, des geheimen Wissens. Die vertraute Welt wird schon allein durch die Existenz eines solchen Fremden gestört. Er gehört ja nicht dazu. Wie immer man auf ihn reagiert, sobald er auftaucht, lebt man nicht mehr selbstverständlich im vermeintlich Eigenen. Die gewohnte Welt ist für Heinrich das Elternhaus, der enge umfriedete Bereich. In einer meisterhaften Introduktion führt Novalis diese Welt vor, die sich mit dem Auftauchen des Fremden für Heinrich verändert hat. Die unruhige Nacht verwandelt die vertraute Umgebung. Aber nur für Heinrich: „Die Eltern lagen schon und schliefen, die Wanduhr schlug ihren einförmigen Takt, vor den klappernden Fenstern sauste der Wind; abwechselnd wurde die Stube hell von dem Schimmer des Mondes" (195). Alle schlafen, nur Heinrich bemerkt die bewegte Nacht, er allein liegt „unruhig auf seinem Lager".

Er wird hier „der Jüngling" genannt, und mit dieser Bezeichnung des Übergangs klingt mehr an als nur das bloße Alter. Der Grund der Unruhe: „Nicht die Schätze sind es, die ein so unaussprechliches Verlangen in mir geweckt haben ... fern ab liegt mir alle Habsucht: aber die blaue Blume sehn' ich mich zu erblicken." Ein unaussprechliches Verlangen kann nur eine Sehnsucht genannt werden, die einem Unbedingten, ja Göttlichen gilt. Denn es ist ein Verlangen, das nicht durch einen Besitz, und sei es den von Schätzen, gestillt werden kann.

In der unbewußten Sicherheit, mit der ein mystischer Dichter sich auf der vom Platonismus vorgezeichneten Bahn bewegt, stellt Novalis die Welt der Praxis, die ergriffen, verändert, täuschender Besitz werden kann, gegen die Welt der Wahrheit. Ihrer wird man durch die Theoria, die Schau, teilhaftig. Nicht die blaue Blume zu besitzen, sehnt sich der Jüngling, sondern sie zu erblicken. Zu wissen, daß es sie gibt, bedeutet schon eine Art Teilhabe und bereitet ein Glück, von dem die andern nichts ahnen. Aber dieses vorwegnehmende Wissen ist Ausnahme, kein fortwährender Zustand. Freilich bestimmt die Ausnahme auch die gewöhnlichen Tage. Sie sind nicht durch das Vergessen, sondern durch das fehlende Wissen bestimmt, also durch einen Mangel. „Es ist mir oft so entzückend wohl, und nur dann, wenn ich die Blume nicht recht gegenwärtig habe, befällt mich ein so tiefes, inniges Treiben ... "

Die Blume erblicken und die Blume gegenwärtig haben ist nicht dasselbe. Das erste meint das Ende des Weges, die Vollendung als Einigung in der Schau. Das andere steht für das Wissen von der Möglichkeit der Unio mystica. Dieses Wissen hat wiederum seinen Ursprung in einer ersten Erleuchtung. Was in ihr und durch sie gesehen wurde, ist unterwegs immer wieder gegenwärtig. Es wird am Ende, wenn das Erleuchtete und das Licht eins werden, als das von Anfang an Bekannte gefunden. Der Weg hat sich dann zum Kreis geschlossen, und der ihn ging, ist nach Hause gekommen.

Der Jüngling hat ein unaussprechliches Verlangen, die blaue Blume zu erblicken. Und es ist ihm, wenn er die Blume gegenwärtig hat, „so entzückend wohl". Der Widerspruch zwischen diesen beiden Aussagen rührt nicht von einer ungenauen Ausdrucksweise her. Er ist vielmehr ein Beweis für die immer nur in paradoxaler Weise zu vermittelnde Erfahrung platonisierender Mystik. Es ist der Widerspruch, der auch zwischen den beiden Metaphern für die Bewegung besteht. Die eine Metapher ist der Kreis, als Figur der Vollendung zugleich die vollendete Figur. Die andere ist der Aufstieg der Seele. Der Widerspruch löst sich, wenn man erkennt, daß dieser Aufstieg die Entsprechung meint, die die Antwort auf die Entfaltung des Göttlichen ist. Auf- und Abstieg sind also selbst der Kreis. Da durch die Entfaltung die Welt geschaffen wird, bringt die aufsteigende Seele die in der Schöpfung von ihrem Ursprung entfremdete Welt wieder zu diesem Ursprung zurück. So wird die Seele, die selbst heimfindet, schöpferisch. Ihre Schöpfung wiederholt nicht einfach die geschaffene Welt, die Natur, und ahmt sie auch nicht nach. Sie kehrt sie vielmehr um und wird, indem sie die geschaffene Welt in den Ursprung zurückträgt, zur zweiten Schöpfung.

Diese zweite Schöpfung ist die Kunst. Ihr Repräsentant ist der Dichter. Sein mythischer Name lautet Orpheus. Noch ehe Novalis den mystischen Weg beschreibt, gibt er diese Mystik bereits als orphische zu erkennen: „. . . aber die blaue Blume sehn' ich mich zu erblicken. Sie liegt mir unaufhörlich im Sinn, und ich kann nichts anderes dichten und denken." Dichten und denken: die Zusammenstellung wiegt schwer, wenn man weiß, mit welcher Leidenschaft Novalis sich bemüht hat, beides als die eine Weise der intellektualen produktiven Anschauungskraft zu verstehen.

Der innere Monolog des wachen, weil erweckten Jünglings, in dem Novalis den mystischen Weg als orphische Suche nach der Blume beschreibt, beginnt mit der Formel „dichten und denken". Der Monolog schließt mit einer Variation dieser Formel: „Sonst tanzte ich gern; jetzt denke ich lieber nach der Musik." Zwischen der eröffnenden Formel und ihrer Abwandlung liegt aber nicht nur die Beschreibung des Weges, sondern auch die erste Anspielung auf den orphischen Mythos selbst: „Ich hörte einst von alten Zeiten reden; wie da die Tiere und Bäume und Felsen mit den Menschen gesprochen hätten. Mir ist gerade so, als wollten sie allaugenblicklich anfangen, und als könnte ich es ihnen ansehen, was sie mir sagen wollten." Der Sage nach vermag Orpheus mit seiner Musik auch Tiere, Bäume, Felsen zu rühren und, wortwörtlich, die ganze Natur zu bewegen, ja umzukehren. Das klingt hier an, aber bereits in jener charakteristischen Veränderung, mit deren Hilfe Novalis den ganzen Mythos in sein Denken einbringen kann. Um die Natur zu bewegen, muß Orpheus eine Sprache sprechen, die von der Natur verstanden wird. Er muß mit der Natur im Einklang sein. Nicht ungewöhnlich wäre es gewesen, hätte Novalis in abgeblaßter Metaphorik von den alten Zeiten gesprochen, in denen die Menschen die Sprache der Natur verstanden. Aber durch die Wendung: die Tiere, Bäume und Felsen sprachen mit den Menschen, erneuert er die verbrauchte Metapher.

Die Sage von der sprechenden Natur ist der einfache, dem OFTERDINGEN angemessene Ausdruck für eine der großen spekulativen Ideen, die Novalis im neuplatonisch-kabbalistischen Thesaurus fand. An diese Überlieferung erinnert deutlicher eine Notiz im ALLGEMEINEN BROUILLON: „Der Mensch spricht nicht allein — auch das Universum *spricht* — alles spricht — unendliche Sprachen. / Lehre von den Signaturen" (III, 267). Solche zur Elementarlehre der poetologischen Weltauslegung von Novalis gehörende Grammatik ist auch die Basis für die vielen, scheinbar naiven Bemerkungen im OFTERDINGEN über die sprechende Natur. „Es muß noch viel Worte geben, die ich nicht weiß: wüßte ich mehr, so könnte ich viel besser alles begreifen." So heißt es schon im Anfangsmonolog des Romans. Denken und Dichten, Denken als Dichten bedeutet auch, die Chiffrenschrift der Natur lesen zu können.[104]

In diesem Monolog erscheint die Erweckung als erste Stufe der Einweihung. Als zweite Stufe folgt der Traum. Er besteht aus einer Sequenz sich auflösender Träume, die wiederum zu Träumen führt, die im Traum selbst als Träume geträumt werden. Die Traumfolge beginnt mit wechselnden Zuständen und Begebenheiten. Man kann darin leicht eine verkürzte Vorwegnahme von Ereignissen erkennen, die vermutlich zu einem großen Teil den Inhalt des ganzen Romans hätten bilden sollen. Diese Ereignisse entdeckt der Träumende dann bald in den Bildern des provenzalischen Romans wieder. In dem raffenden Traum durchlebt Heinrich aber nicht nur ein „unendlich buntes Leben", er stirbt auch und kommt wieder. Das bunte Leben, der Tod, die Wiederkehr: die ganze Vision vom Umlauf des Schicksals wird in wenigen Zeilen berichtet, obwohl diese Traumserie offenkundig fast die ganze Nacht dauert. Ihr Ende wird deutlich von den folgenden, viel breiter erzählten Träumen abgesetzt: „Endlich gegen Morgen, wie draußen die Dämmerung anbrach, wurde es stiller in seiner Seele, klarer und bleibender wurden die Bilder" (I, 196).

Das ungeheure, durch Tod und Wiedergeburt potenzierte, unendlich bunte Leben ist also nur ein Traum unklarer, flüchtiger Bilder. Trotz Wanderung über Meere in unbegreiflicher Leichtigkeit, trotz aller Empfindungen, die „bis zu einer nie gekannten Höhe" in ihm stiegen, trotz Liebe „bis zur höchsten Leidenschaft" und Trennung von der Geliebten. Und dieser Traum, der ein Traum der Nacht [105], der flüchtigen und unklaren Bilder ist, endet mit der Morgendämmerung. Die Aurora erst bringt die Träume der klaren und bleibenden Bilder, bringt „Erleuchtung" (197).

Bereits der erste Dämmerungstraum erinnert an eine Initiation. „Es kam ihm vor, als ginge er in einem dunkeln Walde allein. Nur selten schimmerte der Tag durch das grüne Netz." Es kam ihm vor, als ... Hier ist nicht das als ob einer Täuschung gemeint. Vielmehr wird wie im mythisch fixierten Drama das Ereignis als wiederholendes Spiel erlebt. Der Weg, der so im Traum gegangen wird, verläuft nach der Art eines Ritus. Der Initiant weiß, daß jede Station seines Weges festgelegt ist, aber er selbst kennt diese Stationen noch nicht. Der Weg führt aufwärts, durch eine Felsenschlucht. „Je höher er stieg, desto lichter wurde der Wald." Eine kleine Wiese am Hang eines Berges täuscht ein Ziel vor, und wirklich ist der Aufstieg zu Ende. Aber nun beginnt erst der eigentliche Weg. Er führt ins Innere der Erde.

Die erste Phase war eingeleitet worden: „Es kam ihm vor, als ginge er ..." Dann folgte eine Beschreibung, die das „es kam ihm vor, als ..." fast vergessen ließ: schimmerte der Tag ... er mußte klettern ... endlich gelangte er. Jetzt wird wieder daran erinnert, daß der Träumende sich noch immer in einer Welt des symbolischen Scheins bewegt. Es ist von einer Öffnung die Rede, die der Anfang eines in den Felsen gehauenen Ganges zu sein schien. Der Jüngling zögert nicht, diesen Gang zu betreten. Es geht ja nicht darum, eine Entscheidung zu fällen oder Mut zu beweisen. Die Zäsur, die mit dem „schien" gesetzt ist, gilt allein dem Weg. Nun, wo der Weg in das Innere der Erde führt, wird die Zone, in der der gewöhnliche Wille noch bestimmen kann, gänzlich verlassen. Der Weg selbst bestimmt jetzt, und zwar mit magischer Gewalt. Nicht der Jüngling betritt den Gang, vielmehr: „Der Gang führte ihn gemächlich eine Zeitlang eben fort, bis zu einer großen Weitung ..." Nicht die kleine Wiese am Hang des Berges also, sondern die große Weitung im Innern des Berges ist der Ort für ein herrliches Schauspiel, das „heilige Stille" umgibt: ein mächtiger Strahl, der wie aus einem Springquell bis an die Decke des Gewölbes steigt, zerstäubt in unzählige Funken, die sich unten in einem großen Becken sammeln. [106]

Das Verlangen, in dem Becken zu baden, ist unwiderstehlich. Schon als der Jüngling die Lippen benetzte, war es, „als durchdränge ihn ein geistiger Hauch, und er fühlte sich innigst gestärkt und erfrischt". Das Bad der Neugeburt wird nicht in gewöhnlichem Wasser vollzogen, sondern in jenem Wasser, das als Wasser des Geistes auch das Wasser des Lebens ist. Der Strahl glänzt wie entzündetes Gold, und nicht nur das Becken ist damit gefüllt, auch die Wände der Höhle „waren mit dieser Flüssigkeit überzogen...". Novalis nennt das Bad nicht eigens eine Taufe. Aber das geistige Wasser bewirkt eine Neu- und Wiedergeburt, ist also eine wirkliche Taufe. Freilich eine Taufe im älteren mythischen Sinne, die sich nicht in symbolischer Reinigung und Sündenbefreiung erschöpft.

Der geistige Hauch, die innige Stärkung und Erfrischung sind nur der Anfang. Schon ein paar Tropfen auf den Lippen haben solche Wirkung. Das Bad selbst vermag mehr: Die Neugeburt wird zur orphischen Geburt. Das liebliche Element, in dem sie geschieht, ist das Element der Liebe selbst. Die Apotheose der Poesie ist ja identisch mit der Wiederkunft des goldenen Zeitalters. Und dieses Thema, das jede Episode, jedes Motiv des Romans nur variiert, bestimmt auch den Traum. Liebe ist das Element, das die Grenze zwischen Innen und Außen auflöst und damit die Schöpfung einer neuen Welt ermöglicht. Diese Schöpfung ist die Erlösung der alten Welt durch das Wort. Der Logos der Poesie offenbart sich in solcher Schöpfung, und ein Symbol der Offenbarung ist die Erleuchtung des orphischen Menschen durch das Bad, die wirkliche Taufe.

Diese Taufe geschieht im Innern der Erde. Was für gewöhnlich verschlossen ist: das Grab, der Schoß, die unerreichbare Stätte der eingeschlossenen Schätze, ist jetzt offen, eine „große Weitung". Und in dieser Höhle sind Tag und Nacht nicht einfach nur vertauscht, sondern aufgehoben. Das Wasser, sonst Spiegel des Lichts, ist deshalb hier selbst das Licht. Eine Notiz zum OFTERDINGEN lautet: „Farbencharacter. Alles blau in meinem Buche, hinten Farbenspiel — Individualität jeder Farbe" (I, 346). Der vorgreifende Traum überholt alles, was im Roman erzählt werden sollte. So ist auch dieses spätere Farbenspiel bereits überholt. Das Becken, also das Wasser, welches das Licht ist, „wogte und zitterte". Es reflektiert nicht einfach wie eine durch einen rückfallenden Strahl bewegte Wasserfläche, sondern „mit unendlichen Farben". Nicht Spiegelung, sondern Leuchten aus sich selbst: „Die Wände der Höhle waren mit dieser Flüssigkeit überzogen, die nicht heiß, sondern kühl war, und an den Wänden nur ein mattes bläuliches Licht von sich warf" (196).

Eine andere Nachlaß-Notiz vermerkt: „Die blaue Blume richtet sich noch nach den Jahreszeiten. Heinrich vernichtet diesen Zauber — zerstört das Sonnenreich" (I, 342). Das Licht in der großen Weitung ist bereits jenseits von Tag und Nacht, und der kristallene Zauber ist nicht dem Auf- und Niedergang des Wachstums unterworfen. Zwar ist auch das glänzende Wasser lebenerweckend, aber das „liebliche Element" zeugt nicht auf irdische, sondern auf geistige Weise. Deshalb ist es nicht heiß, sondern kühl. Freilich hat diese Kühle nichts mit der Kälte gemeinsam, die den Leib erschauern läßt. Auch berührt das Wasser nicht den Leib des Badenden, vielmehr „eine himmliche Empfindung überströmte sein Inneres...". Der geistige Hauch, der schon beim Benetzen der Lippen zu spüren war, füllt nun ganz das Innere als himmliche Empfindung. Das Fernste, Überzeitliche, der Zeit und Welt umschließende Himmel strömt so ins Innere, und dieser Strom löst Grenze und Gegensatz von Innen und Außen.

Novalis hat hier auf eigene, aus der Konsequenz der Idee platonisierende Weise die Synthese eines Weltinnenraumes entworfen. Ein BLÜTENSTAUB-Fragment liest sich wie die romantische Version von Platons Höhlengleichnis: „Die Fantasie setzt die künftige Welt entweder in die Höhe, oder in die Tiefe, oder in der Metempsychose zu uns. Wir träumen von Reisen durch das Weltall: ist denn das Weltall nicht in uns? Die Tiefen unsers Geistes kennen wir nicht. — Nach Innen geht der geheimnißvolle Weg. In uns, oder nirgends ist die Ewigkeit mit ihren Welten, die Vergangenheit und Zukunft. Die Außenwelt ist die Schattenwelt, sie wirft ihren Schatten in das Lichtreich. Jetzt scheint es uns freylich innerlich so dunkel, einsam, gestaltlos, aber wie ganz anders wird es uns dünken, wenn diese Verfinsterung vorbey, und der Schattenkörper hinweggerückt ist. Wir werden mehr genießen als je, denn unser Geist hat entbehrt" (II, 417).

Für den Träumenden, der im Becken der großen Weitung badet, ist die Verfinsterung vorbei, und er genießt wirklich mehr „als je": „... mit inniger Wollust strebten unzählbare Gedanken in ihm sich zu vermischen; neue, niegesehene Bilder entstanden, die auch ineinanderflossen und zu sichtbaren Wesen um ihn wurden, und jede Welle des lieblichen Elements schmiegte sich wie ein zarter Busen an ihn. Die Flut schien eine Auflösung reizender Mädchen, die an dem Jünglinge sich augenblicklich verkörperten." Ist hier nicht eines der artifiziellen Paradiese vorweggenommen, die spätere Dichter dann künstlich der Phantasie entlockten? Die Assoziation drängt sich auf, aber man darf sie nicht zu eng sich knüpfen lassen. Das hier geschilderte Paradies ist das Reich, in dem der geheimnisvolle Weg endet, und dieses Reich ist das Reich des absoluten, schöpferischen Geistes.

Es ist der Geist, der sich selbst genießen kann: Die Ideen (= unzählbare Gedanken) streben, sich zu vermischen, und die Vermischung ist innige Wollust, ist der Genuß des Geistes, denn die Ideen sind in ihm selbst. So genießend, schafft er, und seine Schöpfungen sind Urbilder (= neue, nie gesehene Bilder). Die Bilder entäußern sich nicht in Abbildern. Als Besitz des Geistes bleiben sie in der Identität von Idee und Erscheinung, werden zu sichtbaren Wesen um ihn. Denken, Schaffen, Sehen sind eines. Der Geist schafft, indem er denkt, und weil er denkend schafft, sieht er die Gedanken. Sein Leben ist diese Schöpfung, welche ihm die innige Wollust des Schaffens, nicht ein von ihm getrenntes Geschaffenes ist. Solche Wollust immerwährender Zeugung verfällt nicht der Zeit, denn was durch sie geschaffen wird, bleibt ewig im Element der Schöpfung selbst: Die Flut, eine Auflösung dessen, was geschaffen wird, verkörpert sich augenblicklich.

Wie die meisten seiner Vorgänger verwendet Novalis für die Schilderung des glückseligen Zustandes erotische Bilder. Aber die bekannte Metaphorik erhält bei ihm einen veränderten Sinn. Nicht die vereinigende Gottesschau der Seele ist ihr Inhalt, sondern die göttliche schöpferische Schau selbst. Es ist jene intellektuale Anschauung, bei der Denken, Sehen und Schaffen eins sind. Schon in den aus der ersten Hälfte des Jahres 1798 stammenden LOGOLOGISCHEN FRAGMENTEN heißt es: „In der intellectualen Anschauung ist der Schlüssel des Lebens" (II, 561). Und in den BROUILLON-Notizen vom Ende desselben Jahres setzt Novalis dann während des Plotin-Studiums im Tiedemann die Ekstase, als inneres Lichtphaenomen, mit der intellectualen Anschauung gleich (III, 440). Unmittelbar danach notiert er eine Überlegung, die wieder ganz modern anmutet. In Wirklichkeit wird aber, wenn auch aus einem andern Blickwinkel, dasselbe beschrieben, was im OFTER-DINGEN mit dem Traum vom Bad gemeint ist: „... Alles aus *Nichts* erschaffne *Reale,* wie z. B. die Zahlen und die abstracten Ausdrücke — hat eine wunderbare Verwandschaft mit Dingen einer andern Welt — mit unendlichen Reihen sonderbarer Combinationen und Verhältnissen — gleichsam mit einer mathematischen und abstracten Welt an sich — mit einer *poetischen mathematischen* und abstracten Welt." [107]

Im Traum ist der Jüngling in dieser andern Welt. Das Wasser, Element des Geistes und der schaffenden Liebe, ist Symbol für das „Nichts" und das aus solchem Nichts erschaffene Reale. Und was dem noch diesseitigen, aber ahnungsvollen und analogiebegabten Gemüt als die poetische mathematische

Welt der unendlichen Reihen sonderbarer Kombinationen und Verhältnisse erscheint, erfährt der ekstatisch Erleuchtete in inniger Wollust: Die Vermischung unzählbarer Gedanken, die Entstehung neuer Bilder und sichtbarer Wesen. Sinn dieser Taufe ist es, die intellektuale Anschauung als Akt der Schöpfung zu erfahren.

Die Erleuchtung ist die orphische Weihe. Der Jüngling, der im Traum unmittelbar das Geheimnis der geistigen Zeugung erfährt, ist neu geboren. Durch diese Geburt wird er zum Dichter. Später vergleicht Klingsohr das dichterische Gemüt mit dem Licht, „ebenso ruhig und empfindlich, ebenso elastisch und durchdringlich, ebenso mächtig und ebenso unmerklich wirksam als dieses köstliche Element". Klingsohr redet auch von der kühlen belebenden Wärme als dem Widerspiel der wilden Hitze eines kränklichen Gemüts. Kühl, besonnen, „reiner Stahl", ist der Dichter (I, 281). Zur Mania als Voraussetzung der Ekstase muß die kühle Besonnenheit treten. Der Einklang der intellektualen Anschauung schließt jede Schwere und Dumpfheit, also auch den dumpfen Rausch aus. In der Erzählung vom Traum heißt es weiter: „Berauscht von Entzücken und doch jedes Eindrucks bewußt, schwamm er gemach dem leuchtenden Strome nach, der aus dem Becken in den Felsen hineinfloß" (I, 197).

Am Anfang träumte der Jüngling ein „unendlich buntes Leben". Dem folgte gegen Morgen nach klareren und reineren Bildern der Aufstieg, der Gang in die Höhle und der Traum der Erleuchtung. Der Strom führt den Jüngling zu einer „anderen Erleuchtung", aber zuvor befällt ihn, Traum im Traum, „eine Art von süßem Schlummer, ... in welchem er unbeschreibliche Begebenheiten träumte". Wie das unendlich bunte Leben, so sind auch die „unbeschreiblichen Begebenheiten" nur Träume im Sinne von Schatten. Von den Unerleuchteten werden sie für das Wirkliche gehalten. Aus solchem Schlaf, einer Art von süßem Schlummer, weckte den Träumenden eine andere Erleuchtung: „Er fand sich auf einem weichen Rasen am Rande einer Quelle." Wieder also das Wasser, und nun gar die Quelle. Und wie der beckenfüllende Strahl in der Höhle ist auch diese Quelle nicht von der Art der irdischen. Wird doch von ihr gesagt, daß sie „in die Luft hinausquoll und sich darin zu verzehren schien". Die Elemente vermischen sich auf eine übernatürliche Weise. Sie vermählen sich wie die Tages- und Jahreszeiten. Auch der Strahl in der Höhle glänzte „wie entzündetes Gold". Das deutet auf Feuer. Mit Wasser verbunden, ist solches Gold das Zeugungselement des Geistes.

Die Landschaft der Quelle ist der großen Weitung verwandter als irgend einem irdischen Raum: „Dunkelblaue Felsen mit bunten Adern erhoben

sich in einiger Entfernung..." Und wie in der Höhle, so ist auch hier das
Licht jenseits des Widerstreites von Tag und Nacht.[108] Es ist das Licht einer
außerirdischen Sphäre, in der auch die Gestirne nicht als unendlich ferne und
fremde Sterne vor der Finsternis stehen: „das Tageslicht... war heller und
milder als das gewöhnliche, der Himmel war schwarzblau und völlig rein."
Es ist eine Landschaft sublimer Verheißungen.

Im Traum wird wieder vorweggenommen, was den Notizen zufolge in
einem märchenhaften, wunderbaren Teil des Romans hätte erzählt werden
sollen: „Im Heinrich ist zuletzt eine ausführliche Beschreibung der innern
Verklärung des Gemüts. Er kommt in Sophiens Land — in die Natur, wie
sie sein könnte — in ein allegorisches Land." (I, 339)

In solcher Landschaft wächst, umgeben von unzähligen Blumen, in der
von köstlichstem Geruch erfüllten Luft eine „hohe, lichtblaue Blume". Sie
zieht ihn „mit voller Macht" an (I, 197). Daß hier von einer starken Anziehung gesprochen wird ist überraschend, denn es heißt von der Blume,
„die zunächst an der Quelle stand", sie berührte ihn mit ihren breiten, glänzenden Blättern. Er ist also der Blume bereits sehr nahe, er sieht auch „nichts
als die blaue Blume", betrachtet sie „lange mit unnennbarer Zärtlichkeit".
Die volle Macht, die als Anziehung wirkt, hält zugleich auch die Distanz
aufrecht, in der allein die immer intensivere Betrachtung möglich ist. So wird
kein bloßer Gegenstand, auch nicht ein Ding der Natur betrachtet. Oder der
Gegenstand verwandelt sich in dieser Betrachtung. Dem Mystiker, der sich
der Betrachtung überläßt, wird ja selbst die Nuß in der Hand zum Medium
der Offenbarung. Und dem archaischen Gemüt ist der Stein heilig, weil er
Macht in sich schließt. Es erfährt sich selbst daran als das Ohnmächtige, das
der Macht des ganz Andern bedarf.

Der Dichter hört wieder, was in alten Zeiten die Tiere und Bäume und
Felsen mit den Menschen gesprochen, aber er nimmt es mit dem Gemüt des
Mystikers auf. So wird ihm eine Unio mystica ganz eigener Art zuteil.
Während er mit unnennbarer Zärtlichkeit anschaut, was ihn mit voller
Macht anzieht, fließt diese Macht in ihn, und er verwandelt als Schauender
das Angeschaute: „Endlich wollte er sich ihr nähern, als sie auf einmal sich
zu bewegen und zu verändern anfing; die Blätter wurden glänzender und
schmiegten sich an den wachsenden Stengel, die Blume neigte sich ihm zu,
und die Blütenblätter zeigten einen blauen ausgebreiteten Kragen, in welchem ein zartes Gesicht schwebte."

Die Verwandlung der blauen Blume in ein menschliches Antlitz scheint
die Kraft dieses möglichen Symbols zu schwächen. Aber Novalis denkt nicht

in den Kategorien neuerer Symbolforschung. Deren uneingestandene Voraussetzung ist ja eine erst seit dem neunzehnten Jahrhundert geläufige wertende Trennung von Symbol und Allegorie. Novalis bewegt sich unbefangen im Allegorischen, und seine Märchentheorie wie auch seine Märchenerfindung sind ohne solche Freiheit nicht verständlich. Man sollte diese Unbefangenheit aber nicht mit Naivität verwechseln. Vielmehr denkt und sieht Novalis emblematisch.

Eine Deutung der allegorischen Verwandlung wird dann im sechsten Kapitel gegeben. Heinrich ist am Ziel der ersten Reise seines Lebens angekommen. Im großväterlichen Haus zu Augsburg begegnet er Mathilde, Klingsohrs Tochter. In einem abendlichen Monolog, auf den, parallel zum ersten Kapitel, wieder Träume in der Morgenfrühe folgen, heißt es: „Ist mir nicht zumute wie in jenem Traume, beim Anblick der blauen Blume? Welcher sonderbare Zusammenhang ist zwischen Mathilden und dieser Blume? Jenes Gesicht, das aus dem Kelche sich mir entgegenneigte, es war Mathildens himmliches Gesicht, und nun erinnere ich mich auch, es in jenem Buche gesehn zu haben. Aber warum hat es dort mein Herz nicht so bewegt? O! sie ist der sichtbare Geist des Gesanges, eine würdige Tochter ihres Vaters. Sie wird mich in Musik auflösen..." (I, 277). Jetzt erst erinnert sich der Jüngling, das Gesicht im provenzalischen Roman gesehen zu haben. Hingegen war ihm beim Eintritt ins großväterliche Haus unter der festlichen Gesellschaft sofort ein Mann aufgefallen, „den er in jenem Buche oft an seiner Seite gesehen zu haben glaubte".

Das himmlische Gesicht von Mathilde ist das überirdische, urbildliche Antlitz. Es sollte auch noch in den andern Mädchenfiguren des Romans, in Zulima, Zyane, Edda, hindurchschimmern. „Dreieiniges Mädchen", notierte sich Novalis (I, 342) in deutlicher Analogie zum dreieinigen Gott. Aber nicht in der einigenden Vertauschung der Mädchen erschöpft sich die weibliche Trinität, sie erfüllt sich erst in der Dreieinigkeit des Mädchens mit Maria, „Gottes Mutter und Geliebte" (I, 324) und Sofie, die „das Heilige, Unbekannte" ist. (I, 342) [109]

Im sechsten Kapitel wird die Ankunft in Augsburg und die Begegnung des Jünglings mit dem Dichter Klingsohr und seiner Tochter erzählt. Der Rahmen ist ein Fest im Hause des Großvaters. Der Jüngling nennt es das erste und einzige Fest seines Lebens (I, 277). Es wird als eine Allegorie gezeichnet. Die Art der Schilderung verrät, daß für Novalis die Allegorie ein Gegenstück zur Hypostasierung eines Begriffes ist. Die Welt zerfällt nicht in Erscheinung und Wesen, in Bild und Sinn. Sie ist vielmehr die eine unter dem

Zauberstab der Analogie ertönende Harmonie, wie auch der vom geistigen
Auge erschaubare Reigen von Kräften, Wesenheiten, Gedanken, Empfindungen: „Blumenkörbe dufteten in voller Pracht auf dem Tische, und der
Wein schlich zwischen den Schüsseln und Blumen umher, schüttelte seine
goldnen Flügel und stellte bunte Tapeten zwischen die Welt und die Gäste.
Heinrich begriff erst jetzt, was ein Fest sei. Tausend frohe Geister schienen
ihm um den Tisch zu gaukeln, und in stiller Sympathie mit den fröhlichen
Menschen von ihren Freuden zu leben und mit ihren Genüssen sich zu be-
rauschen. Der Lebensgenuß stand wie ein klingender Baum voll goldener
Früchte vor ihm. Das Übel ließ sich nicht sehen… Er verstand nun den
Wein und die Speisen." (I, 272)

Im Fest wird die „Poetik" des Lebens (III, 260) offenbar. Hier ist die
Forderung, mit lebendigen Figuren zu dichten, am ehesten erfüllt. Freilich
versteht nur der Dichter die Speisen, ihm würzt sie ein „himmliches Öl" (I,
272). Nur er ahnt, daß im Fest das goldene Zeitalter vorweggenommen wird.
Novalis sagt das nicht eigens, aber es wird deutlich, weil die Empfindungen
des jungen Dichters in derselben paradoxen Art unmittelbarer Allegorik beschrieben werden, die in den Initiationsträumen und in Klingsohrs Märchen
herrscht, also in der Unter- wie Überwelt und im Reich des heraufkommen-
den goldenen Zeitalters. Das goldene Zeitalter beginnt, dem Ende des großen
Klingsohr-Märchens zufolge, mit einem Liebesfest, einer Art apollinischem
Bacchanal. Die Mutter ist da allgegenwärtig, und Sophie, „ewig Priesterin
der Herzen", bürgt für die Geistigkeit und Heiligkeit der Orgie. Um eine
solche handelt es sich in der Tat. Der Thron des Königs hatte sich „unmerklich" in ein Hochzeitsbett verwandelt. „Der König umarmte seine errötende
Geliebte, und das Volkte folgte dem Beispiel des Königs, und liebkoste sich
untereinander. Man hörte nichts, als zärtliche Namen und ein Kußgeflüster"
(I, 315).

Das Fest im großväterlichen Haus zu Augsburg nimmt, wie es von dem
erwachenden jungen Dichter empfunden wird, die endzeitliche Hochzeit
des Märchens vorweg. Hier spiegelt sich die mystische Theorie des Ge-
schlechtlichen wider, von der sich in den Fragmenten und Notizen so viele
Zeugnisse finden. Sie ist aufs engste verknüpft mit der naturphilosophisch-
symbolischen Deutung des Essens.

Genießen, Zueignen und Assimilieren nennt Novalis „Essen". Daher
könne auch alles geistige Genießen durch Essen ausgedrückt werden. In der
Freundschaft esse oder lebe man von seinem Freunde. Das christliche Liebes-
mahl soll, wie alle überkommene Symbolik, wieder unmittelbar verstanden

werden: „Es ist ein ächter Trope den Körper für den Geist zu substituiren —
und bey einem Gedächtnißmale eines Freundes in jedem Bissen mit kühner,
übersinnlicher Einbildungskraft sein Fleisch, und in jedem Trunke sein Blut
zu genießen" (II, 620).

Die Fortsetzung dieses Fragments von 1798 zeigt, wie Novalis von der
Konsequenz seines Gedankens fasziniert wird, daraus eine These macht und
mit Hilfe dieser These traditionelle Überlagerungen durchdringt. Er sucht
dabei weniger nach Ursprüngen, sondern versucht zu denken, was kommen
könnte. Aber was da als zukünftige Entwicklung möglich erscheint, stammt
aus vergessenen Anfängen. In der genannten Notiz heißt es weiter vom
Gedächtnismahl, dem weichlichen Geschmack unserer Zeiten komme dies
freilich ganz barbarisch vor, „aber wer heißt sie gleich an rohes, verwesliches
Blut und Fleisch zu denken". Gerade daran denken die im weichlichen Geschmack befangenen Zeitgenossen nun ganz gewiß nicht, wenn sie hören, es
sei ein echter Trope, den Körper für den Geist zu substituieren. Vielmehr
denkt Novalis selbst daran. Das heißt, er zögert eben vor der Konsequenz
seines Gedankens und versucht, in die gebräuchliche, auch ihm geläufige Vorstellung der nur symbolischen Substitution auszuweichen: „Die körperliche
Aneignung ist geheimnißvoll genug, um ein schönes Bild der Geistigen *Meinung* zu seyn —". Doch dann findet er die Wendung, die einen Kompromiß
zwischen der barbarisch anmutenden Ursprünglichkeit und der Forderung
des Geschmacks erlaubt: „— und sind denn Blut und Fleisch in der That
etwas so widriges und unedles? Wahrlich hier ist mehr, als Gold und Dia-
mant und die Zeit ist nicht mehr fern, wo man höhere Begriffe vom organischen Körper haben wird." Nicht Blut und Fleisch, sondern unsere unzureichenden Begriffe davon hindern uns am rechten Genuß. So käme es
darauf an, das rechte Wissen zu gewinnen: „Wer weiß welches erhabene
Symbol das Blut ist? Gerade das Widrige der organischen Bestandteile läßt
auf etwas sehr Erhabenes in ihnen schließen. Wir schaudern vor ihnen, wie
vor Gespenstern, und ahnden mit kindlichen Graußen in diesem sonderbaren Gemisch eine geheimnißvolle Welt, die eine alte Bekanntinn seyn
dürfte."

Zueignung, Assimilation hat in der Form des Essens wie des Geschlechts-
aktes sakralen Charakter. Aber nicht, weil diese Akte symbolisch verstanden
werden, sondern weil sie als wirkliche Vorgänge in den Kreislauf von über-
fließender Entfaltung und Rückkehr gehören. Unter dieser Voraussetzung
scheut sich Novalis schließlich nicht, das Weib als höchstes sichtbares Nah-
rungsmittel zu bezeichnen, das den Übergang vom Körper zur Seele mache

7

(III, 264). Und eine seiner Thesen gipfelt gar darin, die Notzucht als den stärksten Genuß zu bezeichnen (III, 262).

Das „erste und einzige Fest" seines Lebens ist die würdige Gelegenheit für die Begegnung des erwachenden Dichters mit Klingsohr und dessen Tochter. Dieses Fest weist auf das Märchen, die Achse des ganzen Romans, voraus. Den Skizzen zufolge sollte auch im zweiten Teil wieder an bedeutender Stelle das Fest auftauchen: „Das Fest kann aus lauter Allegorischen Szenen zur Verherrlichung der Poesie bestehn." Dabei geht es offenkundig um die entscheidende Wendung, denn Heinrich wird da mit Orpheus gleichgesetzt und dessen Mythos auf das Märchen bezogen: „Heinrich gerät unter Bacchantinnen — Sie töten ihn — der Hebrus tönt von der schwimmenden Leier. Umgekehrtes Märchen"(I, 345).

Wie immer die sehr offene Skizze zu deuten sein mag, gewiß ist, daß auch hier das Fest mit Wesen und Schicksal des Dichters verbunden wird. So nimmt es nicht wunder, daß der Schilderung vom „ersten Fest" im sechsten Kapitel des ersten Teils eine feierliche Introduktion vorausgeht. Sie unterbricht die Erzählung, und nicht nur nach der Art der vielen eingeschobenen Geschichten, Betrachtungen oder Lieder. Denn diese Zwischenstücke werden ja immer von den in die spärliche Handlung verknüpften Personen erzählt oder gesungen. In dieser Einleitung hingegen gibt Novalis ein Manifest des Dichtertums, das nur durch den abschließenden und überleitenden Satz, daß Heinrich „von Natur zum Dichter geboren" war, mit der Handlung unmittelbar verbunden ist.

Der Proklamation liegt das alte Schema von Vita activa und Vita contemplativa zugrunde. Die Menschen, die zum Handeln, zur Geschäftigkeit geboren sind, deren Seele unablässig nach außen gerichtet sein muß, werden den ruhigen, unbekannten Menschen gegenübergestellt. Ihre Tätigkeit ist die Betrachtung, ihr Leben ein leises Bilden der innern Kräfte. Das darf nicht einfach abwertend verstanden werden. Die zum Handeln Gebornen heißen immerhin Helden. Durch ihren Einfluß werden alle Zufälle zu Geschichten und das heißt hier zu Geschichte. Dennoch schimmert die frühe Unterscheidung durch: Das „theoretische", also das autarke göttliche oder gottähnliche Leben steht über dem „praktischen." Von den ruhigen unbekannten Menschen, „deren Tätigkeit die Betrachtung" ist, wird später nämlich gesagt, sie seien schon hier im Besitz der himmlischen Ruhe.

Der griechischen oder zumindest der aristotelischen Unterscheidung zufolge gehört auch die Poiesis, die Herstellung eines Werkes und das ihr dienliche Erkennen zum „praktischen Leben". Novalis jedoch stattet gerade den

Poeten mit Eigenschaften aus, die herkömmlich zur Theorie oder zur Komtemplation, der christlichen Abwandlung der Theoria, zählen. Damit erhält die Dichtung den höchsten Rang. Die Dichter werden deshalb seltene Zugmenschen genannt, „die zuweilen durch unsere Wohnsitze wandeln, und überall den alten ehrwürdigen Dienst der Menschheit und ihrer ersten Götter, der Gestirne, des Frühlings, der Liebe, des Glücks, der Fruchtbarkeit, der Gesundheit, und des Frohsinns erneuern". Die Dichter sind „freie Gäste", ihre Wirkung läßt sich an „frohen und klaren Gesichtern" der Menschen erkennen, und allein der Dichter führt mit Recht „den Namen eines Weisen" (I, 267).

Der klassizistische Vortrag verdeckt wie immer im OFTERDINGEN die Radikalität und Kühnheit der Aussagen. Hölderlins Wort, „Was bleibet aber stiften die Dichter", „Andenken" beschließend, meint dasselbe. Man muß zum frühen Griechentum zurückgehn, will man Vergleichbares finden, um einen solchen Glauben zu messen. Hier stößt man auf Orpheus, nicht den späteren der orphischen Sekte, sondern den ganz alten, verdeckten, den Kitharoden.

Worin beruht diese ausgezeichnete Stellung der Dichter? Nach Novalis in ihrem Gemüt. Das Gemüt ist ihre Welt. Deshalb sind sie schon hier im Besitz der himmlischen Ruhe. Anders gesagt: „Keine Unruhe treibt sie nach außen", in die Welt der Handelnden, der Helden gar. Das „unermeßliche Schauspiel" reizt sie nicht, „darin aufzutreten, sondern kommt ihnen bedeutend und wunderbar genug vor, um seiner Betrachtung ihre Muße zu widmen" (I, 267). Aber für diese Art der musischen Betrachtung gilt eben, was schon das Fragment über den geheimnisvollen Weg nach Innen mit der platonisierenden Wendung umschrieb: „In uns, oder nirgends ist die Ewigkeit mit ihren Welten, die Vergangenheit und Zukunft. Die Außenwelt ist die Schattenwelt, sie wirft ihren Schatten in das Lichtreich" (II, 419).

Nur in der Betrachtung, das heißt auf dem geheimnisvollen Weg nach Innen wird das Schau- und Schattenspiel als ein solches durchschaubar. Es wird als durchschautes nicht wesenlos. Vielmehr erblickt der Schauende die Grundfiguren des Spiels, erkennt seinen Sinn, entdeckt in der Erscheinung das Wesen, kurz, sieht den „Geist". Solche Schauenden sind die Dichter, wenn sie der Betrachtung des Schauspiels ihre Muße widmen: „Verlangen nach dem Geiste desselben [d. h. des unermeßlichen Schauspiels außer ihnen, also Welt und Geschichte] hält sie in der Ferne, und er [d. h. der Geist der Welt und Geschichte selbst] ist es, der sie zu der geheimnisvollen Rolle des Gemüts in dieser menschlichen Welt bestimmte, während jene [d. h. die

Handelnden, also die dem „praktischen Leben" Verhafteten] die äußeren
Gliedmaßen und Sinne und die ausgehenden [d. h. die nach außen gehenden,
repräsentierenden] Kräfte derselben vorstellen" (I, 267).

Die Bestimmung des Dichters verkündet Novalis am Anfang des sechsten
Kapitels, ehe die Ankunft in Augsburg erzählt wird. Die Ankunft, das
Ende der Reise, geht in die Feier des Festes über. Im siebten Kapitel deutet
Klingsohr die Reise des jungen Ofterdingen als Initation eines Dichters:
„Ich habe wohl gemerkt, daß der Geist der Dichtkunst Euer freundlicher
Begleiter ist. Eure Gefährten sind unbemerkt seine Stimmen geworden."
Und Klingsohr sagt auch, daß der Myste nicht nur ein Erwählter des Geistes
ist, sondern schon ein Wirkender, einer, in dem die Magie des Geistes regsam
wird: „In der Nähe des Dichters bricht die Poesie überall aus. Das Land
der Poesie, das romantische Morgenland, hat Euch mit seiner süßen Wehmut
begrüßt; der Krieg hat Euch in seiner wilden Herrlichkeit angeredet, und
die Natur und Geschichte sind Euch ... begegnet" (I, 283).

Nicht minder deutlich hat Novalis die Reise bereits am Anfang des sechsten Kapitels kommentiert, im Übergang von der Proklamation des Dichtertums zur Begrüßung im Haus des Großvaters. Die Reise ist nicht ein Weg
nach Außen, sondern eben der Anfang des Weges nach Innen: „Heinrich war
von Natur zum Dichter geboren. Mannigfaltige Zufälle schienen sich zu seiner Bildung zu vereinigen, und noch hatte nichts seine innere Regsamkeit
gestört. Alles was er sah und hörte [d. h. die Erfahrungen dieser ersten Reise]
schien nur neue Riegel in ihm wegzuschieben, und neue Fenster ihm zu öffnen. Er sah die Welt in ihren großen und abwechselnden Verhältnissen vor
sich liegen" (I, 268). Er löst sich also nicht aus einer Enge und wird offen
für die Welt, sondern sein Gemüt, das ja als ein dichterisches seine Welt ist,
wird durch den Anblick der Welt, diese Vorstufe der Betrachtung, entriegelt.
Neue Fenster öffnen sich: das bislang geborgene, aber auch verschlossene
Gemüt wird hell. Nicht von der Welt, sondern von ihrem Geist, der der
Geist des unermeßlichen Schauspiels ist.

Doch die Erleuchtung des Gemüts durch den Geist der Welt ist erst der
Anfang, und der Anblick der Welt ist noch nicht ihre musische Betrachtung:
„Noch war sie [die Welt] aber stumm, und ihre Seele, das Gespräch, noch
nicht erwacht. Schon nahte sich ein Dichter, ein liebliches Mädchen an der
Hand, um durch Laute der Muttersprache und durch Berührung eines süßen
zärtlichen Mundes, die blöden Lippen aufzuschließen, und den einfachen
Akkord in unendliche Melodien zu entfalten. Die Reise war nun geendigt."

Begonnen hatte die Reise so: „Er sah sich an der Schwelle der Ferne, in

die er oft vergebens von den nahen Bergen geschaut ... Er war im Begriff,
sich in ihre blaue Flut zu tauchen. Die Wunderblume stand vor ihm, und er
sah nach Thüringen, welches er jetzt hinter sich ließ, mit der seltsamen
Ahndung hinüber, als werde er nach langen Wanderungen von der Welt-
gegend her, nach welcher sie jetzt reisten, in sein Vaterland zurückkommen,
und als reise er daher diesem eigentlich zu" (I, 205).

Von der Wunderblume hatte er zuerst durch den Fremden gehört. Ein
Traum hatte ihn in das Geheimnis der Blume eingeweiht. Diesem Traum
waren die Träume vom unendlich bunten Leben vorhergegangen, das er
selbst wie in Erinnerung an die Träume erst leben sollte. Die Bilder des
provenzalischen Dichter-Romans wecken in ihm den Sinn für die archety-
pische Wiederkehr, durch die sein Leben zur Anamnesis wird. Die Begegnung
mit dem Mädchen bringt die erste Offenbarung solcher Wiedererinnerung.
Als der Zusammenhang zwischen der blauen Blume und dem Mädchen sich
ihm enthüllt, weiß der Erkennende, daß er im Traum und im dichterischen
Schicksalsbuch das himmlische Gesicht des Mädchens, sein ewiges urbild-
liches Antlitz gesehen hat.

Diese Entdeckung löst in dem Jüngling einen Treueschwur aus. Er endet
mit der emphatischen Verkündigung, daß die Nacht vorüber sei und er
der aufgehenden Sonne sich selbst zum nie verglühenden Opfer anzünde.
Aber von diesem Höhepunkt der Erleuchtung läuft der Weg der Weihe zurück ins Unterreich der Nacht, der Schatten, des Todes.

7. KAPITEL

Orphischer Mythos

Der Dichter als Messias des goldenen Zeitalters

Der Rückweg wird wieder durch einen Traum eröffnet. Es ist die Vision der anderen Seite des unendlich bunten Lebens. Schon im ersten Traum war durch Tod und Wiedergeburt diese andere Seite zu ahnen. Nun träumt Heinrich nach dem Fest, und wiederum erst gegen Morgen, von einem tiefen blauen Strom. In einem Kahn sitzt mit Kränzen geschmückt Mathilde. Sie „sang ein einfaches Lied, und sah nach ihm mit süßer Wehmut herüber" (I, 278). Eine Abschiedsszene also, die Kränze weisen auf den Tod. Aber auch auf Hochzeit, Weihe, Opfer. Der Jüngling des Traumes spürt es, doch er weiß sein Gefühl noch nicht zu deuten. „Seine Brust war beklommen. Er wußte nicht warum". Noch einmal ist vom himmlischen Gesicht des Mädchens die Rede, es „spiegelte sich in den Wellen". Diese Spiegelung macht aus der pastoralen Flußlandschaft — „der Himmel war heiter, die Flut ruhig" — eine mythologische Szenerie.

Das Drama, das hier spielt, ist eine Komposition aus mehreren mythologischen Elementen. Novalis sagt über solche für ihn typischen Vermischungen: „Die entferntesten und verschiedenartigsten Sagen und Begebenheiten verknüpft. Dies ist eine Erfindung von mir" (I, 345). Auch Friedrich Schlegel hat solche Verknüpfung postuliert. In unserem Beispiel werden weder entferntesten noch verschiedenartigste Sagen verbunden, sondern es wird das Persephone-Motiv mit der Orpheus-Eurydike-Sage vereinigt und abgewandelt. Dabei klingen älteste Verbindungen an. Die Assoziationen rühren vielleicht weniger von den Kenntissen des Dichters als von seinem mythologischen Spürsinn her.

Hades raubt hier nicht ein Mädchen, das auf einer blumenübersäten Wiese nach der wunderbaren Narzisse greift, sondern der Fluß zieht einem Gotte gleich das Mädchen hinab. Es widerstrebt nicht, weil es mehr weiß als der Jüngling: „Er rief ihr ängstlich zu. Sie lächelte und legte das Ruder in den

Kahn, der sich immerwährend drehte. Eine ungeheure Bangigkeit ergriff ihn. Er stürzte sich in den Strom; aber er konnte nicht fort, das Wasser trug ihn. Sie winkte, sie schien ihm etwas sagen zu wollen, der Kahn schöpfte schon Wasser; doch lächelte sie mit einer unsäglichen Innigkeit, und sah heiter in den Wirbel hinein. Auf einmal zog es sie hinunter" (I, 278). Er verliert aus Angst das Bewußtsein. Als er wieder zu sich kommt — „er mochte weit geschwommen sein" — findet er sich, ermattet und leer — „sein Gemüt war verschwunden" — in einer fremden Gegend. Für den Leser ist sie freilich nicht so unbekannt. Es ist eine Traumlandschaft, jener anderen verwandt, in der der Träumende vor der Reise die blaue Blume fand. „Eine kleine Quelle kam aus einem Hügel, sie tönte wie lauter Glocken. Mit der Hand schöpfte er einige Tropfen und netzte seine dürren Lippen". Auch diese Quelle spendet das geistige Wasser des Lebens, und sie gibt nicht Vergessen, sondern verwandelt die Erinnerung: „Wie ein banger Traum lag die schreckliche Begebenheit hinter ihm."

In der unruhigen Nacht, die dem Traum von der blauen Blume vorausging, hatte der Jüngling zu sich selbst gesagt: „Ich hörte einst von alten Zeiten reden; wie da die Tiere und Bäume und Felsen mit den Menschen gesprochen hätten. Mir ist gerade so, als wollten sie allaugenblicklich anfangen..." Jetzt, wo er sich im Unterreich findet, das dem Oberreich des ersten Traumes so ähnlich ist, sind jene alten Zeiten keine Vergangenheit und keine ahnbare Zukunft mehr, sondern Gegenwart: „Immer weiter und weiter ging er, Blumen und Bäume redeten ihn an. Ihm wurde so wohl und heimatlich zu Sinne." Beim Abschied vom Vaterland hatte er, die Wunderblume vor dem geistigen Auge, eine Ahnung, als reise er, indem er sich in die Ferne begebe, eigentlich dem Vaterlande zu. Jetzt, da wie in alten Zeiten Blumen und Bäume ihn anreden, scheint er dort angekommen zu sein, wohin er immer unterwegs ist, in „Sophiens Land" (I, 339). Er hört „jenes einfache Lied" wieder, welches das bekränzte Mädchen im Kahn gesungen hatte. Diesen Tönen läuft er nach. Aber er erreicht nicht Mathilde. Vielmehr geschieht eine symbolische Wandlung, in der sich auch die Umkehr der Zeit spiegelt: „Auf einmal hielt ihn jemand am Gewande zurück. ‚Lieber Heinrich', rief eine bekannte Stimme. Er sah sich um, und Mathilde schloß ihn in ihre Arme. ‚Warum liefst du vor mir, liebes Herz?' sagte sie tiefatmend. ‚Kaum konnte ich dich einholen'." Dieser Umkehrung korrespondiert die Vertauschung von oben und unten: „‚Wo ist der Strom?' rief er mit Tränen. — ‚Siehst du nicht seine blauen Wellen über uns?' Er sah hinauf, und der blaue Strom floß leise über ihrem Haupte." Aber so heimat-

lich ihm zu Sinne ist, nur das Mädchen weiß auf die Frage: „Wo sind wir?..."
die Antwort: „Bei unsern Eltern."

Ein ähnlicher Dialog mit gleicher Rollenverteilung spielt im sogenannten Anfangskapitel des zweiten Teils zwischen Heinrich, dem inzwischen
wirklich der Strom die Braut Mathilde geraubt hat, und dem Mädchen
Zyane. Auf die Frage: „Wo gehn wir denn hin?" antwortet diese Eingeweihte: „Immer nach Hause". Sie wird auch auf die Frage nach den Eltern
antworten. Jetzt, im Traum, genügt dem Jüngling die Antwort Mathildes:
„Bei unsern Eltern." Doch fragt er, der auch als Träumender noch immer
unter dem Schatten der Zeit steht, voller Angst, ob sie zusammen blieben.
„‚Ewig‘, versetzte sie, indem sie ihre Lippen an die seinigen drückte, und
ihn so umschloß, daß sie nicht wieder von ihm konnte. Sie sagte ihm ein
wunderbares geheimes Wort in den Mund, was sein ganzes Wesen durch-
klang."

Den großen Traum von der blauen Blume hatte die Stimme der Mutter
in dem Augenblick beendet, als mit der Verwandlung der Blume in das
Mädchen der Sinn des Traumes sich zu enthüllen schien. Auch dieser neue
große Traum endet ähnlich. „Er wollte es wiederholen, als sein Großvater
rief, und er aufwachte. Er hätte sein Leben darum geben mögen, das Wort
noch zu wissen."

Nicht sein Leben opfern, sondern es gewinnen heißt, das Wort zu wissen.
Diese Erkenntnis wird von den Toten verkündigt.[110] Sie sind die Wesen, in
deren Reich, der „alten Welt", der Träumende das geheime Wort erfährt.
Sie fordern die Lebenden auf (I, 354):

> Helft uns nur den Erdgeist binden
> Lernt den Sinn des Todes fassen
> Und das Wort des Lebens finden;
> Einmal kehrt euch um.

Die Umkehr bedeutet den Beginn des neuen goldenen Zeitalters. Das Gedicht „Wenn nicht mehr Zahlen und Figuren" (I, 344) nennt als die welten-
wandelnde Macht, die das goldene Zeitalter herbeiführt, ein geheimes Wort:

> Wenn dann sich wieder Licht und Schatten
> Zu echter Klarheit wieder gatten
> Und man in Märchen und Gedichten
> Erkennt die wahren Weltgeschichten,
> Dann fliegt von Einem geheimen Wort
> Das ganze verkehrte Wesen fort.

Hat es Sinn, nach diesem Wort zu fahnden? Die Vermutung, Novalis habe damit Sophia gemeint, liegt nahe.[111] Aber solche Erklärung macht lediglich aus einem Geheimnis ein allzu leicht zu lösendes Rätsel. Ein Wort, das einfach erschlüsselt werden kann, verliert sein Geheimnis und damit seine Macht. In Klingsohrs Märchen sagt Sophie am Ende, als die Erwartung „erfüllt und übertroffen" ist, die Worte, die gleichermaßen an christliche Mystik wie an das Mysterium von Eleusis erinnern: „Das große Geheimnis ist allen offenbart, und bleibt ewig unergründlich. Aus Schmerzen wird die neue Welt geboren, und in Tränen wird die Asche zum Trank des ewigen Lebens aufgelöst. In jedem wohnt die himmlische Mutter, um jedes Kind ewig zu gebären. Fühlt ihr die süße Geburt im Klopfen eurer Brust?" (I, 312).

Das geheime Wort ist das Symbol der Unergründlichkeit des geoffenbarten Geheimnisses. In dem heimatlichen Reich, wo Blumen und Bäume den Dichter anreden und wo das Mädchen dem Zweifelnden die Ewigkeit ihrer Liebe verkündet, erfährt er durch sie das Wort. Sie sagt es ihm nicht ins Ohr, sondern in den Mund.

Astralis, das siderische Wesen, Heinrich und Mathildes Kind, wird durch einen Kuß gezeugt. An solche Zeugung erinnert die Mitteilung des geheimen Wortes. Die pneumatische Sinnenhaftigkeit, ja Sinnlichkeit ist allen Erleuchtungen eigen, die der werdende Dichter in den Träumen erfährt. Die Flut in der Grotte war eine Auflösung reizender Mädchen, die sich an ihm augenblicklich verkörperten. Das ist eine Erfahrung, wie sie außer dem Träumenden und dem Dichter nur noch den Toten zuteil wird (I, 352):

> Alles was wir nur berühren
> Wird zu heißen Balsamfrüchten
> Wird zu weichen zarten Brüsten,
> Opfer kühner Lust.
> Leiser Wünsche süßes Plaudern
> Hören wir allein, und schauen
> Immerdar in selge Augen
> Schmecken nichts als Mund und Kuß.

Die Unterwelt ist also dem Eingeweihten nicht das Reich der Schatten oder des Schreckens. Sie ist vielmehr ein Teil der höheren Welt.

Von ihr spricht Heinrich, als er Mathilde seine Liebe erklärt. Wortwörtlich wird hier die Liebe erklärt. Die beiden begnügen sich nicht damit, einander ihre Zuneigung zu gestehen und Treue zu schwören. Sie erklären ihre Verbindung als Religion, denn ihre Liebe ist, wie Religion, ein „unendliches

Einverständnis". Das scheint an Friedrich Schlegels LUCINDE zu erinnern, doch ist anderes gemeint. Mathilde scheint jetzt, im Gegensatz zum Mädchen des Traums, zu zweifeln, ob nicht auch diese Liebe der Gefahr des Alterns, dem Schicksal der Zeit unterworfen ist. Da antwortet Heinrich ihr mit einer Anspielung auf die unbekannte heilige Welt, die ihm in den Träumen offenbar geworden ist. „Könntest du nur sehn, wie du mir erscheinst, welches wunderbare Bild deine Gestalt durchdringt und mir überall entgegen leuchtet, du würdest kein Alter fürchten. Deine irdische Gestalt ist nur ein Schatten dieses Bildes. Die irdischen Kräfte ringen und quellen um es festzuhalten, aber die Natur ist noch unreif; das Bild ist ein ewiges Urbild, ein Teil der unbekannten heiligen Welt" (I, 289). Das himmlische Gesicht gehört zu dieser höheren Welt. An ihr hat Teil, wer das Urbild hindurchscheinen sieht. So leben die Liebenden „schon" in der höheren Welt. Sie sind eines Wesens mit den Dichtern und schauen die höhere Welt „auf das innigste", nämlich in der partizipierenden schöpferischen Erinnerung, „mit der irdischen Natur verwebt".

Das Mädchen preist den Geliebten, weil er ihr noch „viel herrliche Sachen" offenbaren werde. Er hingegen glaubt, er verdanke ihr die „Gabe der Weissagung". Damit ist nicht nur eine mantische Fähigkeit gemeint, sondern die Theoria als produktive Schau, die intellektuale Anschauung als Ekstase: „Du wirst mich zu den höchsten Anschauungen begeistern." Solche Anschauung ist göttlich. Ihrer teilhaftig zu werden kommt einer Apotheose, einer Verklärung gleich. So fragen sich die Liebenden, ob ihre Liebe nicht eine Flamme sei, die sie verkläre, und sie meinen es nicht nur beispielhaft: „Wer weiß, ob unsre Liebe nicht dereinst noch zu Flammenfittichen wird, die uns aufheben, und uns in unsre himmlische Heimat tragen, ehe das Alter und der Tod uns erreichen." Der Jüngling, der so spricht, hat noch nicht die ganze Wahrheit seines Traumes begriffen, wie er auch das im Traum geoffenbarte geheime Wort wieder vergessen hat. Denn der Weg in die Heimat führt gerade durch das Reich des Todes. Mathilde muß erst Eurydike sein, daß Heinrich zum Orpheus werde.

Unter den Notizen zum OFTERDINGEN taucht der Orpheus-Mythos an bedeutenden Stellen auf: „... Hinten die Poetisierung der Welt — Herstellung der Märchenwelt. Aussöhnung der christlichen Religion mit der heidnischen. Die Geschichte des Orpheus — der Psyche etc." (I, 347). Ob die Geschichte des Sängers in unmittelbarem Zusammenhang mit der Aussöhnung der christlichen und heidnischen Religion gedacht war, ist nicht sicher. Novalis reiht oft in rascher Assoziation die verschiedensten Einfälle, die in der Niederschrift dann eng zusammenzugehören scheinen. Aber es liegt nahe, daß bei der Idee einer Aussöhnung und Vereinigung der Religionen der Orpheus-Mythos eine zentrale Rolle spielen sollte. Um so eher, als Novalis mit dem antiken Motiv gerade so frei umging wie mit den überlieferten christlichen Elementen. Die Poetisierung der Welt, als Herstellung der Märchenwelt gedacht, ist das Werk des Dichters. Der neue Orpheus ist der Messias des goldenen Zeitalters. Und er führt nicht nur das Christentum in seine dritte Gestalt der universellen Individualität einer neuen Geschichte und neuen Menschheit, von der die EUROPA kündet. Er läßt auch die Antike entstehn, die „unter den Augen und der Seele des Künstlers" wird (II, 640).

In der EUROPA klammert Novalis die Antike aus. Im OFTERDINGEN, der mit der Apotheose des Schöpfertums die ganze Schöpfung des Geistes umfassen sollte, muß die Antike eingeholt und zugleich aufgehoben werden. Denn die Heraufkunft des goldenen Zeitalters, im Schicksal des Dichters symbolisiert, soll mit der Poetisierung der Welt auch die Geschichte aufheben und den bloßen Ablauf in den mythischen Kreis von Wiederkehr und Wiedererinnerung hinüberführen.

Zeugnisse aus der Jugendzeit bestätigen, daß Novalis schon früh von der Figur des archaischen Sängers fasziniert war. Aus dem vierten Buch von Vergils Georgika hat er in drei Fassungen die Verse von der Hadeswanderung des Orpheus übersetzt (I, 552). Und er hat sich Orpheus zum Thema eines Epos gewählt, von dem wenigstens ein größerer Anfang geschrieben wurde (I, 547).[112]

Als ein paar Jahre später die junge Braut Sophie von Kühn starb, mußte die antike Dichtersage für Novalis tiefere Bedeutung gewinnen oder gar zu einem Paradigma des eigenen Schicksals werden.[113] Der verstorbenen Geliebten nachzufolgen, ihr nachzusterben, war Novalis zunächst gewillt. Dieser Plan wurde schon bald gegen andere Pläne abgewogen. Eine Schlüsselmaxime des BROUILLONS spricht bereits von der Kunst, alles in Sofieen zu verwandeln (III, 408). Doch wird hinzugefügt: „... oder umgekehrt."

Zugespitzt ließe sich von den enzyklopädistischen Plänen sagen, daß sie ein Versuch waren, „alles" in Sophie zu verwandeln. Der OFTERDINGEN hingegen hätte zeigen können, wie Sophie in alles verwandelt wird. Alles in Sophie zu verwandeln, wäre die Kunst des echten Enzyklopädisten. Für die umgekehrte Metamorphose bedarf es der Kunst des Dichters. Diese Kunst entfaltet sich am besten durch ein dichterisches Medium, also durch jenes Gemüt, das seiner ganzen Anlage nach poetisch ist. Heinrich wird zum Dichter reif, bedeutet dann aufzuzeigen, wie genau das dichterische Gemüt mit der Natur und der Geschichte übereinstimmt.

Eine Entdeckung, ja Offenbarung, die durch die Träume und durch die Liebe geschieht, ist eine Wiedererinnerung. Der Weg führt immer nach Hause. Er führt durch alle Reiche und Bereiche, und der ihn geht, wird durch diese Wanderung verklärt.

> Die Welt wird Traum, der Traum wird Welt,
> Und was man geglaubt, es sei geschehn,
> Kann man von weitem erst kommen sehn.

Die Verse stehen in dem großen Gedicht „Astralis" (I, 317), dem Eröffnungsgesang des zweiten Teiles. Astralis, wie in alten Mythen durch den Kuß der Liebenden gezeugt, ist der siderische Mensch, der in der Verklärung lebt. Die Genesis dieses Wesens, das die Poesie selbst verkörpert [114], erinnert an die Initiation des werdenden Dichters durch den Traum:

> Schnell schossen, wie ich selber mich begann,
> Zu irdschen Sinnen die Gedanken an.
> Noch war ich blind, doch schwankten lichte Sterne
> Durch meines Wesens wunderbare Ferne,
> Nichts war noch nah, ich fand mich nur von weiten,
> Ein Anklang alter, so wie künftger Zeiten.

Wie die „in Lieb und Wollust" immerdar versunkenen Toten verkündet auch Astralis: „Wollust ist meines Daseins Zeugungskraft." Das siderische Wesen schildert seine eigene Entstehung mit den Symbolen der Flut und der Blume, die auch in den Träumen des werdenden Dichters auftauchen. Astralis ist die Gewähr dafür, daß „die neue Welt" hereinbricht und „der Liebe Reich" aufgetan ist. Es ist eine Welt, in der „Wehmut und Wollust, Tod und Leben" in innigster Sympathie sind.

Die chiliastische Hoffnung richtet sich also nicht auf eine Welt, in der der Tod überwunden ist. Gerade die Toten sind es, die am Ende ihres Liedes die Lebenden zur Umkehr auffordern, durch die die neue Welt ihren Anfang nimmt und die Zeit des „Erdgeistes" endet. Den Sinn des Todes zu fassen bedeutet danach, „das Wort des Lebens finden" (I, 354). Das Reich des Erdgeistes ist also das Reich des unverstandenen Todes, eine „trübe Welt" (I, 319, 354). In dieser trüben, bleichen Welt herrschen die Ordnungen von Raum und Zeit, Innen und Außen, Oben und Unten, Tag und Nacht, Licht und Schatten. Und es gibt da noch den Wechsel der Jahreszeiten. Wenn die neue Welt beginnt, werden diese Ordnungen überwunden. Die neue Welt ist das Reich der Ewigkeit und der Liebe, und es ist das Reich der Phantasie und der Fabel. Nicht mehr Schicksal und Verhängnis herrschen. Statt der Parzen spinnt die Fabel die Fäden, und sie singt zugleich. Ihr Gewirk, das Urspiel jeder Natur entwerfend, ist die tönende Figur des großen Weltgemütes selbst.

Der Messias des goldenen Zeitalters ist Orpheus, der ewige Sänger der Sage und Legende, das Urbild des magischen Poeten. Dieses Urbild inkarniert sich in jedem Dichter. Die orphische Parusie ereignet sich also in jeder echten Dichtung. Sie geschieht freilich nur, wenn der Sinn des Todes recht erfaßt, wenn die innigste Sympathie von Tod und Leben erfahren wird. Im Gespräch zwischen Klingsohr und Heinrich über die Poesie wird als Ursprung der Poesie die Freude genannt, „das, was außer der Welt ist, in ihr zu offenbaren". Nichts scheint so außer der Welt zu sein wie der Tod. Der Dichter, zuerst durch die Liebe, die „höchste Naturpoesie" (I, 287) erweckt, kann erst zum Verkündiger der innigsten Sympathie von Tod und Leben werden, nachdem der Tod ihm die Geliebte geraubt hat. Denn durch diesen Raub wird ihm die Frage nach dem Sinn des Todes zur Suche nach der verlorenen Geliebten.

Wie alle Ereignisse, so war auch das schrecklichste, der Tod der Geliebten, dem werdenden Dichter in einem Traum offenbart worden. Und weil im Traum alle Gesetze des Erdgeistes schon aufgehoben sind, durfte der Träumende auch die Wiedervereinigung im Totenreich schauen. Gegenüber solcher Schau wiegt gering, was auf der trüben Welt geschieht. So endet denn der erste Teil des OFTERDINGEN nicht, wie man nach der Schilderung des Augsburger Festes noch erwarten könnte, mit der Erzählung von der tödlichen Flußfahrt. Statt dessen erzählt Klingsohr ein Märchen. Es ist die große Parabel vom Streit der Mächte, der der Wiederkunft des goldenen Zeitalters unmittelbar voraufgeht. Als Achse des ganzen Romans ist dieses Märchen das Ziel des ersten Teiles, der „Erwartung", und damit der Drehpunkt, von dem aus der nächste Teil, die „Erfüllung", beginnen sollte. Deshalb erzählt Novalis im Anfangskapitel des zweiten Teiles nicht vom wirklichen Tode Mathildes, sondern setzt ihn voraus, obwohl er im ersten Teil nur durch einen Traum angedeutet worden war.

Eine noch innigere Mischung von Roman und Märchen im zweiten Teil kündigte Novalis am 5. April 1800 Friedrich Schlegel an: „Der Roman soll allmählich in Märchen übergehn." Die Problematik eines solchen Übergangs scheinen die Freunde nicht gesehen zu haben. Zwar schreibt Novalis noch am 18. Juni 1800: „Deinen Tadel fühl ich völlig — diese Ungeschicklichkeit in Übergängen, diese Schwerfälligkeit in der Behandlung des wandelnden und bewegten Lebens ist meine Hauptschwierigkeit." Aber er hielt es für möglich, solche Schwierigkeit durch stilistische Verfeinerung zu beheben: „Geschmeidige Prosa ist mein frommer Wunsch." Dann enthüllt er, freilich ungewollt, die Fragwürdigkeit des kühnen Versuches, die Poesie selbst zum Thema eines Romans zu machen: „Der zweite Teil wird der Kommentar des ersten." Nun kann die „Erwartung" gegenüber der „Erfüllung" schwerlich im Verhältnis eines Grundtextes zu einer Erläuterung stehen. Ohnehin enthält der erste Teil auf weite Strecken bereits Kommentare zu einer sehr dürftigen Handlung. Denn in den zahlreichen Träumen, Gesprächen und Erzählungen wird ja die tragende Geschichte, die Reise und Ankunft des werdenden Dichters, immerzu tiefsinnig ergänzt und erläutert. So sehr, daß die Handlung oft nur mehr der Faden für die aufgereihten poetischen Perlen zu sein scheint.

Das Dilemma wird mit Beginn des zweiten Teiles offenkundig. Ob Novalis an diesem Anfang festgehalten hätte, ist so ungewiß, wie jede Rekonstruktion des weiteren Fortgangs mit Hilfe der vorhandenen Notizen fragwürdig ist. Doch darf man das Bruchstück des zweiten Teils wenigstens als Ergänzung des abgeschlossenen ersten benützen. Schon an diesem Fragment werden die immanenten Schwierigkeiten einer Apotheose der Poesie so deutlich, daß Friedrich Schlegels Erinnerung glaubhaft wird: „Noch den letzten Tag sagte er mir, daß er seinen Plan ganz und gar geändert habe" (I, 187). Heinrich wird als ein Pilger eingeführt (I, 319), den die entsetzliche Angst und dann die trockne Kälte der gleichgültigsten Verzweiflung treibe, die Schrecknisse des Gebirges aufzusuchen. Mit einer Eile, die nicht nur überrascht, wenn man sie mit der gelassenen Realistik des WILHELM MEISTER vergleicht, zwingt Novalis die Handlung mit wenigen Sätzen ins Wunderbare. Obwohl der Pilger vom Gebirge, dem Ziel seiner Reise, gar nichts mehr erhofft, bricht doch bereits bei der ersten Rast — „als er sich auf einen Stein setzte und den Blick rückwärts wandte" — sein Inneres. Dem Schluchzenden wird nicht nur die Welt schon wieder gegenwärtig, auch alte Gedanken fangen „tröstlich zu reden an". Und wie früher redet auch wieder die Natur. Während der Wanderer noch auf den Spiegel des „furchtbaren, geheimnisvollen Stroms" blickt, sprechen bereits Wald und Gebirge zu ihm: „... Vertraue du uns, Pilgrim, es ist auch unser Feind, den wir selbst erzeugten — Laß ihn eilen mit seinem Raub, er entflieht uns nicht."

Bis zur Wiederkehr dieser Persephone muß jedoch nicht erst ein Winter vergehen. Sie spricht augenblicklich aus einem Baum zu dem Pilger, und der erkennt staunend Mathildens Stimme. Und nicht nur eine wunderbare Botschaft wird ihm zuteil, sondern auch eine nicht weniger wunderbare Vision: ein Blick ins Paradies, voll der schönsten menschlichen Gestalten, ganz vorn die Geliebte. Audition und Vision vollenden, was in den früheren Träumen als Initiation begonnen wurde. „... es dünkte ihm nunmehr alles viel bekannter und weissagender, als ehemals, so daß ihm der Tod, wie eine höhere Offenbarung des Lebens, erschien, und er sein eignes, schnell vorübergehendes Dasein mit kindlicher, heitrer Rührung betrachtete. Zukunft und Vergangenheit hatten sich in ihm berührt und einen innigen Verein geschlossen." Um den neuen Zustand solcher Erfüllung zu schildern, greift Novalis nach dem alten verbrauchten Metaphernschatz, der längst in der Erbauungsliteratur kümmerliche Blüten trieb: „Er stand weit außer der Gegenwart und die Welt ward ihm erst teuer, wie er sie verloren hatte, und sich nur als Fremdling in ihr fand, der ihre weiten, bunten Säle noch eine kurze Weile durchwandern sollte."

Besitzt ein solcher Wanderer die Fähigkeit, „in" der Welt zu offenbaren, was „außer" ihr ist? Die Fähigkeit hätte sich beim Gang durch die weiten bunten Säle zu entfalten. Aber wenig spricht dafür, daß Novalis bei längerem Leben diese Offenbarung, die Poetisierung der Welt selbst, gelungen wäre. Friedrich Schlegels frühe Hoffnung auf eine „esoterische Dichtung" glaubte 1803 im OFTERDINGEN ein Beispiel für den „Übergang vom Roman zur Mythologie" zu erblicken.[115] Schlegel selbst hat an dieser Hoffnung nicht lange festhalten können.

Der erste und einzige Saal, der im Fragment des zweiten Teiles vorgeführt wird, ist wiederum nur die blasse Szenerie für eines der vielen Gespräche, deren Heinrich von Anfang an teilhaftig wird.[116] Sein Partner ist jetzt der Arzt Sylvester, von allen Alten der Weisesten einer. Ihm ist einst schon Heinrichs Vater als junger Mann im Süden begegnet, und schon damals war Sylvester ein alter Mann. Ja, als Sylvesters Gast träumte schon Heinrichs Vater von der blauen Blume. Doch blieb der Traum ohne die Wirkung, die er dann bei dem Sohn haben sollte.

Sowenig wie die früheren Gespräche ist dieses ein sokratischer Dialog. Weder wird mit Hilfe der Ironie ein Wissen als ein Nichtwissen entlarvt und ein vorgebliches Nichtwissen als Einsicht enthüllt; noch werden die Meinungen gegeneinander gestellt, bis hinter ihrem Anschein die Wahrheit aufschimmert. Ein Wettkampf findet ohnehin nicht statt. Vielmehr wird in wohlgesetzten Worten eine umfassende Weltansicht verkündet. Zwar fragt der Jüngere den Uralten ein paarmal, aber die rhetorische Verzögerung dient immer nur dazu, die Übereinstimmung der Sprechenden noch deutlicher zu machen. Die mangelnde Erfahrung des Jünglings ist dem alten Mann kein Grund, an der Tiefe der Einsicht zu zweifeln, er fühlt sich im Gegenteil nur bestätigt: „Die Unschuld Eures Herzens macht Euch zum Propheten." Prophet heißt hier zugleich Dichter: „Euch wird alles verständlich werden, und die Welt und ihre Geschichte verwandelt sich Euch in die Heilige Schrift…" Auch das ist dem werdenden Dichter nichts Neues, hat er doch selbst zuvor dem Arzt eröffnet, daß die Bibel und die Fabellehre „Sternbilder eines Umlaufs" seien.

Heinrich und Sylvester unterscheiden sich bei aller Übereinstimmung doch nicht nur durch das Alter. Sie sind auch auf verschiedenen Wegen zum selben „Weltbild" gekommen. Das Wort fällt in der Tat (I, 331). Sylvester: „Mich hat die Beschäftigung mit der Natur dahin geführt, wohin Euch die Lust und Begeisterung der Sprache gebracht hat" (334). Nun hat Heinrich allerdings bisher zwar mit bereitem Ohr viele Gespräche über die Poesie gehört, selbst aber nur eine einzige Probe der ohnehin erst in Augsburg erlernten Kunst gegeben. Doch ist er so sehr Medium, ja Organon des poetischen Geistes, daß man ihm offenbar sofort ansieht, er sei zum Dichter geboren. Nicht nur Klingsohr oder Sylvester merken das, sondern sogar die prosaischen Kaufleute, in deren Begleitung er nach Augsburg reiste.

Beschäftigung mit der Natur und Begeisterung der Sprache sind die zwei Wege, die zum selben Ziel führen. Novalis hat mit Enthusiasmus sich wechselnd auf beiden Wegen versucht. Die Philosophie ist hier nicht ein dritter Weg, sondern sie gehört zur „Beschäftigung mit der Natur". Beschäftigung ist dabei als Schaffen im Sinne schöpferischer Anschauung zu verstehen. Sylvester zieht in dem Gespräch eine naturphilosophische Summe, in der auch die Rolle des Menschen mit einiger Behutsamkeit umrissen wird. Und Heinrich zieht die Summe aller Gespräche, die er früher schon über die Poesie geführt hat. So tritt neben den naturphilosophischen Extrakt der poetologische. Hier gibt Novalis seine eigensten Überzeugungen kund. Zwischen Novalis und den sprechenden Personen seines Romans bleibt nur die schmale Distanz der künstlich vereinfachten Sprache.

Der Anfang des zweiten Teiles, der mit der Erfüllung die Apotheose der Poesie vorbereiten sollte, verläuft sich in einer theoretischen Konfession. Sie ist zwar wertvoll als die durchsichtigste Darstellung des Weltbildes von Novalis. Aber sie signalisiert auch das drohende Scheitern des OFTERDINGEN. Heinrich ist nun endgültig geworden, was er von Anfang an zu werden drohte: ein Sprachrohr, durch das von jenen Wundern geredet wird, die eigentlich im Schicksal dieses Dichters hätten vorgeführt werden sollen. Der Einfall, die tote Mathilde aus einem Baum zu dem verstörten Pilger sprechen zu lassen, trägt nicht und gibt den Weg frei für die platten Nachahmungen der späteren OFTERDINGEN-Enthusiasten. Das gilt auch von der Aufforderung Mathildes, hier ein „starkes warmes Haus", also wohl eine Kirche, für sich und ihr Kindlein zu bauen. Daß dem Pilger noch ein Verweilen auf Erden und Tröstung durch ein stellvertretendes Mädchen prophezeit wird, nimmt man, nicht wegen der möglichen biographischen Anspielung auf die zweite Braut, Julie von Charpentier, sondern wegen der romantechnischen Notwendigkeit in Kauf. Aber gegen die ohnehin sehr idealische Mathilde wirkt diese Zyane so blaß wie die konventionelle Paradiesesvision des Pilgers gegenüber den zauberischen Traumvisionen am Anfang des Romans.

Man kann sich schwer vorstellen, wie von da aus eine rückkehrende Überhöhung der Initiationsträume des ersten Teils hätte möglich sein sollen. Und man kann sich nicht ausmalen, wie die faszinierende Künstlichkeit von Klingsohrs parabolischem Märchen ihr Gegenstück im märchenhaften Schicksal des Dichters als durchsichtige einfache Wirklichkeit der poetisierten höheren Welt hätte finden können.

Was Novalis in den Gesprächen des OFTERDINGEN an poetologischen Einsichten preisgibt, hätte er ebensogut in einem Traktat vermitteln können. Eine Abhandlung oder Rede von der Art der EUROPA wäre am ehesten eine passende Form dafür gewesen. Die durch Klingsohrs Mund verkündete Wahrheit gilt für Novalis selbst: „Der Stoff ist nicht der Zweck der Kunst, aber die Ausführung ist es" (I, 286). Weil aber der Stoff dieses Buches die Poesie ist, bleibt für die Ausführung als Zweck auch nur der Stoff übrig, und so wird denn immerzu von der Dichtung oder ihrer natürlichen Schwester, der Liebe, geredet. Alles dreht sich im Kreis.

Nun ist freilich der Kreis die angemessene Figur für eine Bewegung, die ausdrücklich das Ganze zu entwerfen versucht. „Man verstünde die Sache nur, wenn man sie hätte?" Das fragt in der Tat Heinrich (I, 331) und Sylvester antwortet schon gar nicht erst mit einem Ja, so selbstverständlich ist ihm dieser Kernsatz aller spekulativen Erfahrung. Der Satz ist zugleich die Grundformel für den OFTERDINGEN, dem der Kreis als Schema von Erinnerung, Wiederkehr und Heimkunft zugrunde liegt. Da nun das Thema des Romans die Poesie selbst, die Weltschöpfung im Wort und durch das Wort ist, und da solche Schöpfung als Wiedererinnerung und Entdeckung der im Wort verborgenen Idee geschieht, kann die Entwicklung nur vom Anfang zum Ursprung verlaufen. Eine solche Kreisbewegung widerspricht oder widerstrebt zumindest den Gesetzen des Romans. Als Handlung verläuft er linear, und mag sich die Linie auch runden, ihr Leben erhält sie allein von der vorwärtstreibenden Bewegung, ob diese nun nach innen oder nach außen gerichtet ist.

Betrachtet man den OFTERDINGEN innerhalb der Tradition des europäischen Romans, so ergreift es, Novalis scheitern zu sehen. Gewillt, den Roman zur Reinheit einer absoluten Dichtung zu erheben — auch dies ist eine Übersetzung der „Apotheose der Poesie" — verstößt Novalis immerzu gegen das Gesetz, das allein die Selbstaufhebung verhindern kann. Unter den Notizen zum OFTERDINGEN findet sich das Wort von der „passiven Natur des Romanhelden. Er ist das Organ des Dichters im Roman" (III, 639 f.). Wem gilt die Warnung, die Novalis unmittelbar danach notiert? „Die Poesie muß nie der Hauptstoff, immer nur das Wunderbare seyn. / Man sollte nichts *darstellen*, was man nicht völlig übersähe, deutlich vernähme, und ganz Meister desselben wäre — z. B. bey *Darstellungen des Übersinnlichen.*"

Mit sicherem Gefühl hatte Goethe darauf verzichtet, als Helden auch nur einen rechten Schauspieler, geschweige einen Dichter zu wählen. Als Schauspieler wie als Dichter bleibt Wilhelm Meister Dilettant. So wird vermieden, daß die Entwicklung als Thema und die Handlung als Bewegungsmittel dieses Themas von der Reflexion des schöpferischen Aktes aufgezehrt wird.

Solche Einsicht leitet und schützt noch einen Marcel Proust. Von dessen Werk ließe sich wirklich sagen, hier werde ein Dichter reif und, wo nicht verklärt, so doch zur Dichtung befreit. Aber das Thema bleibt die Suche, also die Erwartung, und der Kreis, der das Werk ist, schließt sich, als die verlorene Zeit wiedergefunden wird. Die Erfüllung ist bei Proust nur die Schließe, die die beiden Enden der zum Kreis gebogenen Zeit zusammenhält. Das erzählende Medium in Prousts Roman ist eine ähnlich passive Natur wie der Heinrich des Novalis. Aber dieses Medium ist bei Proust am Ende des Romans aufgebraucht. Es verschwindet mit der Geburt des Dichters. Denn nun, am Ende der Recherche und am Beginn des schöpferischen Aktes, endet auch die Desillusionierung. Und jetzt, wo es keine Illusion mehr zu zerstören gibt, transzendiert das illusionäre Dasein zur Kunst. Deshalb führt die Suche nach der verlorenen Zeit durch alle Stadien der Desillusionierung hindurch nicht zur Resignation, sondern zur Dauer. Schein und Wirklichkeit haben sich umgekehrt, denn die Wirklichkeit war nicht die Wahrheit. Diese schimmert im schönen Schein auf: Die Kunst, und nichts als die Kunst, denn in dieser allein lebt die Wahrheit der Dauer.

Auch Goethes MEISTER ist die Geschichte einer großen Desillusionierung, die nicht zur Resignation führt. Hier steht am Ende als dem wirklichen Anfang freilich nicht die Kunst, sondern die Bildung. Sie soll die Dinge in eine Ordnung setzen, in der auch die Kunst ihren Ort hat. Die Maßlosen gehen zugrunde. Daß gerade ihnen das Dämonische zugehört, das verlockt und verzaubert, bringt den Widerstreit, der Goethes Roman so reizvoll macht. Wohl ist die wahre Bildung Ökonomie, aber die Dämonen werden nicht verleugnet. Reif sein heißt, mit ihnen leben können.

8. KAPITEL

Die Theorie des Märchens

Schöpfung und absolute Poesie

An Friedrich Schlegel schrieb Novalis, der Roman solle allmählich in Märchen übergehen. Ferner, der zweite Teil werde schon in der Form weit poetischer als der erste. Dann wäre das Märchen die Form für die Apotheose der Poesie, gleichsam die vollendete, absolute Poesie selbst. So ist zu fragen, was Novalis mit dem verheißungsvollen Wort Märchen meint.

Der OFTERDINGEN enthält einige Hinweise. Im Gespräch mit Heinrich sagt Klingsohr, die Poesie ruhe ganz auf Erfahrung. Der alte Dichter warnt davor, die entfernten und unbekannten Gegenstände zum Vorwurf von Gesängen zu machen. Man hat in Klingsohr Züge Goethes vermutet. Ein solcher Ratschlag über die Wahl der Gegenstände könnte wirklich von Goethe stammen. Klingsohr erzählt, daß er in seiner Jugend am liebsten gerade entfernte und unbekannte Gegenstände besungen habe, es sei aber nur leeres, armseliges Wortgeräusch geworden. Weil Poesie ganz auf Erfahrung beruht, und jede Poesie, die über die Erfahrung hinausgeht, unwahr, leer, Wortgeräusch zu werden droht, ist ein Märchen „eine sehr schwierige Aufgabe, und selten wird ein junger Dichter sie gut lösen" (I, 287).

Ein Märchen ist eine Aufgabe. Es ist also machbar wie ein Gedicht. Als Heinrich zu Klingsohr sagt, er möchte gern ein Märchen von ihm hören, antwortet der Ältere denn auch, er werde heute abend diesen Wunsch befriedigen. „Es ist mir eins erinnerlich, was ich noch in ziemlich jungen Jahren machte ..." Novalis war sich bewußt, daß Poesie der Wortbedeutung nach Machen, Herstellen, Verfertigen meint. Er hat in seiner Theorie der Poesie diese Herkunft des Wortes mit der Interpretation der intellektualen Anschauung verknüpft. Wenn er also von der Aufgabe eines Märchens spricht und von einem Märchen sagt, es sei gemacht worden, so ist das im auszeichnenden Sinn gemeint.

Im zitierten Satz findet sich auch noch eine Bemerkung darüber, wie Novalis selbst das große Märchen Klingsohrs einschätzte: „... was ich noch in ziemlich jungen Jahren machte, wovon es auch noch deutliche Spuren an sich trägt ..." Das wurde oft zu wörtlich verstanden und als Beweis dafür genommen, daß Novalis das Märchen schon längere Zeit vor dem OFTER-DINGEN geschrieben und diesem nachträglich eingeordnet habe. Anstatt einer frühen Datierung nachzujagen, die sich inzwischen als verfehlt herausgestellt hat [117], hätte man sinnvoller fragen sollen, warum Novalis eine solche Ein-schränkung machte. Gewiß nicht, um Leser oder gar spätere Forscher auf eine chronologische Fährte zu setzen. Die einschränkende Bemerkung von Klingsohr-Novalis ist sachlich, nicht chronologisch zu deuten.

Das Märchen trage deutliche Spuren an sich, daß es noch in ziemlich jungen Jahren gemacht wurde: Zwischen dem Gegenstand und der Erfahrung ist eine bedenkliche Kluft geblieben. Auch im Märchen wollte Novalis es Goethe nicht nur gleichtun, sondern ihn überwinden. In so weiser wie ironischer Ent-haltsamkeit begnügte sich Goethe damit, für sein MÄRCHEN eine Fabel zu ersinnen, die immer neu zur Deutung verlockt und ewig der eindeutigen Festlegung sich entzieht. In dieser proteischen Phantastik liegt nicht zuletzt der dichterische Zauber von Goethes MÄRCHEN. Novalis mochte sich mit dem freien Spiel des poetischen Geistes nicht bescheiden. Wollte er doch gerade diesen Geist der Poesie, den Goethe nur walten ließ oder nach Meinung von Novalis im WILHELM MEISTER sogar verleugnete und persiflierte, zum „Gesamtwerkzeug" der „gegenwärtigen Welt" (I, 331) und zum Organon für die Gewinnung der höheren Welt machen.

In den UNTERHALTUNGEN DEUTSCHER AUSGEWANDERTEN schickt Goethe dem MÄRCHEN eine kurze Diskussion über die Einbildungskraft voraus. Doch läßt es der Alte in der Runde nicht zu einer rechten Auseinandersetzung kommen: „Fahren Sie nicht fort... Ihre Anforderungen an ein Produkt der Einbildungskraft umständlicher auszuführen. Auch das gehört zum Genuß an solchen Werken, daß wir ohne Forderungen genießen, denn sie selbst kann nicht fordern, sie muß erwarten was ihr geschenkt wird." Dann verspricht er für den Abend ein Märchen, durch das seine Zuhörer „an nichts und an alles erinnert werden sollen". Klingsohr meint, das Märchen, das er heute abend erzählen wolle, werde Heinrich an manches erinnern, was er ihm gesagt habe. Das bezieht sich auf ihr vorangegangenes Gespräch, in dem der alte Dichter dem werdenden ein Kolleg über die Poesie gehalten hat. Gleichviel, ob hier nun eine bewußte oder unbewußte Auseinandersetzung mit Goethe im Spiel war [118] oder ob nur die Konsequenz der Sache wirkte:

Durch Goethe prädestiniert, konnte Novalis von diesem nicht loskommen und mußte ihn, wollte er ihn überwinden, entweder umkehren oder über ihn hinausgehen.

Als Schiller die Hälfte von Goethes Märchen erhielt, lobte er es als bunt und lustig genug, im Voltairischen Geschmack. Er wies auf eine Tendenz hin, die solchen Produkten eigen sei: „Übrigens haben Sie durch diese Behandlungsweise sich die Verbindlichkeit aufgelegt, daß alles Symbol sei. Man kann sich nicht enthalten, in allem eine Bedeutung zu suchen" (29. 8. 1795). Deutungsversuche gab es bald genug, Goethe sammelte sie amüsiert, für was sie ihm als Beispiele dienten, kann man ahnen. Selbst eine Deutung zu geben, weigerte er sich. Wie hätte er als Dichter es über sich bringen sollen, das rhapsodische Rätsel aus der poetisch-traumhaften Sphäre in eine Atmosphäre zu versetzen, in der es zerfallen mußte?

Die Rätsel des Ofterdingen, des Märchens zumal, wollten die Freunde offenbar vom Dichter selbst gelöst wissen.[119] Und Novalis zögerte nicht, zur Lösung beizutragen. So schrieb er am 18. Juni 1800 an Friedrich Schlegel: „Die Antipathie gegen Licht und Schatten, die Sehnsucht nach klarem, heißem, durchdringendem Äther, das *Unbekanntheilige,* die Vesta in Sophien, die Vermischung des Romantischen aller Zeiten, der petrifizierende und petrifizierte Verstand, Arctur, der Zufall, der Geist des Lebens, einzelne Züge bloß, als Arabesken — so betrachte nun mein Märchen."

Selbst das Wort Arabeske ist hier nicht im Sinne eines unverbindlichen ornamentalen Spiels zu verstehen. Es dürfte noch anklingen, was Friedrich Schlegel zur selben Zeit im Gespräch über die Poesie darunter versteht: Die Arabeske wird eine ganz bestimmte und wesentliche Form oder Äußerungsart der Poesie genannt, ja sogar als die älteste und ursprüngliche Form der menschlichen Phantasie umschrieben.[120] Sind schon die einzelnen Züge des Klingsohr-Märchens als Arabesken nicht ohne Bedeutung, so darf man vom Ganzen sagen, es sei eine Komposition aus lauter Bedeutung.

Von diesem Märchen ist behauptet worden, die Ideen seien nicht alle im Symbol gelöst, sondern erschienen zum Teil in Allegorie erstarrt.[121] Einem solchen Urteil liegt die Auffassung zugrunde, daß die Allegorie dem Symbol als ein minderes, unlebendiges Verstandesprodukt gegenüberstehe. Ob eine solche Betrachtungsweise dem so hoch geschätzten Symbol gerecht wird, ist schon zweifelhaft. Gewiß aber verfehlt sie das Wesen der Allegorie gründlich. Das neuere Verständnis von Manierismus und Barock und die wissenschaftliche Entdeckung der Kabbalistik haben auch eine neue Wertung der Allegorie möglich gemacht. Sie hilft nicht nur zu einer gerechteren Deutung barocker Literatur und Kunst. Sie kann auch helfen, Novalis anders zu lesen als mit der Brille, durch die man im Symbol nur die erscheinende oder aufgelöste Idee, in der Allegorie den durch ein Bild oder eine Personifikation präsentierten Begriff sieht. Walter Benjamin, der spekulative Interpret der Barockliteratur, hat denn auch angemerkt, daß Novalis an den wenigen Stellen, die den Gegenstand streifen, vom Wesen der Allegorie eine tiefe Kunde erweise.[122] Das gilt nicht nur von den theoretischen Bemerkungen, sondern auch von den Dichtungen. Das Wort von der tiefen Kunde ist trefflich, denn es bezeichnet genau die Weise, wie Novalis divinatorisch zur Allegorie fand: Durch den Entwurf eines Weltbildes, in dem sich gleichsam ontogenetisch die Phylogenese von Neuplatonismus und Kabbalistik wiederholte.

Im ALLGEMEINEN BROUILLON notierte sich Novalis unter dem Stichwort „Romantik etc." Gedanken über das Märchen (III, 280). Nach einer Aufzählung, die mit den Volksmärchen von Musaeus schließt, schlägt er den Bogen zum romantischen Geist der neueren Romane, Meister, Werther, kommt wieder zu den Märchen, griechischen und indischen, zurück. Weil ihm die indischen Märchen wohl für die älteste Zeit stehen mochten, die ja am unmittelbarsten in die Zukunft der Wiederkehr weist, kommt Novalis folgerichtig dann auf die machbaren, die zu machenden Märchen: „Indische Märchen. Neue originelle Märchen." Daran schließt sich eine Betrachtung über das „echte" Märchen. Als ein solches darf durchaus, wenn nicht gar in ausgezeichneter Weise das „neue" gelten. Denn als originelles ist es nicht nur dem Bildungsgesetz der Einbildungskraft gemäß eigenwillig, sondern wortwörtlich originell, nämlich ursprünglich. Der kleine theoretische Entwurf läuft denn auch darauf hinaus, das echte Märchen müsse zugleich prophetische, idealische und absolut notwendige Darstellung sein. Ferner wird der echte Märchendichter Seher der Zukunft genannt und diese Bestimmung mit dem Hinweis auf die Vollendung der Geschichte als Wiederkehr des Ursprungs erklärt: „Mit der Zeit muß die Geschichte Märchen werden — sie wird wieder, wie sie anfieng."

Zwischen dieser Bestimmung des Märchendichters als Seher der Zukunft und der vorausgehenden Forderung, neue Märchen zu schaffen, steht der Entwurf des echten Märchens. In einem solchen müsse alles wunderbar, geheimnisvoll und unzusammenhängend sein. Damit sind keine vieldeutig rätselhaften oder überraschenden Effekte gemeint. Vielmehr dürften die Worte geheimnisvoll und unzusammenhängend im Sinne der folgenden Erklärungen zu verstehen sein: „Die ganze Natur muß auf eine wunderliche

Art mit der ganzen Geisterwelt vermischt seyn." Die wunderliche Vermischung von Natur und Geisterwelt erscheint uns geheimnisvoll, weil wir weder das Geheimnis der Natur noch das der Geisterwelt kennen. Wir wissen deshalb auch nicht, daß sie zusammen ein Ganzes bilden. Genauer, sie bilden sich als das Ganze. So existieren sie ewig im göttlichen Verstande. Kraft der intellektualen Anschauung des dichterischen Gemüts sollen sie sich in der Einheit von Schicksal, Geschichte und Gemüt entfalten.

Geisterwelt ist bei Novalis mit der höheren Welt gleichzusetzen. Im Verhältnis von Körper und Geist spiegelt sich das Gesamtverhältnis von Natur und Geist. Geist ist hier als konkrete Welt der Geister im Sinne lebendiger Ideen zu verstehen. Die Poetologie oder Schöpfungslehre von Novalis hat den Glauben zur Voraussetzung, daß die Einwirkung und Wechselwirkung von Körper und Geist, von „ganzer Natur" und „ganzer Geisterwelt", erklärbar und durch rechtes Verstehen zu steigern ist. Novalis nennt das magischen Idealismus. Mit sechs Ausrufezeichen und einem zusätzlichen „Falsch" notierte er sich in der Freiberger Zeit Schellings Behauptung, eine Erklärung der Einwirkung des Geistes auf den Körper und umgekehrt sei nach Grundsätzen der Transcendentalphilosophie unmöglich (III, 114).

Im ALLGEMEINEN BROUILLON heißt es in einer Notiz zur „Geisterlehre", die im Umkreis einer Definition des „magischen Idealisten" steht, die Geisterwelt sei uns schon aufgeschlossen, sie sei immer offenbar. Würden wir plötzlich so elastisch, als es nötig wäre, so sähen wir uns mitten unter ihr (III, 301).

Was wir sähen, wäre die „künftige Welt". Von dieser ist auch in der Notiz über das Märchen (III, 280) die Rede. „In der *künftigen* Welt ist alles, wie in der *ehmaligen* Welt — *und doch alles ganz Anders.*" Ein Spiegelbild dieser ehmaligen Welt ist das Märchen. Deshalb kann Novalis, ohne eigens zwischen Märchen und ehmaliger Zeit zu unterscheiden, die Definition des echten Märchens in die Schilderung jener Zeit überführen, die als Geschichte der Natur der Geschichte der Welt entgegengesetzt wird: „Die ganze Natur muß auf eine wunderliche Art mit der ganzen Geisterwelt vermischt seyn. Die Zeit der allgemeinen Anarchie — Gesezlosigkeit — Freyheit — der *Naturstand* der *Natur* — die Zeit vor der *Welt* (Staat). Diese Zeit vor der Welt liefert gleichsam die zerstreuten Züge der *Zeit nach der Welt* — wie der Naturzustand ein *sonderbares Bild* des ewigen Reichs ist. Die Welt des Märchens ist die *durchausentgegengesezte* Welt der Welt der Wahrheit (Geschichte) — und ebendarum ihr so *durchaus ähnlich* wie das *Chaos* der *vollendeten Schöpfung.*"

Durch die Geschichte vollendet sich die Schöpfung. Die Geschichte ist eschatologisch, weil ihr Ziel, ihr Letztes, mit dem Beginn dieser Vollendung erreicht wird. Die vollendete Schöpfung ist, von der unvollendeten Schöpfung der Welt (Staat) her gesehen, die künftige Welt. In ihr erst wird die Geschichte zur Wahrheit geworden sein.

In dieser künftigen Welt sind Natur und Geisterwelt nicht mehr wunderlich vermischt, sondern die Natur ist als Ganzes in die Geisterwelt heimgekehrt. Ehe sie in den vollendeten Schöpfungsprozeß gerät, also zur Geschichte wird, ist die Natur wohl Freiheit. Aber Freiheit als Gesetzlosigkeit und allgemeine Anarchie: Chaos. Als Anfang ist das Chaos dem Ende, der kosmischen Geisterwelt als vollendeter Schöpfung, entgegengesetzt. Doch ist das Chaos, weil Anfang, dem göttlichen Ursprung wiederum so nahe, daß es der Vollendung ähnlich ist, in der die Schöpfung zur Freiheit des göttlichen Verstandes selbst wird. Das Ineinander von Ursprung, Anfang, Geschichte und Vollendung erscheint bei Novalis deshalb so: „... In der *künftigen* Welt ist alles, wie in der *ehmaligen* Welt — und *doch alles ganz Anders*. Die *künftige* Welt ist das *Vernünftige* Chaos — das Chaos, das sich selbst durchdrang — in sich und außer sich ist — *Chaos* $^{2.}$ oder ∞."

Was uns im echten Märchen unzusammenhängend und geheimnisvoll erscheint, und was der vermeintlichen Anarchie und Gesetzlosigkeit der ehemaligen Zeit vor der Welt des Staates entspricht, ist das Chaos. Die Freiheit der Gesetzlosigkeit würde zur Zerstörung führen, wäre sie nicht die Möglichkeit, als welche sich das Chaos selbst durchdringt.[123]

Von der Selbstdurchdringung handelte bereits ein BLÜTENSTAUB-Fragment (II, 455). Hier ist nicht vom Chaos, sondern vom Genie die Rede. Doch so, daß die Entwicklung des Genies wie die Vorwegnahme der ganzen Weltgeschichte als Prozeß vom undurchdrungenen zum sich selbst durchdringenden Chaos erscheint. Der Natur gelang bisher selten eine vollendete genialische Konstitution, die auf dem Gleichgewicht von äußerem und innerem Sinn beruht. Nur der Zufall schuf die glücklichen Augenblicke einer vollkommenen Proportion, denen keine Dauer beschieden war. „Das erste Genie, das sich selbst durchdrang, fand hier den Keim einer unermeßlichen Welt". Die unermeßliche Welt heißt in der späteren Bemerkung über das echte Märchen künftige Welt, vollendete Schöpfung, Chaos, das kraft der Selbstdurchdringung vernünftig ist. Vernünftig ist nicht als Beschränkung, sondern als Potenzierung zu verstehen. Dieses vernünftige Chaos ist unendlich, in sich und außer sich. Dem entspricht, daß das erste Genie, das sich selbst durchdringt, „hier", nämlich zugleich in sich wie im Prozeß der Durchdringung, den Keim einer unermeßlichen Welt entdeckt. Es partizipiert an dieser Welt, indem es sie, während es sich selbst durchdringt, entwickelt. So macht das Genie eine Entdeckung, „die die merkwürdigste in der Weltgeschichte seyn mußte, denn es beginnt damit eine ganz neue Epoche der Menschheit, und auf dieser Stufe wird erst wahre Geschichte aller Art möglich".

Wahre Geschichte aller Art heißt in der Märchen-Notiz des ALLGEMEINEN BROUILLONS „Welt der Wahrheit (Geschichte)". Sie ist der Welt des Märchens durchaus entgegengesetzt und ihr deshalb durchaus ähnlich. Die wahre Geschichte wird dem BLÜTENSTAUB-Fragment zufolge möglich, weil „der Weg, der bisher zurückgelegt wurde", nun „ein eignes, durchaus erklärbares Ganzes" ausmacht. Erklärung kann hier nicht einfach nachzeichnende Auslegung der bisherigen Geschichte bedeuten, denn Novalis bestimmt sie mit dem abschließenden Satz: „Jene Stelle außer der Welt ist gegeben, und Archimedes kann nun sein Versprechen erfüllen." Die bisherige Geschichte erklären heißt also, die Welt dieser Geschichte von einem außerhalb ihrer selbst liegenden Punkt aus zu bewegen. Der Archimedes der Weltgeschichte ist der Dichter. Denn er ist „Repraesentant des Genius der Menschheit" (II, 446). Das Genie, das sich selbst durchdringt, ist Poet, Schöpfer, Dichter.

Da die Zeit „vor der Welt" die zerstreuten Züge „nach der Welt" liefert, und da das echte Märchen diese vorweltliche Zeit spiegelt, wird es zur prophetischen Darstellung. Novalis nennt sie auch eine idealische und absolut notwendige. Idealisch ist sie, weil in ihr die Ideen noch als Verheißungen erscheinen, die auf die vollendete Schöpfung vorausweisen. Für diesen Zustand gebraucht Novalis gerne die Metaphern Blume, Blüte, auch Jugend oder Kind. Die Schlüssel-Notiz über das Märchen verweist denn auch schließlich auf ein „wahrhaftes, synthetisches" Kind. Es wird „idealisch" genannt und für weit klüger und weiser als ein Erwachsener angesehen. So ist es „durchaus ironisches Kind" (III, 281).

Novalis gebraucht Friedrich Schlegels Lieblingsbegriff nur selten. Er sagt einmal, was Schlegel als Ironie bezeichne, sei nichts anderes als die Folge, der Charakter der echten Besonnenheit, der wahrhaften Gegenwart des Geistes (II, 428). Nimmt man hinzu, daß Novalis Ironie gelegentlich auch mit Art und Weise des Gemüts gleichsetzt (II, 613), so erklärt es sich, warum das idealische Kind ironisch genannt werden kann. Die Welt der Dichter ist ja „ihr Gemüt" (I, 266). Und höchst begreiflich scheint es Novalis, „warum am Ende alles Poesie wird — Wird nicht die Welt am Ende, *Gemüth?*" (III, 654).

Diese ganz späte Notiz hilft die frühere These zu verstehen, daß das Märchen absolut notwendige Darstellung sein müsse. Am Ende wird alles Gemüt, Poesie. Die der vollendeten Schöpfung entgegengesetzte, aber durch die Nähe des Ursprungs doch so ähnliche Welt des Märchens steht nicht unter den blinden Gesetzen der Zeit-Welt. In ihr herrscht Anarchie, das heißt, in ihr ist die Zeit aufhebbar und umkehrbar. Damit wird aber die Freiheit bereits aus einer bloß gesetzlosen zu einer solchen, in der die Freiheit des Absoluten vorweggenommen ist. In der Gemüt gewordenen zukünftigen Welt, im „ewigen Reich", fällt diese Freiheit als absolute dann mit der Notwendigkeit zusammen. In der ehemaligen Welt findet sich die Identität von Freiheit und Notwendigkeit in gleichsam zerstreuten Zügen. Und da das Märchen als Spiegelung der ehemaligen Welt prophetische Darstellung der künftigen ist, muß es absolut notwendige Darstellung sein. Prophetische, idealische und absolut notwendige Darstellung meint jeweils dasselbe unter verschiedenen Gesichtspunkten.

Eine andere Notiz des ALLGEMEINEN BROUILLONS lautet: „Das Mährchen ist gleichsam der *Canon* der *Poesie* — alles poetische muß mährchenhaft seyn. Der Dichter betet den Zufall an" (III, 449). Der erste Satz der Bemerkung galt schon immer gerne als Beleg für eine naive romantische Poetik, aus der man die spekulative Dimension getilgt hatte. Der zweite Satz hingegen stützt die neuere These, Novalis habe in seinen theoretischen Einsichten die moderne Dichtung projektiert. Im einen wie im andern Fall wird der Sinn dieser Notiz nur bedingt getroffen.

Das Märchen ist der Kanon der Poesie, weil die in ihm gespiegelte Zeit vor der Welt gleichsam die zerstreuten Züge der Zeit nach der geschichtlichen Welt liefert, und der Naturstand ein sonderbares Bild des ewigen Reiches ist. Der Kanon ist die Regel jener Gesetzlosigkeit und Anarchie. Die Regel darf, ja muß verbinden, was von der Welt des Gesetzes her gesehen unzusammenhängend, zufällig, chaotisch ist. Aber dieses Chaos hat die Möglichkeit in sich, auf dem Wege der Selbstdurchdringung vernünftig, im Prozeß der Geschichte Wahrheit zu werden. Der Prozeß, in dem die Schöpfung sich vollendet, poetisiert die Welt, verwandelt sie in Gemüt. In dieser künftigen Welt des Gemüts, die als die kommende zugleich ewiges Reich der Geister, der lebendigen Ideen, der Urbilder ist, sind Freiheit und Notwendigkeit eins. Hier herrscht kein ausschließendes Gesetz, sondern das alles einschließende Gesetz der absoluten Freiheit. Von der Welt des einschränkenden und damit ausschließenden Gesetzes her gesehen, muß die absolute Freiheit als Zufall erscheinen.

Der Dichter ist als Schöpfer des Märchens Gesetzgeber der ehemaligen chaotischen Welt und damit zugleich der Prophet der künftigen. Den Zufall betet er an, weil er, anstatt ihn als das Zusammenhanglose zu fürchten, als das einschließende Gesetz der absoluten Freiheit erkennt. Solche Erkenntnis ist intellektuale Anschauung. Durch sie hat der Dichter Teil an der göttlichen Vernunft. Solche Vernunft erschafft denkend, und ihre Schöpfung ist das sich selbst durchdringende vernünftige Chaos. Die vollendete Schöpfung, das ewige Reich, ist die absolute Poesie. Das Märchen, als Form der ehemaligen Welt zugleich Prophetie des ewigen Reiches, ist der Kanon der Poesie: die Regel, nach der das Spiel des Absoluten mit sich selbst auf durchaus entgegengesetzte und doch ganz ähnliche, nämlich analoge Weise gespielt werden kann.

In einer weiteren Notiz aus dieser Zeit (III, 438) sagt Novalis, nichts sei mehr gegen den Geist des Märchens als ein moralisches Fatum, ein gesetzlicher Zusammenhang. Diese Sätze, in denen Bekanntes noch einmal neu formuliert wird, wären eine bloße Variante, wenn sie für sich allein stünden. Aber sie waren nur der Anlaß für eine zunächst überraschende, aber letztlich sehr folgerichtige Assoziation. Nach der Feststellung, im Märchen sei echte Naturanarchie, heißt es nämlich weiter: „*Abstracten* Welt — Traumwelt — Folgerungen von der *Abstraction* etc. auf den Zustand nach dem Tode." Der Begriff der Abstraktion scheint zumindest der gewöhnlichen Vorstellung von der Traumwelt, die ja aus Bildern besteht, zu widersprechen. Wenn gar von der Abstraktion Folgerungen auf den Zustand nach dem Tode gezogen werden sollen, so muß man, will man Novalis nicht einfach höchst zweifelhafte Schwärmerei unterstellen, danach fragen, was hier unter Abstraktion zu verstehen ist.

Die Antwort findet sich in unmittelbarer Nähe dieser Bemerkung. Der ganze Notizen-Komplex entstand während der Lektüre von Tiedemanns „Geist der spekulativen Philosophie".[124] „Die *allgemeinen Ausdrücke* der scholastischen Philosophie haben sehr viel Aehnlichkeit mit *den Zahlen* — daher ihr mystischer Gebrauch — ihre Personification — ihr *musicalischer Genuß* — ihre unendlichfache Combination" (III, 440). Scholastisch ist hier nicht in der späteren Bedeutung als rein historische Bezeichnung der mittelalterlichen Philosophie zu verstehen, sondern meint neuplatonisches, theosophisches und kabbalistisches, kurz, vorkritisches und unaufgeklärtes Denken. Novalis gebraucht das Wort scholastisch wie seine Zeitgenossen, freilich nicht wie diese in tadelndem, sondern in rühmendem Sinn. Auf Plotin weist eine vorangehende stichwortartige Gleichsetzung der Ekstase als innerem

Lichtphänomen mit der intellektualen Anschauung. Als Reflexion und Wei-
terbildung plotinischen Gedankengutes wird denn auch die ganze Notiz
über die Verwandtschaft der abstrakten Ausdrücke mit Dingen einer andern
Welt verständlicher. Begriffe, allgemeine Ausdrücke, sind ebenso wie Zahlen
nicht von den Dingen der wirklichen Welt abgezogene Verstandesprodukte,
sondern wirkende Wesenheiten. Sie als solche Wesenheiten im neuplatonischen Sinn zu setzen, hat Novalis zunächst noch eine gewisse Scheu. Die
Kantische Kritik hat sein Denken doch zu tief beeinflußt. Aber er verkündet
bereits mit dem Staunen des Entdeckers, der sich bestätigt fühlt: „Alles aus
Nichts erschaffne *Reale,* wie z. B. die Zahlen und die abstracten Ausdrücke —
hat eine wunderbare Verwandtschaft mit Dingen einer andern Welt — mit
unendlichen Reihen sonderbarer Combinationen und Verhältnissen — gleichsam mit einer mathematischen und abstracten Welt an sich — mit einer
poetischen mathematischen und abstracten Welt" (III, 440).

Die poetische, mathematisch-abstrakte Welt an sich ist die „andere" Welt,
die Novalis meist die höhere nennt. Im Zusammenhang mit dem Märchen
wurde sie auch die künftige genannt. Die zerstreuten Züge der künftigen
finden sich in der ehemaligen Welt. Ihr entspricht als dichterische Schöpfung
das Märchen. In der scheinbar zusammenhang- und gesetzlosen Naturanarchie der ehemaligen Welt und ihrem Spiegelbild, dem Märchen, müssen auch
die Züge der poetisch-mathematischen abstrakten Welt eingezeichnet sein.
Von allen uns bekannten Zuständen hat der Traum mit dem Märchen die
innigste Verwandtschaft. In Märchen und Traum wird uns die andere Welt
als die höhere offenbar. Sie ist künftig, das heißt sie kommt auf uns zu, weil
wir uns zu ihr hinbewegen. Die Grenze zwischen beiden Welten wird endgültig mit dem Tod überschritten. So ergibt sich der Zusammenhang zwischen
den überraschenden Assoziationen: Märchen — abstrakte Welt — Traumwelt — Folgerungen von der Abstraktion auf den Zustand nach dem Tode
(III, 438).

Weitere Notizen des ALLGEMEINEN BROUILLONS zeigen, wie sehr diese
Märchentheorie Novalis beschäftigt hat. So heißt es noch einmal, ein Märchen
sei eigentlich „wie ein Traumbild — ohne Zusammenhang — ein *Ensemble*
wunderbarer Dinge und Begebenheiten — z. B. eine *musicalische Fantasie* —
die Harmonischen Folgen einer Aeolsharfe — die *Natur selbst*" (III, 454).
Im OFTERDINGEN läßt Novalis Klingsohr sagen, es sei recht übel, daß die
Poesie einen besonderen Namen habe. „Es" sei gar nichts Besonderes, vielmehr
die eigentümliche Handlungsweise des menschlichen Geistes. Die Liebe selbst
sei nichts als die höchste Naturpoesie (I, 287). In diesem Sinn ist es zu ver-

stehen, wenn die musikalische Phantasie nicht mit einem Märchen verglichen, sondern selbst ein Märchen genannt wird und die Natur Märchen heißt.

Wie Klingsohr von der Liebe sagt, sie sei stumm und nur die Poesie könne für sie sprechen, so gilt auch für die Natur, daß sie durch das „höhere Märchen" gleichsam Sprache wird. So heißt es zwar in der Notiz, in der das Märchen Traumbild, Ensemble wunderbarer Dinge genannt wird, es sei eine fremde Einmischung, wenn eine Geschichte ins Märchen gebracht werde. Das wird durch die Aufzählung weiterer „Ensembles" bewiesen, eine „Reihe artiger unterhaltender Versuche — ein abwechselndes Gespräch — eine Redoute" gar als Märchen bezeichnet. Doch dann fährt Novalis fort: „Ein höheres Mährchen wird es, wenn ohne den Geist des Mährchens zu verscheuchen irgend ein *Verstand* — (Zusammenhang, Bedeutung — etc.) hinein gebracht wird" (III, 455).

Die Steigerung des Märchens wäre nicht möglich, stünden dessen Geist und der „Verstand" nicht in einem Verhältnis, das solche Veränderung sogar fordert, anstatt sie bloß geschehen zu lassen. Der Geist des Märchens ist die Freiheit des Naturstandes der Natur, und dieser ist anarchisch, gesetzlos, undurchdrungenes Chaos. Der Verstand, der hineingebracht werden kann und durch den auch Zusammenhang und Bedeutung entstehen, muß ein Teil von jener Vernunft sein, die das Chaos zu durchdringen vermag. Das Chaos, das sich selbst durchdringt, ist als das vernünftige Chaos die künftige Welt. Wenn also der Dichter ein höheres Märchen schafft, wird er zum Propheten des kommenden ewigen Reiches.

Klingsohr nennt das Märchen eine sehr schwierige Aufgabe. Er begründet die Schwierigkeit damit, daß die Poesie ganz auf Erfahrung beruhe. Die Erfahrung, so ließe sich ergänzen, muß Erfahrung jener Vernunft sein, kraft derer sich das Chaos selbst zu durchdringen und zum ewigen Reich zu werden vermag. Nur durch die Teilhabe an dieser Vernunft kann Verstand als Zusammenhang und Bedeutung in das Märchen gebracht werden. Nur dieser Verstand widerspricht nicht dem Geist des Märchens.

Die Kunst eines solchen Verstandes nennt Novalis Abstraktion. Schon vor seinen Neuplatonismus-Studien, die ihn erst seinen vollen Begriff der Abstraktion finden ließen, hatte das Wort für Novalis die Bedeutung eines verwandelnden Mediums: „Vor der Abstrakzion ist alles eins, aber eins wie Chaos; nach der Abstrakzion ist wieder alles vereinigt, aber diese Vereinigung ist eine freie Verbindung selbständiger, selbstbestimmter Wesen. Aus einem Haufen ist eine Gesellschaft geworden, das Chaos ist in eine mannichfaltige Welt verwandelt" (II, 455). Als der Begriff des Chaos spekulative Fülle bekommt, hält Novalis auch am Begriff der Abstraktion fest. Abstraktion ist nun ein anderer Name für die Selbsdurchdringung des Chaos. Und da das durchdrungene Chaos das vernünftige ist, kann man die Abstraktion die Wirkungsweise der Vernunft nennen.

In einer Betrachtung über die Entwicklungsmöglichkeit der „reflektierten" oder „indirekten" Wissenschaften zu kombinatorischen heißt es: „Gedächtnis und Verstand sind jezt isoliert — sie sollen wechselseitig vereinigt werden. Das *Abstracte soll versinnlicht*, und das *Sinnliche abstract* werden — (Entgegengesetzte Operationen — die Eine mit der Andern besteht und vollendet wird. Neue Ansicht von Idealismus und Realismus)" (III, 299). Die neue Ansicht wäre möglich von jenem dritten Ort aus, den Novalis mit seinem magischen Idealismus zu gewinnen hoffte.

Durch Verstand, Zusammenhang und Bedeutung wird das Märchen zu einem höheren. Doch ist die Erhöhung nur möglich, wenn der Verstand dem Geist des Märchens entspricht. Solche Entsprechung ist entgegengesetzte Operation. Das Sinnliche — das Chaos, die Natur im Naturstand, die ehemalige anarchische Welt — wird abstrakt: das Sinnliche nähert sich der künftigen Welt. Solche Annäherung wird durch den prophetischen Dichter als Schöpfer des höheren Märchens verkündet oder gar bewirkt. Möglich ist sie, weil die künftige Welt als ewiges Reich der ehemaligen Welt schon immer vorausgeht. Das ewige Reich ist der Ursprung der ehemaligen Welt. In die neuplatonische Interpretation zurückgedacht: Der Abstraktion als „Dialektik des Aufstiegs [124] und ihrem ekstatischen Ziel ging die Entfaltung voraus, durch die das Abstrakte sinnlich wurde.

Die entgegengesetzten wechselweisen Operationen bestehen miteinander und werden durcheinander vollendet. Und diese Operationen, nämlich die Versinnlichung des Abstrakten und die Abstraktion des Sinnlichen, sind das eigentlich poetische Geschäft, die Aufgabe des Dichters. Im höheren Märchen wird der Dichter dieser Aufgabe am ehesten gerecht, weil in der Versinnlichung des Abstrakten und der Abstraktion des Sinnlichen sich die Selbstdurchdringung des Chaos mit der Vernunft spiegelt.

Die wechselseitige Operation des Abstrakten führt aus der Konsequenz der Sache zu jenen Gebilden, die wir in überkommener Wertung eher allegorisch als symbolisch zu nennen geneigt sind. Bezeichnenderweise unterscheidet Novalis so wenig wie Friedrich Schlegel Allegorie und Symbol in der heute gebräuchlichen Manier. Versteht man den Begriff Allegorie nicht im mindernden Sinne, so darf man Klingsohrs Märchen eine Allegorie der Selbstdurchdringung des Chaos nennen.

In dem erwähnten Brief an Friedrich Schlegel gab Novalis eine knappe
Deutung des Märchens, mehr Hinweis als Erklärung. Der kurze Kommentar
schloß mit dem Satz: „— so betrachte nun mein Märchen." Keine bessere
Ermahnung ließe sich denken. Denn Betrachtung ist die Weise, in der man
am ehesten das Rätsel der Allegorie lösen kann, ohne den Geist des Märchens
zu verletzen. Solche Betrachtung wird das „sonderbare Accompagnement"
der Verstandesphantasien, des abstrakten Spiels mit den inneren Sinnen-
phantasien und dem Bilderspiel entdecken.[125] Wer diese Entdeckung macht,
hat den Zauberstab der Analogie gefunden.

9. KAPITEL

Analogia Poesis

Dialektisches Experiment — Intellektuale Anschauung — Magie

Wie sehr Novalis in der Sphäre des Denkens lebt, das für uns den historischen Namen Neuplatonismus trägt, läßt sich an der Bedeutung seines Analogiebegriffes ablesen. Schon vor der Vermittlung neuplatonischen Gedankengutes durch Tiedemann war Analogie für Novalis ein Leitwort.

Rudolf Haym nannte einst Herder analogiesüchtig.[126] Das Wort gilt für die ganze Epoche. Lavater, ein eher symptomatischer als typischer Repräsentant, ist nicht nur süchtig, sondern analogietrunken. Durch seinen flachen Enthusiasmus ein Gegenstück zu jenen aufgeklärten Kritikern, denen Lichtenbergischer Geist fehlte, ergießt sich Lavater in Gemeinplätzen dieser Art: „Alles, was nicht in Analogie mit uns selbst gebracht werden kann, ist nicht für uns." [127] Auch Novalis entgeht nicht immer dem Taumel des allgemeinen und leeren Konstruierens von Analogien. Aber er entwickelt die Tendenz des Zeitalters so folgerichtig, daß ihr vergessener Anfang wieder an den Tag kommt. Durch seine analogische Theorie hätte Novalis ebensogut das neuplatonische Denken seine Philosophie nennen können, wie er zu Recht Plotin als den für ihn geborenen Philosophen ausgab.

Im ALLGEMEINEN BROUILLON ist von einer Analogistik die Rede. Stichworte wie analogische Poetik, analogische Physiologie, analogische Erregungslehre sind häufig. Analogie und Poesie, analog und poetisch sind für Novalis bedeutungsverwandte, manchmal gar synonyme Worte. Poetisieren ist Analogisieren.[128]

Vom Zauberstab der Analogie wird in der EUROPA gesprochen. Novalis verweist da an die Geschichte, in deren belehrendem Zusammenhang nach Zeitpunkten geforscht werden solle, die mit den gegenwärtigen Tendenzen eine Ähnlichkeit hätten. Aber nicht zur bloßen Erkenntnis der gegenwärtigen Situation vermag die historische Analogie zu verhelfen, sondern zu der Einsicht, jede Staatsumwälzung bleibe eine Sisyphusarbeit, solange der

Staat nicht durch höhere Sehnsucht an den Himmel geknüpft, ihm nicht eine Beziehung auf das Weltall gegeben sei. Man kann diese Geschichtsinterpretation von Novalis analogische Historie nennen. Darunter ist zum einen die durch Analogie gewonnene Einsicht in den Gang der Geschichte zu verstehen. Zum andern die welthistorische Bestimmung, die Geschichte durch Analogie aus dem Reich der Notwendigkeit in das Reich der Freiheit über zu führen.

Unter den Fragmenten aus der ersten Hälfte des Jahres 1798 ragt allein durch die Länge eine Betrachtung über die unsinnliche Erkenntnis hervor (II, 550). Novalis stellt hier bereits eine fundamentale These auf: „Meine Erkenntniß des Ganzen würde also den Character der Analogie haben — diese würde sich aber auf das innigste und unmittelbarste auf die directe und *absolute* Erkenntniß des Gliedes beziehn. Beyde zusammen machten zusammen eine antithetisch synthetische Erkenntniß aus. Sie wäre unmittelbar, und mittelst des Unmittelbaren mittelbar, real und symbolisch zugleich. Alle Analogie ist symbolisch." Die Betrachtung, eher eine kleine Abhandlung als ein Fragment, handelt von der Möglichkeit unsinnlicher Erkenntnis. Sie wird sogleich charakterisiert als unmittelbare.

Der Wille ist spürbar, die durch Kants Kritik gesetzte Grenze zu überschreiten. Weil Novalis sich aber noch nicht durch seinen Philosophen Plotin bestätigt weiß, versucht er zunächst, hypothetisch die Grenze aufzulösen. Er weitet den Sinn-Begriff so sehr, daß schließlich die Grenze zum Horizont wird und das Ganze umschließt. Die Betrachtung beginnt mit dem Satz: „Aller Sinn ist *repraesentativ-symbolisch* — ein Medium." Da später auch alle Analogie für symbolisch erklärt wird, haben wir es nur mit zwei verschiedenen Ausdrucksweisen des „Mediums" zu tun. So wird denn „Sinn" bestimmt als ein Werkzeug, ein Mittel. Sinnliche Erkenntnis ist Erkenntnis durch ein Mittel, mittelbare Erkenntnis. Beim Übergang vom Sinnlichen und Mittelbaren zum Unsinnlichen und Unmittelbaren kommen die Begriffe der Abstraktion und des Absoluten ins Spiel: „Alle Sinnenwahrnehmung ist aus der 2ten Hand." Die Erklärung dieses Satzes macht noch deutlicher, wie weit Novalis sich schon von Kant entfernt hat: „Je eigenthümlicher, je abstracter könnte man sagen, die Vorstellung, Bezeichnung, Nachbildung ist, je unähnlicher dem Gegenstande, dem Reitze, desto unabhängiger, selbständiger ist der Sinn — Bedürfte er nicht einmal einer äußern Veranlassung, so hörte er auf Sinn zu seyn, und wäre ein correspondirendes Wesen." Daß er aufhörte wäre kein Ende, sondern eine Erhöhung. Die Grenze zur übersinnlichen Welt der Geister, der Ideen, der korrespondierenden Wesen wäre überschritten, der Sinn absolut geworden: „Sinn ist ein Werckzeug — ein Mittel. Ein absoluter Sinn wäre Mittel und Zweck zugleich. So ist jedes Ding das *Mittel selbst* es kennen zu lernen — es zu erfahren, oder auf dasselbe zu wircken."

Hier werden Erkenntnis, Erfahrung und Wirkung, also Veränderung, ganz selbstverständlich engstens verbunden. Auf ähnliche Weise verbindet Novalis die Begriffe Erfahrung und Experiment. Erfahrung ist danach nicht nur die durch apriorische Verstandesfunktion geordnete Wahrnehmung. Vielmehr kann alles zum Experiment, alles zum Organ werden. Echte Erfahrung entsteht, wie es dann im ALLGEMEINEN BROUILLON heißt, aus echten Experimenten (III, 391). Kant und Fichte wird ja vorgeworfen, sie wüßten noch nicht mit Leichtigkeit und Mannigfaltigkeit, nämlich poetisch, zu experimentieren. Und es wird die über Kant und Fichte hinausgehende, durch Plotin schon vorweggenommene echte Experimentierkunst gefordert. Die Maxime lautet: „Man muß die Wahrheit überall vergegenwärtigen — überall *repraesentiren* (im thätigen, producirenden Sinn) können" (III, 445).

Von diesen späteren Notizen fällt Licht auf das frühere Fragment (II, 550), in dem behauptet wird, aller Sinn sei repräsentativ, symbolisch, ein Medium. Sinn ist Mittel und Werkzeug, ein absoluter Sinn wäre Mittel und Zweck zugleich. Kants Trennung von Ding als Erscheinung und Ding an sich hypothetisch aufhebend, erklärt Novalis auch die Dinge zu Vermittlungen des Absoluten. Kants Grenzbegriff, das Ding an sich, wird so zwar nicht einfach positiviert, aber dessen rein kritische Negation mediatisiert. Damit ist die theoretische Möglichkeit geschaffen, die phänomenale Welt in die noumenale zu transzendieren. Die Dinge so über die Grenze zu bringen heißt, sie in die Welt der Ideen zurückzutragen.

Die Dinge sind, wie der Sinn, durch die Partizipation am Absoluten repräsentativ und symbolisch. Ihre Erkennbarkeit liegt in ihnen selbst. Erkenntnis aber ist Erfahrung als echtes Experiment, ist Poetisierung der Welt.[129] Sie wird dem philosophischen Poeten zuteil. Er ist zugleich der poetische Philosoph und als solcher „en état de Createur absolu" (III, 415).

Vom Dichter, der durch Denken erschafft, sprechen zwei zusammenhängende Notizen im ALLGEMEINEN BROUILLON (III, 415). Während der Logiker vom Prädikat, der Mathematiker vom Subjekt, der Philosoph von der Copula und der Poet von Prädikat und Subjekt ausgehe, gehe der philosophische Poet „von allen dreien zugleich" aus. Der Zusammenfall von Prädikat, Subjekt und Copula erhebt den philosophischen Poeten in den Stand des absoluten Schöpfers. Auf „diese Art", kommentiert Novalis, würden

schon Kreis und Dreieck „creirt", es komme ihnen nichts zu, als was der
Verfertiger ihnen zukommen lasse. Das zielt nicht auf einen fiktiven Charakter geometrischer Figuren und auch nicht auf ihre Erkennbarkeit, sondern
auf ideales Wesen als wahres Sein. Eine angefügte Erklärung macht die
Nähe zu Plotin noch deutlicher. „Man muß überhaupt immer bedenken —
daß das Höchste, zwar nicht in der wircklichen, aber in der Idealischen
Geschichte *vor* dem Niedrigeren etc. kommt — also auch, wenn der Mathematiker wircklich etwas richtiges thut, so thut ers, als *poetischer philosoph.*"

Dem älteren Fragment (II, 550) zufolge wird der orphische Weise zum
absoluten Schöpfer, indem er das Ding als Mittel seiner Erkennbarkeit entdeckt, und zwar auf diesem Weg: „Um also eine Sache vollständig zu empfinden und kennen zu lernen, müßte ich sie zu meinem Sinn und Gegenstand
zugleich machen — ich müßte *sie beleben* — sie zum absoluten Sinn...
machen."

Was unter „beleben" zu verstehen ist, wird im selben Fragment gesagt:
„Die Belebung ... ist nichts anders, als eine Zueignung, eine Identification.
Ich kann etwas nur erfahren, in so fern ich es in mir aufnehme; es ist also eine
Alienation meiner selbst und eine Zueignung oder Verwandlung einer an-
dern Substanz in die meinige zugleich: das neue Product ist von den beiden
Factoren verschieden, es ist aus beiden gemischt." Als Ineinander von Ent-
äußerung und Zueignung in solchem Sinne betrachtet Novalis ja auch das
Essen und die körperliche Vereinigung. Seine naturphilosophische Theorie
der Ernährung und der Sexualität dürfen als einprägsame Beispiele für die
analogische Symbolisierung gelten.

Der Zueignung wie der Entäußerung sind Grenzen gesetzt. Erst „am
Ende" werden wir „alles in Allem" sein (II, 584). Die Belebung, durch die
ich eine Sache zum absoluten Sinn mache, wird eingeschränkt: „Wenn ich nun
dies aber nicht vollständig *könnte* oder *wollte*, so müßt ich mir einen Theil
derselben — und zwar einen individuellen, ihr ganz eigenthümlichen Theil —
ein Glied zum Sinn machen" (II, 550). Glied als Teil und partieller Sinn ist
für Novalis schon deshalb ein bedeutungsvolles Wort, weil es mit dem Begriff der Kette zusammenhängt. „Jedes Phänomen ist ein Glied einer unermeßlichen Kette — *die alle Phänomene* als Glieder begreift" (III, 574). Die
goldene Kette, die als Symbol der kosmischen Einheit im Neuplatonismus
eine so große Rolle spielt, ist auch bei Novalis das Sinnbild sowohl für den
Zusammenhang des Geschiedenen wie für die durchgängige lebendige
Analogie.

Was entsteht, wenn ein individueller, eigentlicher Teil, kurz, ein Glied zum Sinn gemacht wird? „Ich bekäme eine zugleich mittelbare und unmittelbare — repraesentative und nicht repraesentative, vollkomne und unvollkomne — eigne und nicht eigne, kurz antithetisch synthetische Erkenntniß und Erfahrung von dem Dinge. Das Glied, oder der Sinn würde zugleich Glied und Nicht-Glied seyn, weil ich es durch meine Belebung auf gewisse Weise vom Ganzen abgesondert hätte" (II, 551).

Der Versuch, die Trennung von phänomenaler und noumenaler Welt aufzuheben, führt also zum dialektischen Experiment. Es soll das Problem lösen helfen, das Novalis unmittelbar vor diesem Fragment in der Behauptung versteckt hatte: „Wir werden die Welt verstehn, wenn wir uns selbst verstehn, weil wir und sie integrante *Hälften* sind. Gotteskinder, göttliche Keime sind wir. Einst werden wir seyn, was unser Vater ist" (II, 548). Im großen Fragment über die Möglichkeit unsinnlicher, unmittelbarer Erkenntnis wird die gesetzte Einheit von Welt- und Selbstverständnis daraufhin untersucht, wie sich Welt und Selbst durchdringen: „Nenn ich das ganze Ding Welt, so würde ich ein integrantes Glied der Welt in mir, und das Übrige außer mir haben. Ich würde mir in theoretischer Hinsicht, in Rücksicht dieses Sinns, als abhängig und unter dem Einflusse der Welt erscheinen. Ich würde mich ferner, *in Betreff dieses Sinns*, zu einer Mitwirkung, als Weltglied, genöthigt sehn — denn sonst würd ich meine Absicht bei der Belebung nur unvollständig erreichen."

Was Kant mit der Selbstaffektion des inneren Sinns zwar namhaft macht, aber ausdrücklich für unerklärbar hält, will Novalis durch die Dialektik der integranten Hälften einsichtig werden lassen. So fährt er fort: „Ich würde meinen Sinn, oder Körper, theils durch sich selbst, theils durch die Idee des Ganzen — durch seinen Geist — die Weltseele bestimmt finden und zwar beydes als unzertrennlich vereinigt — so daß man genau weder das Eine noch das andre ausschließend sagen könnte. Mein Körper würde mir nicht specifisch vom Ganzen verschieden — sondern nur als eine Variation desselben vorkommen. Meine Erkenntniß des Ganzen würde also den Character der Analogie haben — diese würde sich aber auf das innigste und unmittelbarste auf die directe und *absolute* Erkenntnis des Gliedes beziehn ... Alle Analogie ist symbolisch. — Ich finde meinen Körper durch sich und die Weltseele zugleich bestimmt und wirksam. Mein Körper ist ein kleines Ganzes, und hat also auch eine besondre Seele; denn ich nenne Seele, wodurch Alles zu Einem Ganzen wird, das individuelle Princip."

Die Idee der symbolischen Analogie wird in einer anderen Notiz von 1798 so variiert: „Unser Körper ist ein *Theil der Welt* — Glied ist besser gesagt:

Es drückt schon die *Selbständigkeit,* die Analogie mit dem Ganzen — kurz den Begriff des Microcosmus aus. Diesem Gliede muß das Ganze entsprechen. So viel Sinne, so viel Modi des Universiums — das Universum völlig ein Analogon des menschlichen Wesens in Leib — Seele und Geist. Dieses Abbreviatur, jenes Elongatur derselben Substanz" (II, 650). Novalis erfindet dafür immer neue Formulierungen. Eine Umkehrung besagt, daß der Mensch „eine Analogieenquelle für das Weltall" sei (II, 610). Die kürzeste Formel lautet: „Der Mensch: Metapher" (II, 561).

Der Mensch wird auch als ein „vollkommner Trope des Geistes" definiert (II, 564). Metapher und Tropus sind wie die Allegorie im Sinne durchgängiger symbolischer Analogie zu verstehen: Sinnbilder des Geistes. In der Nähe der lapidaren Formel vom Menschen als Metapher findet sich ein Versuch von Novalis, seinen Begriff des Symbols vom gewöhnlichen Gebrauch der Ausdrücke Symbol und Allegorie zu unterscheiden: „Bild — nicht Allegorie, nicht Symbol eines Fremden: Symbol von sich selbst" (II, 562). Symbol von sich selbst kann nur sein, was in der Entäußerung und der entsprechenden Zueignung substantiell eins bleibt. Die Dialektik zwischen der substantiellen Einheit und dem Wechselspiel von Entäußerung und Zueignung ist die symbolische Analogie.

Diese Analogie ist lebendig als der wirkende Geist. Dessen Wirkungsweise nennt Novalis „Reiz". Dem Begriff kommt in den naturphilosophischen Spekulationen eine zentrale Rolle zu, denn er dient zur Erklärung physikalischer, chemischer und organischer Vorgänge und Veränderungen. Im Reiz bzw. in der Reizbarkeit waltet die Dialektik der symbolischen Analogie, und zwar als das weltenschaffende Spiel des sich entäußernden und zueignenden Geistes: „Die Frage nach dem *Grunde,* dem Gesetze einer Erscheinung etc. ist eine abstracte, d. h. von dem Gegenstand weg, dem Geiste zu gerichtete Frage. Sie geht auf *Zueignung,* Assimilation des Gegenstandes. Durch Erklärung hört der Gegenstand auf, fremd zu seyn" (II, 646).

Das ist keine erkenntnistheoretische Überlegung, vielmehr wird eine These über die Wirkungsweise des Geistes mit der Sicherheit der Überzeugung vorgetragen. Am Spiel des Geistes hat der Mensch als Metapher oder Trope des Geistes selbst unmittelbaren Anteil. Seine Erkenntnis ist schöpferische Partizipation. Daher nennt Novalis die Frage nach Grund und Gesetz einer Erscheinung eine „abstrakte". Das Wort ist im neuplatonisch anmutenden Sinne als Dialektik des Geistes zu verstehen. Diese Dialektik ist gemeint, wenn in dem Fragment von „Reiz" gesprochen wird: „ . . . Durch Erklärung hört der Gegenstand auf, fremd zu seyn. Der Geist strebt den Reitz zu absorbiren.

Ihn reizt das Fremdartige." Und zwar, weil das Fremdartige in gewisser Weise er selbst ist. Der Geist und das Fremdartige als entäußerter Geist sind analog. Der Geist will das Fremdartige sich zueignen, zu eigen machen und den Reiz, der als die Entfremdung besteht, absorbieren. So reizt ihn das Fremdartige. „Verwandlung des *Fremden* in ein *Eignes*, Zueignung ist also das unaufhörliche Geschäft des Geistes." [130]

Aber nur solange die Entäußerung in Raum und Zeit sich ereignet, solange die Gestalten nicht reine Formen der Ideen sind, ist der Geist von diesem Streben beherrscht. In der künftigen Zeit, die ja nur in negativer Analogie Zeit genannt werden darf und deren besserer Name das ewige Reich wäre, in jenem Chaos also, das sich selbst durchdrungen hat und vernünftig ist, kann der Geist, ohne zur Alienation genötigt zu sein, denkend in den durch Anschauung geschaffenen Urbildern zugleich ganz bei sich und außer sich sein. „Einst soll kein *Reitz* und nichts *Fremdes* mehr seyn — der Geist soll sich selbst fremd und Reitzend seyn, oder absichtlich machen können."

Die Theorie des Märchens ist der Theorie des Geistes analog: „Jezt ist der Geist aus Instinkt Geist — ein Naturgeist — er soll ein Vernunftgeist, aus Besonnenheit und durch *Kunst* Geist seyn." Das dichte Fragment, das mit der Erklärung beginnt, die Frage nach dem Grund einer Erscheinung sei eine abstrakte, nämlich eine vom Gegenstand zum Geist führende Frage, endet folgerichtig mit dem Postulat: „Natur soll Kunst und Kunst 2te Natur werden."

Wenn der Geist im ewigen Reich die Fähigkeit hat, sich ohne Alienation absichtlich fremd und reizend machen zu können, so muß es dem Gesetz der durchgängigen Analogie zufolge auch jetzt, im undurchdrungenen Chaos, eine entsprechende Fähigkeit geben. Es ist der Wille. Das große Fragment von der unsinnlichen oder unmittelbaren Erkenntnis, das mit der Feststellung der Differenz von sinnlicher Wahrnehmung und Abstraktion beginnt, über der Bestimmung von Sinn und Mittel zur analogischen Erkenntnis gelangt und deren Dialektik als symbolische Analogie erklärt, dieses Fragment schließt denn auch mit dem Hinweis: „Ich selbst weis mich, wie ich mich will und will mich, wie ich mich weis — weil ich meinen *Willen will* — weil ich absolut will. In mir ist also Wissen und Willen vollkommen vereinigt."

Seine „Lehre von der Willkür" [131], die aufs engste mit dem Glauben an die symbolische Analogie verknüpft ist, hat Novalis auf hybrid anmutende Weise ausgedrückt. So heißt es etwa im ALLGEMEINEN BROUILLON: „Mein *Wille* nähert sich nachgerade der Vollkommenheit des Willens, den man ausdrückt: Er kann, was er will" (III, 356). In welcher Überzeugung ein solcher Satz jedoch wurzelt, ist einer Betrachtung zu entnehmen, die sich in der Nähe dieser Notiz findet. Sie gilt der Gradation von Glaube und Wille. Hier wird Glauben als Wirkung des Willens auf die Intelligenz bestimmt. Unter Intelligenz ist die schöpferische Vernunft selbst zu verstehen: „Die Wirckung der objectiven Intelligenz wird ein *Object,* ein Naturwesen — die Wirckung der subjectiven Intelligenz — ein Subject, ein Begriff — ein Verstandeswesen seyn." Glaubenskraft und Wille werden identifiziert, der Wille als „Grund der Schöpfung" gesehen und es wird behauptet, aus der Anwendung der Glaubenskraft entstehe allmählich die Welt (III, 354).

Novalis definiert Welt einmal als „Resultat einer Wechselwirkung zwischen mir und der *Gottheit.* Alles was ist und entsteht — entsteht aus einer Geisterberührung" (II, 594). Solche Berührung ist als Wirkung des mit dem Wissen identischen Willens in ihrem Wesen Analogie. Eine Notiz, die vom „Akt der Selbstumarmung" als Lebensprinzip der Liebe handelt, sagt in diesem Sinne: „Zur Welt suchen wir den *Entwurf* — dieser Entwurf sind wir selbst — Was sind wir? personificirte *allmächtige Puncte.* Die Ausführung, als Bild des Entwurfs, muß ihm aber auch in der Freythätigkeit und Selbstbeziehung gleich seyn — und umgekehrt. Das Leben oder das Wesen des Geistes besteht also in Zeugung Gebährung und Erziehung seines Gleichen" (II, 541) [132].

Allmächtig sind wir als personifizierte Punkte durch den Willen. Denn dieser ist als Grund der Schöpfung durch uns an der Bildung der Welt tätig. Der Wille ist Wissen, denn der von uns gesuchte Entwurf sind wir selbst. Finden wir uns selbst, so erkennen wir uns als allmächtige personifizierte Punkte. Die Einheit von Wille und Wissen nennt Novalis schon vor der Plotin-Begegnung intellektuale Anschauung.

Wie weit er diesen Begriff faßt, zeigt ein Fragment, an dessen Ende Fichte gepriesen wird, weil er den tätigen Gebrauch des Denkorgans entdeckt habe. Aber die Frage führt über Fichte hinaus: „Hat Fichte etwa die Gesetze des thätigen Gebrauchs der Organe überhaupt entdeckt. Intellectuale Anschauung ist nicht anders" (II, 583). Von diesem tätigen Gebrauch der Organe sagt Novalis, wir müßten lernen, die inneren Organe unseres Körpers auf dieselbe Weise zu bewegen, hemmen, vereinigen und zu vereinzeln, „wie wir unser Denkorgan in beliebige Bewegung setzen — seine Bewegung beliebig modificiren — dieselbe und ihre Produkte beobachten — und mannichfaltig ausdrücken". Unser ganzer Körper, so wird die Analogie fortgeführt, sei fähig, „vom Geist in beliebige Bewegung gesetzt zu werden". Damit ist natürlich nicht die äußere Veränderung gemeint, sondern es zielt auf die willkürliche, also willentliche Herrschaft über den ganzen Körper.

Durch solche Herrschaft wird nicht nur jeder „sein eigner Arzt" sein und ein genaues Gefühl seines Körpers erwerben, vielmehr wird dann der Mensch „erst wahrhaft unabhängig von der Natur, vielleicht im Stande sogar seyn verlorne Glieder zu restauriren, sich blos durch seinen Willen zu tödten, und dadurch erst wahre Aufschlüsse über Körper- Seele- Welt, Leben-Tod und Geisterwelt zu erlangen."

Die Natur, von der er unabhängig werden soll, ist das undurchdrungene, unvernünftige Chaos, die gebundene Körperlichkeit, in der der Wille noch vom Wissen getrennt und deshalb dumpf, unfrei, Trieb ist. Wenn Wille und Wissen aber zusammenfallen und durch diese Identität absolut werden, hat der Mensch die Fähigkeit erlangt, analog der göttlichen Vernunft zu schaffen. Dann kann er nämlich nicht nur experimentell sich durch seinen Willen töten und so wahres Wissen erlangen, vielmehr: „Es wird vielleicht nur von ihm dann abhängen einen Stoff zu beseelen — Er wird seine Sinne zwingen ihm die Gestalt *zu produciren,* die er verlangt — und im eigentlichsten Sinn in *Seiner* Welt leben können. Dann wird er vermögend seyn sich von seinem Körper zu trennen — wenn er es für gut findet — er wird sehn, hören — und fühlen — was, wie und in welcher Verbindung er will."

Eine solche absolute Schöpfung durch intellektuale Anschauung geht weit hinaus über die am Anfang der Notiz geforderte Analogie zwischen den Bewegungen des Denkorgans und der willkürlichen Tätigkeit der inneren Körperorgane. Das ganze Fragment ist wiederum typisch für die Art, wie Novalis abwägend mit einer noch hypothetisch formulierten Analogie beginnt, dann aber von der möglichen Konsequenz des Gedankens mitgerissen wird und schließlich beim chiliastischen Postulat endet. An diesem Postulat hält er im nächsten Fragment fest und rechtfertigt es mit dem Satz: „Gott will Götter" (II, 584).

In der intellektualen Anschauung der göttlichen Vernunft sind Wissen und Wollen eins. Die Möglichkeit solcher Einheit liegt auch in unserem Denkorgan. Je mehr es uns gelingt, diese Einheit zu verwirklichen, nämlich die Herrschaft dieses Organs zu entwickeln, desto mehr wird die Welt Gott ähnlicher und ihrem Ursprung näher gebracht werden. Solche Rückführung bedarf des Menschen als Mittlers. Erfüllen kann der Mensch diese eigentliche Aufgabe nur, wenn er analog dem göttlichen Verstande, also in der Einheit von Wissen und Willen, zu schaffen vermag. Der Mensch als Ebenbild Gottes

— das wird wortwörtlich im Sinne der symbolischen Analogie als die Aufforderung verstanden, Gott gleich zu werden.

Konsequent erklärt Novalis die „Polarität" als Unvollkommenheit, die einst nicht mehr sein soll (III, 342). Das Böse wird eine Illusion genannt, die notwendig ist wie Irrtum, Schmerz, Häßlichkeit, Disharmonie (III, 417). Das alles sind Unvollkommenheiten, die nur den falschen Schein von Wirklichkeit haben und in dem Grade verschwinden, in dem der Wille eine Weise des Wissens wird. So geht der Notiz über das Böse als notwendiger Illusion die Bemerkung voraus, die elective Freiheit, also die echte Willkür der freien Wahl, sei poetisch: „daher die Moral von Grund aus Poesie ist. Ideal der Alleswollung. Magischer Willen. Sollte jede *freye Wahl* absolut poetisch-moralisch seyn?"

Gott will Götter. Dem Satz (II, 584) folgt die Bemerkung, es hänge von uns ab, uns den Körper zu geben, welchen wir wollten. Und zwar, weil unser Körper nichts als die gemeinschaftliche Zentralwirkung unserer Sinne sei, die wir in beliebige Tätigkeit versetzen können. Wenn aber unsre Sinne Modifikationen des Denkorgans, des absoluten Elementes sind, „so werden wir mit der Herrschaft über dieses Element auch unsre Sinne nach Gefallen modificiren und dirigiren können". Erst von diesem Schluß her werden auch die Eingangssätze des Fragments ganz verständlich. Auf die Frage, was die Natur sei, antwortet Novalis: „ein encyclopaedischer systematischer Index oder Plan unsers Geistes." Unser Geist ist nicht nur Denkorgan, sondern absolutes Organ. Denn als Vernunft ist er der göttlichen Vernunft analog und dadurch intellektuale, hervorbringende Anschauung. Der Plan der Vernunft, ihr Entwurf ist die Natur, das undurchdrungene Chaos, das ehemalige Reich. In ihm spiegelt sich das künftige. Also gilt es, im Chaos die Möglichkeit der Vernunft zu erkennen. In der Natur sollen die zerstreuten Züge des künftigen Reiches entdeckt werden, der enzyklopädische Zusammenhang und der systematische Grund des Ganzen.

Solche Einsicht in den Plan drängt aus sich bereits zu Verwandlung, Entwicklung, Durchdringung und Bildung. Deshalb fügt Novalis unmittelbar an die These von der Natur als dem Plan unseres Geistes die Aufforderung: „Warum wollen wir uns mit dem bloßen Verzeichniß unsrer Schätze begnügen — laßt sie uns selbst besehn — und sie mannichfaltig bearbeiten und benutzen." Benutzen meint hier nicht, die Schätze der Natur auszubeuten. Denn der Entwurf zur Welt, den wir suchen, sind wir ja selbst, und die Natur ist der Schatz, der auf die rechte Weise angeschaut werden soll. So anschauen heißt wissen, und wissen bedeutet, alles sich anverwandeln und alles und sich selbst verwandeln.

Was uns daran hindert, Götter zu werden, ist nicht die Last der Natur, der wir durch unsern Körper anhangen, sondern: „Das Fatum, das uns drückt, ist die Trägheit unsers Geistes. Durch Erweiterung und Bildung unsrer Thätigkeit werden wir uns selbst in das Fatum verwandeln. / Alles scheint auf uns herein zu strömen, weil wir nicht heraus strömen. Wir sind negativ, weil wir wollen" [weil wir negativ sein, nicht heraus strömen wollen] „— je positiver wir werden", [je mehr wir das absolute Element beherrschen und damit Körper und Sinne modifizieren können] „desto negativer wird die Welt um uns her — bis am Ende keine Negation mehr seyn wird — sondern wir alles in Allem sind. / *Gott will Götter.*"

Das Analogon zum absoluten Willen, der Götter will, ist die Fähigkeit, alles Unwillkürliche in ein Willkürliches zu verwandeln (II, 589). Novalis nennt diese Fähigkeit Magie: „Magie ist = Kunst, die Sinnenwelt willkürlich zu gebrauchen" (II, 546). Im Umkreis dieser Definition steht die Erklärung, wie Magie solcher Art möglich ist und wozu sie dient: „Wir haben 2 Systeme von Sinnen, die so verschieden sie auch erscheinen, doch auf das innigste mit einander verwebt sind. Ein System heißt der Körper, Eins, die Seele. Jenes steht in der Abhängigkeit von äußern Reitzen, deren Inbegriff wir die Natur oder die äußre Welt nennen. Dieses steht ursprünglich in der Abhängigkeit eines Inbegriffs innerer Reitze, den wir den Geist nennen, oder die Geisterwelt." Wird Reiz als Dialektik der symbolischen Analogie begriffen, so leuchtet diese Schilderung der beiden Sinnensysteme ebenso ein wie die Darstellung ihres Verhältnisses zueinander: „Gewöhnlich steht dieses letztere System" [die Seele] „in einen Associationsnexus mit dem andern System — und wird von diesem afficirt. Dennoch sind häufige Spuren eines umgekehrten Verhältnisses anzutreffen, und man bemerckt bald, daß beyde Systeme eigentlich in einem Vollkommnen Wechselverhältnisse stehn sollten, in welches jedes von seiner Welt afficirt, einen Einklang, keinen Einton bildeten. Kurz beyde Welten, so wie beyde Systeme sollen eine freye Harmonie, keine Disharmonie oder Monotonie bilden" [133].

Freie Harmonie ist ein anderer Ausdruck für das ewige, künftige Reich. Sein Kommen ist der dialektische Weg von der Monotonie über die Disharmonie: „Der Übergang von Monotonie zur Harmonie wird freylich durch Disharmonie gehn- und nur am Ende wird eine Harmonie entstehn. In der Periode der Magie dient der Körper der Seele, oder der Geisterwelt. *Wahnsinn — Schwärmerey.* / Gemeinschaftlicher Wahnsinn hört auf Wahnsinn zu seyn und wird Magie. Wahnsinn nach Regeln und mit vollem Bewußtseyn. / Alle Künste und Wissenschaften beruhn auf *partiellen Harmonieen*. / Poeten, Wahnsinnige, Heilige, Propheten. /" (II, 547). Das Ende der Notiz ist nicht ohne weiteres verständlich, und man muß andere Bemerkungen zur Erklärung heranziehen.

Im ALLGEMEINEN BROUILLON behauptet Novalis, Kants Frage, ob synthetische Urteile a priori möglich seien, könne auf mannigfaltige Weise spezifisch ausgedrückt werden. Zwei von vielen Umsetzungen dieser Frage lauten: „Lassen sich Verse nach Regeln und ein Wahnwitz nach Grundsätzen denken?", „Ist *Magie* möglich?" (III, 388). In einer anderen Notiz (III, 418), die von der „poetischen Weltform", der fortschreitenden Bildung des Willens und der Wunderwirkung durch Moralität handelt, wird die Kantische Grundfrage, deren Beantwortung ja die eigentliche Aufgabe einer Kritik der reinen Vernunft ist, so übersetzt: „Giebt es eine magische Intelligenz i. e. Vernunft." Die von der Kritik der reinen Vernunft gesetzte Grenze wird überschritten. Für Kant wäre die Kunst der magischen Intelligenz der Traum eines Geistersehers.

Wenn Novalis die Magie mit Wahnsinn und Schwärmerei zusammenbringt, dann meint er das so positiv, wie wenn er fragt, ob Wahnsinn nach Grundsätzen denkbar sei. In der KRITIK DER PRAKTISCHEN VERNUNFT hatte Kant die Schwärmerei in der allergemeinsten Bedeutung definiert als eine „nach Grundsätzen unternommene Überschreitung der Grenzen der menschlichen Vernunft" [134]. Nach Novalis bestehen diese Grenzen nur durch die Trägheit unseres Geistes. Sie nach Grundsätzen und mit Hilfe von Magie zu überschreiten, scheint ihm gerade unsere Aufgabe zu sein. Er hält das Studium der Historie der bisherigen Magie dabei für hilfreich. Denn so seltsam auch die Mischungen und Gestalten anmuten, so haben doch „in allen wahrhaften Schwärmern und Mystikern ... ohne Zweifel höhere Kräfte gewirkt." Ihre Spuren sind als „wichtige Urkunden der allmälichen Entwickelung der magischen Kraft" der sorgfältigen Beobachtung wert. Dieser Hinweis steht vor der schon genannten Definition der Magie als einer Kunst, die Sinnenwelt willkürlich zu gebrauchen (II, 546).

Im ALLGEMEINEN BROUILLON ist dann deutlich zu sehen, wie Novalis sich über die Magie orientiert. Die historischen Darstellungen gleichsam gegen den Strich lesend, findet er eigene Vorstellungen und Ahnungen bestätigt. So darf eine Notiz über Magie (III, 266) zwar nur cum grano salis als Aussage von Novalis gewertet werden [135], doch bezeugt sie bei aller Einschränkung, daß Novalis in früheren Erscheinungsformen magischer Weltdeutung eine verwandte Vorform seines magischen Idealismus sah.

Freilich liegt zwischen solchen Vorformen und dem künftigen magischen Idealismus selbst die ganze allmähliche Entwicklung der magischen Kraft. So wird in der genannten Notiz eigens bemerkt, die Magie sei „von Philosophie etc" ganz verschieden und bilde eine Welt, eine Wissenschaft, eine Kunst für sich. Voll entwickelt wird sie jedoch, so darf man schließen, auch die Philosophie wie alle Wissenschaft und Kunst in sich bergen, das heißt, Philosophie, Wissenschaft und Kunst potenzieren.

Immerhin ist schon der orientalischen Magie eine der „Grundideen der Kabbalistik" eigen: die „Sympathie des Zeichens mit dem Bezeichneten". Sie ist also „mystische Sprachlehre". Novalis notiert sich den Zusammenhang mit der Emanationslehre und prägt die Formel „Wechselrepraesentationslehre des Universums". Sie darf als das Glied betrachtet werden, das die älteren, historischen Arten der Magie mit der erst zu entwickelnden verbindet. Die Erhöhung der letzteren zur idealischen oder idealistischen bringt „das große Phänomen des Zeitalters" [136], den Idealismus, zu seiner wahren, transformierenden Gestalt.

Die bloße Magie wird ebenso wie der bloße Mechanismus abgelehnt. Nur aus Trägheit verlange der Mensch das eine oder das andere. „Er will nicht thätig seyn — seine *productive Einbildungs-Kraft* brauchen" (III, 408). Hier wird Kants Begriff der produktiven Einbildungskraft auf dieselbe Weise übersetzt wie die Frage nach der Möglichkeit apriorischer synthetischer Urteile. Für Kant ist ja produktive Einbildungskraft das Vermögen einer Synthesis a priori. Sie wird zwar bei Kant als dichtende, produktive, von der zurückrufenden, reproduktiven unterschieden. Aber auch von der produktiven gilt, daß sie „nicht *schöpferisch*, nämlich nicht vermögend [ist], eine Sinnenvorstellung, die vorher unserem Sinnesvermögen *nie* gegeben war, hervorzubringen, sondern man kann den Stoff zu derselben immer nachweisen" [137]. Seine Einbildungskraft zu gebrauchen bedeutet für Novalis jedoch, in einer Weise schöpferisch zu werden, die für Kant nur als die Anschauung des Intellectus archetypus gelten könnte. Ein urbildlich anschauender Verstand ist, Kant zufolge, zwar denkbar, aber wir haben davon so wenig einen Begriff wie von den Wesen, denen er eigen wäre.

Für Novalis hingegen ist in der „intellectualen Anschauung der Schlüssel des Lebens" (II, 561). Und die produktive Einbildungskraft ist schöpferisch, weil sie Analogie zur intellektualen Anschauung ist. Das Schaffen der produktiven Einbildungskraft wäre symbol-analogisches Schaffen. Novalis gibt ihm den theoretischen Namen eines magischen Idealismus. Der magische Idealismus könnte so definiert werden als die Theorie vom schöpferischen Gebrauch der analog zur intellektualen Anschauung des archetypischen Verstandes begriffenen produktiven Einbildungskraft.

Der Zweck der Magie ist die „Moralisierung". Ebenso wie das Wort Tugend hat der Begriff Moral im 18. Jahrhundert noch die Kraft einer großen, umfassenden und wirkenden Idee. Der Zerfall dieser Begriffe war unvermeidlich. Er begann schon mit ihrer Ideologisierung während der Französischen Revolution, die sich an den Konventsreden ablesen läßt. Er setzte sich fort, als ein kleingeistiges Bürgertum seine Ziele mit Tugend und Moral verwechselte. Das wurde bereits von der zweiten romantischen Generation als Philistertum verhöhnt. Und Nietzsche bereitete es schon Schwierigkeiten, bei seiner als Genealogie der Moral durchgeführten Entlarvung der Metaphysik sich nicht fortwährend von der Spottgeburt bürgerlicher Moralität fixieren zu lassen. Uns Späteren ist es fast unmöglich, das Wort Moral in älteren Texten frei vom nachfolgenden Beiklang zu lesen.

Immerhin gelingt das eher bei Novalis als bei Schiller oder auch bei Kant. Denn Novalis hat den Begriff der Moral mit einer Bedeutung gefüllt, die von unserem Gebrauch des Wortes noch weiter entfernt ist als der Kantische Rigorismus. Was Novalis Moral nennt, entzieht sich fast allen Assoziationen, die sich für gewöhnlich mit diesem Wort heute einstellen. Moral ist für Novalis einer jener Begriffe, mit denen er auf die Medialität des Absoluten zielt. Ja, Moral und Moralisieren sind die Worte, in denen Novalis die verschiedenen Weisen des transformierenden Weltprozesses vereint: Poetisierung, Romantisierung, Universalisierung.

Moralisiert wird durch magische Tätigkeit. „Wir müssen Magier zu werden suchen, um recht moralisch seyn zu können. Je moralischer, desto harmonischer *mit Gott* — desto göttlicher — desto *verbündeter* mit Gott" (III, 250). Das ist eine konventionellere Formulierung des Satzes, Gott will Götter. Solchem Willen wird zunächst entsprochen durch Steigerung des Willens zur Magie.[138] Das Denkorgan, dessen Modifikationen die Sinne sind, wird in der echten Magie zum moralischen Sinn. So erklärt sich die wachsende Übereinstimmung von Moral und Harmonie: „Nur durch den Moralischen Sinn wird uns Gott vernehmlich — der moralische Sinn ist der Sinn für *Daseyn*, ohne *äußre Affection* — der Sinn für *Bund* — der Sinn für das Höchste — der Sinn für *Harmonie* — der Sinn für freygewähltes, und erfundenes und dennoch *gemeinschaftliches* Leben — und Seyn — der Sinn fürs Ding an sich — der ächte *Divinationssinn.*" Divinieren heißt, „etwas ohne Veranlassung, Berührung, vernehmen". Novalis bemerkt zwar selbst, daß das Wort Sinn, auf mittelbare Erkenntnis, Berührung und Mischung hindeutend, „nicht recht schicklich" sei, das Eigentliche könne hier nur „approximando, zur Nothdurft", ausgedrückt werden. Aber das Ding an sich ist hier nicht der bloß denkbare, jedoch unerkennbare Grenzbegriff Kants, sondern die eigentliche, zu divinierende höhere Wirklichkeit.

Kant konstatierte, als er sich mit Leibniz auseinandersetzte: „Was die Dinge an sich sein mögen, weiß ich nicht und brauche es auch nicht zu wissen, weil mir doch niemals ein Ding anders als in der Erscheinung vorkommen kann." Novalis, näher bei Leibniz als bei Kant [139], geht über die Monadologie hinaus und findet zugleich zurück zu neuplatonisierender Wechselrepraesentation. So kann er gerade meinen, es käme allein darauf an zu wissen, was die Dinge an sich seien. Solches Wissen, Divinieren genannt, ist analogische Partizipation an der eigentlichen Welt der Ideen. Sie geschieht durch magische Tätigkeit, denn in ihr herrscht, analog dem göttlichen Verstande, Wissen als Wille und Wille als Denken: „Der thätige Gebrauch der Organe ist nichts, als *magisches, wunderthätiges* Denken, oder *willkührlicher* Gebrauch der Körperwelt — denn Willen ist nichts, als magisches, *kräftiges* Denkvermögen" (III, 466).

Je moralischer, desto harmonischer werden wir mit Gott. Weil im Bewußtsein Gottes „eigentlich praestabilirte Harmonie" stattfindet, wird solche Harmonie der „Erfolg, oder die Constitution der vollkommnen moralischen Welt" sein (III, 414). Dem entspricht die These, daß Natur und Kunst durch Moralisierung magisch werden. Der „Grund der Möglichkeit der Magie" ist die Liebe. Sie wirkt magisch. Liebe ist auch der Grund der Dialektik von Entäußerung und Aneignung: „Alles *Seyn* soll in ein *Haben* verwandelt werden. *Seyn* ist *einseitig* — *Haben* synthetisch, *liberal*" (III, 255).

Der magische Idealismus kann die Theorie vom schöpferischen Gebrauch der produktiven Einbildungskraft genannt werden. Die Theorie der Verwandlung von Sein in Haben ist die Zukunftslehre. Unter diesem im Allgemeinen Brouillon sehr häufigen Stichwort steht denn auch jene Notiz. Es ist vom rechtlichen Zustand die Rede, der ein moralischer werden soll. Recht, Gesetz, Staat sind Begriffe, die nur für die Zeit des Übergangs gelten. Die Zeit des Gesetzes liegt ja zwischen der ehemaligen Naturanarchie, die sich im Märchen spiegelt, und dem künftigen ewigen Reich. Die benachbarten Aufzeichnungen stehen unter verwandten Stichworten wie Theosophie, Enzyklopädistik, Physik und Zukunftslehre, Cosmologie, Romantik. Mehrfach taucht darin die Liebe auf. Märchen, magische Begebenheit werden alle Romane genannt, in denen wahre Liebe vorkommt. Von Gott heißt es, er sei die Liebe, und die Liebe wird das höchste Reale, der Urgrund genannt. Die „Theorie der Liebe", zur Enzyklopädistik gehörend, ist die höchste Wissenschaft (III, 254).

In einer dieser Notizen wird die Zukunftslehre „Cosmogogik" genannt. Darunter fällt die Schilderung, wie Natur und Kunst aus dem Grund der Liebe moralisch werden können: „Die Natur wird moralisch seyn — wenn sie aus *ächter Liebe* zur Kunst — sich der Kunst hingiebt — thut, was die Kunst will — die Kunst, wenn Sie aus ächter Liebe zur Natur — für die Natur lebt, und nach der Natur arbeitet" (III, 253). Die Vereinigung und Hingabe ist nicht metaphorisch, sondern analogisch zu verstehen. Natur und Kunst sind Hypostasen, das heißt Wirklichkeiten, nicht anders als die Liebe, das höchste Reale. Die Hochzeit von Natur und Kunst muß als eine magische heilige Vereinigung gedacht werden. Sind doch die Denkorgane die „Weltzeugungs- die Naturgeschlechtstheile" (III, 476).

So erläutert Novalis in der kosmogogischen Notiz die Verbindung von Natur und Kunst: „Beyde müssen es zugleich aus *eigner Wahl* — um ihrer Selbst willen — und aus fremder Wahl um des Andern willen, thun. Sie müssen in sich selbst mit dem Andern und mit sich selbst im Andern zusammentreffen." Der Schlußsatz der Notiz, den Zweck der heiligen Vereinigung streifend, erinnert an die These, Gott wolle Götter: „Wenn unsre Intelligenz und unsre Welt harmoniren — so sind wir *Gott gleich*" (III, 253).

Die Zukunftslehre bestimmt die „Menschenlehre". Unter diesem Stichwort steht die nächste Notiz. Hier ist vom Kind als von einer sichtbar gewordenen Liebe die Rede und der Mensch wird definiert: „Wir selbst sind ein sichtbargewordener Keim der *Liebe* zwischen Natur und Geist oder Kunst."

Das „Moralgesetz" ist als das große „Graderhöhungsgesetz des Universums", das „Grundgesetz der harmonischen Entwicklung" (III, 381). Durch die Moralisierung wird auch die Einheit von Wissen, Wollen und Können erreicht. So kann in der Weise Gottes gewirkt werden: „Mit der richtigen Bildung unsers Willens geht auch die Bildung unsers Könnens und Wissens fort. In dem Augenblick, wo wir vollkommen moralisch sind, werden wir Wunder thun können..." (III, 418). Der Wille freilich, obwohl dem Willen Gottes analog, ist gerade dadurch absolut und Organ der Freiheit, daß er nicht alles übermächtigt, sondern Medium der Selbstbegrenzung sein kann. Diese Begrenzung schafft die Möglichkeit zum transitorischen Verhältnis zwischen den Welten. Sie macht die Einheit dieser Welten aus.

In der Möglichkeit des Übergangs durch Selbstbegrenzung, die auch Selbstbestimmung ist, wurzelt die „poetische Weltform". Die analogische Dialektik tritt hier als Zusammenhang von Unvollkommenheit und Vollkommenheit, absolutem Willen und Selbstbegrenzung hervor: „Sollten gewiße intellectuelle Grenzen oder Unvollkommenheiten der Religion wegen da seyn — wie die Hülflosigkeit der Liebe wegen. Wir haben uns, um verbunden zu seyn auf unendliche Art, auch mit den Transmundanern, zu Menschen bestimmt, und einen Gott, wie einen Monarchen, *gewählt*. / *(Poetische Weltform)* / Deduction der Geister aus dem Wesen der Vernunft — Unsre Verhältnisse mit Ihnen. Wir haben keine Grenze des Intellectuellen Fortschritts etc. aber wir sollen uns welche ad hunc actum, *transitorische Grenzen setzen* — Begrenzt und unbegrenzt zugleich seyn — Wunder thun können, aber keine thun wollen — alles wissen können, aber nicht wollen —" (III, 418).

Die wahre Autonomie besteht gerade darin, keine Wunder zu wollen. Die Behauptung, wir könnten in dem Augenblick, wo wir vollkommen moralisch sind, Wunder tun, wird aus der Sphäre der bloßen Magie in die der Sittlichkeit gehoben. Als der „Wunder höchstes" wird eine tugendhafte Handlung, ein Akt der freien Determination bestimmt (ebd.). Dieser Akt ist auch die moralische Grundlage für die Forderung nach Poetisierung unseres gesamten Daseins. Das wird als „schöne, liberale Oeconomie" als „Bildung einer poetischen Welt um sich her", als „Dichten mit lebendigen Figuren" bezeichnet (III, 469).

Wenn Novalis die tugendhafte Handlung einen Akt der freien Determination nennt, bewegt er sich ganz in der von Kant und Fichte vorgezeichneten Bahn. Aber diese Bahn ist in die Richtung eines spirituellen Chiliasmus umgebogen, wenn eine solche Handlung als höchstes Wunder ausgegeben und das Wort Wunder nicht mehr als bloße Metapher gebraucht wird. Die Grenze zwischen der reinen und der praktischen Vernunft ist transitorisch geworden. Sie ist sogar aufgehoben, denn die Möglichkeit der Selbstbegrenzung wird zugleich erklärt als die „Möglichkeit aller Synthesis — alles Wunders und ein Wunder hat die Welt angefangen". Und das heißt anders ausgedrückt: „Sind synthetische Urtheile a priori möglich = Giebt es eine magische Intelligenz i. e. Vernunft" (III, 419).

10. KAPITEL

Zahl und Wort

Phänomenologie und Parusie des poetischen Geistes

In der REDE ÜBER DIE MYTHOLOGIE läßt Friedrich Schlegel seinen Ludoviko sagen: „Alles Denken ist ein Divinieren, aber der Mensch fängt erst eben an, sich seiner divinatorischen Kraft bewußt zu werden." Durch diesen Mund verkündet Schlegel auch: „Die Sprache, die, ursprünglich gedacht, identisch mit der Allegorie ist, das erste unmittelbare Werkzeug der Magie." [140]

Auch Novalis spricht im ALLGEMEINEN BROUILLON von der ursprünglichen Sprache: *„Die Sprache* und die *Sprachzeichen* sind a priori aus der menschlichen Natur entsprungen und die ursprüngliche *Sprache* war ächt *wissenschaftlich* — Sie wieder zu finden ist der Zweck des Grammatikers" (III, 461).[141] Die Lektüre eines medizinhistorischen Werkes hat Novalis zu den bereits erwähnten Betrachtungen über die Magie als mystische Sprachlehre angeregt. Sympathie des Zeichens mit dem Bezeichneten nennt er eine der Grundideen der Kabbalistik, spricht von magischer Grammatik und bemerkt, überall liege eine grammatische Mystik zugrunde, „die sehr leicht das erste Erstaunen über *Sprache* und *Schrift* erregen konnte. (Die wilden Völker halten die Schrift noch jezt für Zauberey.)" (III, 267).

Die Sprache ist das Organon des poetischen Geistes. Ihre Theorie verknüpft Novalis mit Thesen über Mystik, Magie, „Grammatik" und Kabbalistik.[142] Die Sympathie des Zeichens mit dem Bezeichneten ist auch eine der Grundideen von Novalis selbst. In der so einfachen wie abstrakten Sprache der LEHRLINGE ZU SAIS ausgedrückt: „Es ist ein geheimnisvoller Zug nach allen Seiten in unserm Innern, aus einem unendlich tiefen Mittelpunkt sich rings verbreitend. Liegt nun die wundersame sinnliche und unsinnliche Natur rund um uns her, so glauben wir, es sei jener Zug ein Anziehn der Natur, eine Äußerung unserer Sympathie mit ihr" (I, 85). Und im Astralis-Gedicht wird die neue Welt als die innigste Sympathie von Wehmut und Wollust,

Tod und Leben gefeiert, als die Entfaltung des großen Weltgemüts, durch die jedes sich in Allen darstellt (I, 319).

Der grammatischen Mystik entspricht die mathematische. Das frühe Erstaunen über Sprache und Schrift hat seine Parallele in der Weise, wie frappante Zahlenphänomene die Einbildungskraft der frühen Menschen beschäftigen mußten „und sie in der Wissenschaft der Zahlen einen tiefverborgnen Schatz von Weisheit — einen Schlüssel zu allen verschlossnen Thüren der Natur ahnden lassen" (III, 423). Die „Wunderbarkeit" der Mathematik, eines noch zu unendlicher Perfektion fähigen Instrumentes, liegt im Verhältnis von Zeichen und Bezeichnetem begründet. Novalis redet von Webstühlen in Zeichen, von gemalten Instrumenten und sieht überhaupt in der Mathematik einen Hauptbeweis der Sympathie und Identität von Natur und Gemüt (III, 684). Sehr wahrscheinlich ist, „daß in der Natur auch eine wunderbare Zahlenmystik statt finde. Auch in der Geschichte — Ist nicht alles voll Bedeutung, Symmetrie, Anspielung und seltsamen Zusammenhang? Kann sich Gott nicht auch in der Mathematik offenbaren, wie in jeder andern Wissenschaft?" (III, 665).

Freilich gilt das nur von der „echten" Mathematik. Sie soll im Morgenland zuhause sein. In Europa hingegen ist sie „zur bloßen Technik" ausgeartet (III, 594). Unter morgenländischer Mathematik dürfte jede Art von Zahlenmystik zu verstehen sein, sie sei nun pythagoräisch, neuplatonisch oder kabbalistisch orientiert. Aber wo immer man auch dieses Morgenland suchen mag, wirklich zu finden ist es nur im Utopia des künftigen Reiches. Als ewiges kommt dieses Reich auf uns zu, indem wir uns darauf hin bewegen. Tun wir das, so bewegen wir die Welt, beleben sie als Magier, die die Kunst der willkürlichen Beherrschung des Unwillkürlichen kennen.

In den späten „Mathematischen Fragmenten" (III, 593 f.) wird nicht nur die morgenländische Mathematik gepriesen, sondern diese echte Mathematik das eigentliche Element des Magiers genannt. Sie heißt auch „reine" Mathematik und wird als solche mit der Religion identifiziert. Man gelangt zu ihr nur durch eine „Theophanie".

Solch göttliche Erscheinung setzt Enthusiasmus voraus, ohne den es keine Mathematik gibt. Der Mathematiker ist „Enthusiast per se", die „göttlichen Gesandten" müssen folglich Mathematiker sein. Überhaupt ist das „Leben der Götter" Mathematik, die Mathematiker sind die „einzig Glücklichen". Denn sie sind im Zustand des Wissens, und solche Eudämonie ist „selige Ruhe der Beschauung". Also Theorie, intellektuale Anschauung als

10*

Einheit von Wissen und Wollen vertanden. „Die reine Mathematik ist die Anschauung des Verstandes, als Universum."

In der echten Mathematik wird der gewöhnliche Unterschied von Theorie und Praxis aufgehoben zugunsten einer Schau, die in sich schöpferisch und genießend zugleich ist. „Alle Thätigkeit hört auf, wenn das Wissen eintritt." Als Theorie in diesem Sinne ist die reine Mathematik das „höchste Leben". Nur dieses kann sich selbst genießen, weil es in allem ist, und weil alles, was ist, von ihm geschaffen wird. An diesem göttlichen Bios theoretikos hat der Mensch Teil durch die Kunst. In der Musik erscheint die echte Mathematik „förmlich, als Offenbarung — als schaffender Idealism. / Hier legitimirt sie sich, als himmlische Gesandtin, kat anϑropon. Aller Genuß ist musikalisch, mithin mathematisch".

Die „Verhältnisse" der Mathematik sind „Weltverhältnisse". Mathematik ist der „vollgültigste Zeuge des Naturidealism". Anders ausgedrückt: in der Natur liegen die zerstreuten Züge der künftigen Welt. Als „Basis" wird in den „Mathematischen Fragmenten" wiederum „der innige Zusammenhang, die Sympathie des Weltalls" genannt. Daher rührt auch, daß jede Linie „eine Weltachse" ist.

Die Sympathie des Weltalls ist nicht nur die Basis der Zahlen, sondern auch die der Worte. Zahlen wie Worte sind Zeichen, sie repräsentieren das sympathetische Weltverhältnis: „Zahlen sind, wie Zeichen und Worte, Erscheinungen, Repraesentationen katexoxin." Mathematik und Sprache, Musik und Dichtung sind also innigst verwandte Repraesentationen der Sympathie des Weltalls. Sie sind wirkliche und das heißt wirkende Analogien der göttlichen Vernunft. Denn ihre Repräsentation ist wiederum Sympathie des Zeichens mit dem Bezeichneten, kurz, Analogie.

Die Sympathie, der Zusammenhang von allem mit allem ist kein bloßer Zustand, sondern ein Prozeß. Entäußerung und Aneignung, Entfernung und Rückkehr, Abstieg und Aufstieg, — die ganze Schöpfung ist dieser Prozeß selbst: „Wenn Gott Mensch werden konnte, kann er auch Stein, Pflanze, Thier und Element werden, und vielleicht giebt es auf diese Art eine fortwährende Erlösung in der Natur. / Die Individualitaet in der Natur ist ganz unendlich. Wie sehr belebt diese Ansicht unsre Hoffnungen von der Personalitaet des Universums. Bemerkungen über das, was die Alten Sympathie nannten? / Auch unsre Gedanken sind wircksame Factoren des Universums" (III, 665).

Denken ist als Mathematik wie als Sprache universales Wirken und Mitwirken und deshalb poetisch, schöpferisch: „Das Individuum lebt im Ganzen und das Ganze im Individuum. Durch Poesie entsteht die höchste Sympathie und Coactivität, die innigste *Gemeinschaft* des Endlichen und Unendlichen" (II, 533). Coactivität ist höchste Sympathie, weil sie analog zum göttlichen Schöpfungswillen das Universum poetisch bildet. Dieser Schöpfungswille ist intellektuale Anschauung. Als Wille nämlich ist er die Einheit von Anschauung und Erkenntnis, von Schöpfung und Selbstgenuß, Entäußerung und Aneignung, Verströmung und Selbstbegrenzung. Dem entspricht wiederum, daß auch „unser" Wissen Wille ist und daß wir wissen, was wir machen: „Wir wissen etwas nur — insofern wir es *ausdrücken* — i. e. *machen* können. Je fertiger und mannigfacher wir etwas *produciren, ausführen* können, desto besser *wissen* wir es — Wir wissen es vollkommen, wenn wir es überall, und auf alle Art *mittheilen,* erregen können — einen individuellen *Ausdruck* desselben in jedem Organ bewircken können" (II, 589).

Als Ausdruck universaler Sympathie ist Sprache nicht auf den Menschen beschränkt. Die theosophische Lehre von den Signaturen durfte Novalis zurecht als geistesverwandt empfinden, und im Zusammenhang damit notierte er sich unterm Stichwort „Grammatik": „Der Mensch spricht nicht allein — auch das Universum *spricht* — alles spricht — unendliche Sprachen" (III, 267). Zur Zeit von Novalis war der Ausdruck „Sprache der Natur" längst eine entleerte Metapher. Wie eine Generation zuvor schon Hamann, so versucht auch Novalis, diese Metapher wieder mit ursprünglichem Sinn zu füllen. Er meint es ganz wörtlich, wenn er fragt, ob nicht alle mechanische Bewegung Sprache der Natur sei (III, 427). Auch macht er sich Gedanken „über die Sprache der Körperwelt durch *Figur*" (III, 449).

Grammatische Spiele und Kompositionen sind möglich, weil die Sprache „ein musicalisches Ideen Instrument" ist. Diese Formel prägt Novalis bezeichnenderweise während einer Spekulation über „Musicalische Mathematik" (III, 360). Da ist vom Zahlenphantasieren und von der Zahlenkomposition die Rede. Novalis hätte gerade so gut von der Sprache ausgehen und innerhalb einer Bemerkung über Grammatik und Poetik zur „echten" Mathematik gelangen können. Auch hier wären die beiden Namen, die in der zuletzt erwähnten Notiz auftauchen, am Platz gewesen: Pythagoras und Leibniz. Worte sind, nicht anders als Zahlen und Zeichen, Erscheinungen oder Repräsentationen. Und zwar solche, die auch füreinander repräsentieren können, weil sie auf der einen Basis der Sympathie des Weltalls beruhen.

Diese Sympathie ist auch der Grund der inneren Verwandtschaft der Künste. Die Elemente der Harmonie sind Willkür und Zufall (II, 548), nämlich magische Bestimmbarkeit und Spiel der sich selbst genießenden intellektualen Anschauung. Deshalb ist die Harmonie die eine selbe, ob sie nun dem Auge oder dem Ohr vernehmbar wird. Ja, weil Schönheit überhaupt auf der praestabilierten Harmonie beruht, welche die Konstitution der vollkommenen moralischen, zukünftigen Welt sein wird, erscheint die Harmonie nur den unvollkommenen, praemoralischen Wesen in den getrennten Sinnensphären.

Den Sphären entsprechen die Organe. Was durch ihre willkürliche, magische Beherrschung möglich ist, läßt sich an der Kunst ablesen. Deshalb kann von ihren Schöpfungen auf die künftige Welt geschlossen werden, in der ja die Trennung der Sphären aufgehoben sein wird. „Der Mahler hat so einigermaßen schon das Auge — der Musiker das Ohr — der Poet die Einbildungskraft — das Sprachorgan, und die Empfindung — oder vielmehr schon mehrere Organe zugleich — deren Wirkungen er vereinigt auf das Sprachorgan oder auf die Hand hinleitet — (der Philosoph das absolute Organ) — in seiner *Gewalt* — und *wirckt durch sie beliebig*, stellt durch sie beliebig Geisterwelt dar — Genie ist nichts, als Geist in diesem thätigen Gebrauch der Organe — Bisher haben wir nur einzelnes *Genie gehabt* — der Geist soll aber total *Genie* werden" (II, 584).

Zahlen, Worte und Zeichen sind repräsentierende Erscheinungen. Statt Erscheinung gebraucht Novalis natürlich auch den durch Kant strenger gewordenen Ausdruck Phänomen. Aber während Kant mit dem abgeleiteten Begriff der „Phänomenologie" nur einen Teil der Bewegungslehre, das vierte Hauptstück der metaphysischen Anfangsgründe der Naturwissenschaft, benennt, notiert sich Novalis: „Die Phaenomenologie ist vielleicht die brauchbarste, und umfassendste Wissenschaft" (III, 425).[143] Umfassend ist sie als die wahrhafte Theophanie des Geistes.

Auch die Naturlehre ist Phänomenologie, und zwar als Grammatik, Symbolistik (III, 450). „Die Sprachzeichen sind nicht specifisch von den übrigen Phaenomèns unterschieden." In diesem Zusammenhang spricht Novalis auch vom Signalisieren und Phänomenologisieren. Das sei das Geschäft des Bezeichnens im Allgemeinen, es komme der „verständigen Einbildungskraft" zu. Verständig wird die Kraft des Verstehens wohl genannt, weil das Bezeichnen die Fähigkeit des Verstandes zu analog-symbolischer Abstraktion und idealer Namensschöpfung meint.

Das Phänomenologisieren entspricht der Phänomenologie. Denn der Geist erscheint selbst in der Natur nicht, ohne daß diese sich dem Geist entgegenbewegt. „Wir sehen die Natur, so wie vielleicht die Geisterwelt, en perspective." Der gegenläufige Prozeß von Phänomenologie und Phänomenologisierung ist nichts anderes als die Selbstdurchdringung des Chaos. Sie geschieht als die Verwandlung der Naturanarchie in das Reich des vernünftigen Chaos. Geschichte ist das Kommen des ewigen Reiches der Geister, die Phänomenologie endet in der Parusie. Ihr Prophet ist der Dichter, er gibt den Dingen die Namen und stiftet so das Bleibende. Denn die Namen sind der Abglanz der Ideen, und in ihnen erscheint der Geist.

Die enge Verbindung der Plotin-Notizen mit der Theorie des Märchens führt zu der poetologischen These: „Der Poet braucht die Dinge und Worte, wie *Tasten* und die ganze Poesie beruht auf thätiger Idéenassociation — auf selbstthätiger, absichtlicher, idealischer *Zufallproduktion* — (zufällige — freye *Catenation.*) (Casuistik-Fatum. *Casuation.*) *(Spiel.)*" (III, 451).

Der Poet ist nicht der Dichter im landläufigen Sinn, sondern der Philosoph, der als Orpheus erscheint, der poetische Philosoph en état de Createur absolu.[144] Und Poesie ist nicht nur die herkömmliche Dichtung, sondern die „ganze" Poesie. Damit ist nichts geringeres gemeint als der Natur- und Geschichtsprozeß des sich selbst durchdringenden, vernünftig werdenden Chaos. Repräsentant dieses Prozesses, durch den die sich steigernde Schöpfung erhöht zu ihrem Ursprung zurückkehrt, ist der Poet. Er ist Prophet des künftigen Reiches, aber nicht weil er dieses Reich als Utopie verkündet, sondern weil er in analogem Schöpfertum den Verfall der Zeit umkehrt. Er trägt die Geschichte in die Zukunft, die das Kommen des ewigen Reiches ist. Es ist das Reich der Ideen, aus dem die Dinge hervorgehen und in das sie wieder zurückkehren.

Nicht nur die Worte, auch die Dinge braucht der Poet. Brauchen ist doppelsinnig, es meint benötigen und gebrauchen. Wenn Novalis sagt, der Poet brauche die Dinge und Worte wie Tasten, meint er wohl gebrauchen. Aber auch benötigen ist sinnvoll, denn der Dichter bedarf der Dinge und Worte, wie der Spieler eines Instrumentes der Tasten, um die Saiten zum Tönen zu bringen.

Die Quintessenz seiner Meditationen über die Sprache gibt Novalis in einer kleinen Abhandlung (II, 672), die unter dem Titel MONOLOG bekannt geworden ist.[145] Mit Ironie wird da zunächst die gewöhnliche Meinung über die Sprache provoziert: „Es ist eigentlich um das Sprechen und Schreiben eine närrische Sache; das rechte Gespräch ist ein bloßes Wortspiel. Der lächerliche Irrthum ist nur zu bewundern, daß die Leute meinen — sie sprächen um der Dinge willen." Die Provokation liegt darin, daß das rechte Gespräch ein bloßes Wortspiel genannt wird. Sie dient dazu, den geeigneten, scheinbar sinnlosen Ausgangspunkt zu gewinnen für die Darlegung der Eigentüm- lichkeit der Sprache. Wenn die Leute sich in einem lächerlichen Irrtum be- finden, indem sie meinen, sie sprächen um der Dinge willen, dann muß die Wahrheit darin liegen, daß im rechten Gespräch nicht um der Dinge willen gesprochen wird.

Sprache ist also nicht Mittel zum Zweck, sondern Selbstzweck: „Gerade das Eigenthümliche der Sprache, daß sie sich blos um sich selbst bekümmert, weiß keiner. Darum ist sie ein so wunderbares und fruchtbares Geheimniß, — daß wenn einer blos spricht, um zu sprechen, er gerade die herrlichsten, originellsten Wahrheiten ausspricht." Das erinnert ganz an die zugespitzten Formulierungen Friedrich Schlegels. Solange Novalis von den „Leuten" und ihrer Meinung spricht, also nur indirekt und ironisch vom sonderbaren und fruchtbaren Geheimnis redet, behält er diesen Ton bei. Die herrlichsten und originellsten Wahrheiten werden ausgesprochen, wenn einer bloß spricht, um zu sprechen. Reden um des Redens willen nennt man für gewöhnlich schwät- zen. Aber was so als Geschwätz abgetan wird, hat gegenüber der bloß zweck- gebundenen Rede bereits den Vorteil der Zweckfreiheit. Ja, in solcher Frei- heit kommen, wenn auch unerkannt, die originellsten Wahrheiten zur Sprache. Originell sind sie, weil ihr Ursprung die Sprache selbst ist. Und es werden nicht Wahrheiten über die Sprache mitgeteilt, sondern die Wahr- heit der Sprache selbst kommt zu Wort.

Novalis hypostasiert die Wahrheit der Sprache, und so erscheint die Wahr- heit als die Sprache selbst. Aber diese Erscheinung ist ein Geheimnis, das sich nur im Spiel offenbart. Das rechte Gespräch ist Wortspiel, oder, noch schärfer und paradoxer ausgedrückt, im „verächtlichen Schwatzen" offenbart sich das Geheimnis: „Will er aber von etwas Bestimmten sprechen, so läßt ihn die launige Sprache das lächerlichste und verkehrteste Zeug sagen. Daraus ent- steht auch der Haß, den so manche ernsthafte Leute gegen die Sprache haben. Sie merken ihren Muthwillen, merken aber nicht, daß das verächtliche Schwatzen die unendlich ernsthafte Seite der Sprache ist." Gerade die ernst- haften Leute haben also kein Organ für die unendlich ernsthafte Seite der Sprache. Sie sind auf Zweck und Ziel orientiert und wissen deshalb nicht, daß Spiel der eigentliche Ausdruck der Freiheit ist. Im Bereich der Sprache ist das Spiel Wortspiel, deshalb wird ja zu Anfang des Monologs das rechte Gespräch als bloßes Wortspiel charakterisiert.

Von Spiel und Freiheit ist denn auch im folgenden die Rede. Da es nun um die eigentliche Sache, das Geheimnis der Sprache, geht, ist auch die ironische Haltung nicht mehr am Platz. Dieses Geheimnis wird hier mit Worten benannt, die an die Definitionen der mathematischen Fragmente erinnern: „Wenn man den Leuten nur begreiflich machen könnte, daß es mit der Sprache wie mit den mathematischen Formeln sei — Sie machen eine Welt für sich aus — Sie spielen nur mit sich selbst, drücken nichts als ihre wunderbare Natur aus, und eben darum sind sie so ausdrucksvoll — eben darum spiegelt sich in ihnen das seltsame Verhältnißspiel der Dinge. Nur durch ihre Freiheit sind sie Glieder der Natur und nur in ihren freien Bewegungen äußert sich die Weltseele und macht sie zu einem zarten Maaßstab und Grundriß der Dinge. So ist es auch mit der Sprache — ...“

Ausdruck, und zwar Ausdruck der eigenen Natur, ist zugleich analogische Repräsentation. Die Sympathie von Zeichen und Bezeichnetem ist kein bloßer Zustand, sondern lebendiges Spiel, und an ihm hat auf schöpferische Weise der Dichter teil. Indem er, der Sprache gehorchend, ihrer eigensten Natur im Spiel der Worte zum Ausdruck verhilft, wird er zum Verkündiger des Geheimnisses der Sprache: „So ist es auch mit der Sprache — wer ein feines Gefühl ihrer Applicatur, ihres Takts, ihres musikalischen Geistes hat, wer in sich das zarte Wirken ihrer innern Natur vernimmt, und danach seine Zunge oder seine Hand bewegt, der wird ein Prophet sein, dagegen wer es wohl weiß, aber nicht Ohr und Sinn genug für sie hat, Wahrheiten wie diese schreiben, aber von der Sprache selbst zum Besten gehalten und von den Menschen, wie Cassandra von den Trojanern, verspottet werden wird.“ Durch den überraschenden Cassandra-Vergleich wird diese Aussage, die den berufenen Dichter vom bemühten Wissenden so klar zu trennen scheint, wieder zweideutig. Denn wer wie Kassandra von den Trojanern verspottet wird, behält recht, auch wenn man seiner Prophezeiung keinen Glauben schenkt. Der verspottete Prophet hat mit dem dichterischen Propheten, dem der Geist der Sprache Hand und Zunge bewegt, jedenfalls mehr gemeinsam als mit den Leuten. Denn er kennt das Geheimnis der Sprache, auch wenn er es nicht in der angemessenen Weise, als dichterisches Spiel der Sprache selbst, ausdrücken kann.

In den abschließenden Sätzen der Betrachtung rührt Novalis an das Problem seiner dichterischen Existenz. Es ist ein Problem, das die ganze Generation leidenschaftlich bewegt, und das als der spätromantische Streit zwischen dem Glauben an die Inspiration und der Forderung des Kalküls noch ins zwanzigste Jahrhundert reicht. Auf die einfachste Formel gebracht lautet das Problem: Dichten oder Denken, Dichten und Denken. Die Synthese, die im OFTERDINGEN als die Apotheose der Poesie selbst versucht

wird, taucht als dialektische Frage auch im MONOLOG auf. Er wird so wirklich zu einem Monolog von Novalis: „Wenn ich damit das Wesen und Amt
der Poesie auf das deutlichste angegeben zu haben glaube, so weiß ich doch,
daß es kein Mensch verstehn kann, und ich ganz was albernes gesagt habe,
weil ich es habe sagen wollen, und so keine Poesie zu Stande kommt. Wie,
wenn ich aber reden müßte? und dieser Sprachtrieb zu sprechen das Kennzeichen der Eingebung der Sprache, der Wirksamkeit der Sprache in mir
wäre? und mein Wille nur auch alles wollte, was ich müßte, so könnte dies
ja am Ende ohne mein Wissen und Glauben Poesie sein und ein Geheimniß
der Sprache verständlich machen? und so wär' ich ein berufener Schriftsteller,
denn ein Schriftsteller ist wohl nur ein Sprachbegeisterter? —"

Ein Sprachbegeisterter ist ein von der Sprache Inspirierter, also einer,
durch dessen Mund der Geist der Sprache selber spricht. Was er sagt, ist
Ausdruck jener freien Bewegung, in der sich die Weltseele äußert. Der
Sprachbegeisterte darf und muß sich also der Sprache überlassen. Denn nur,
wenn die Sprache sich um sich selbst bekümmert, spielt sie wie die mathematischen Formeln mit sich selbst und drückt so ihre wunderbare Natur aus.
Inspiration, also Begeisterung durch die Sprache, und Kalkül, also Operation
aus dem Geiste der echten Mathematik, sind Weisen, wie der schöpferische
Mensch experimentiert. Solches Experiment ist fortschreitende Verkündigung
der Weltseele. Je freier, und das heißt auch, je abstrakter — das Wort im
Sinne von Novalis verstanden — der Sprachbegeisterte oder der Mathematiker verfährt, desto mehr wird seine Schöpfung an jener schaffenden Vernunft teilhaben, die sich als Weltseele äußert. Deshalb gilt: „Erzählungen,
ohne Zusammenhang, jedoch mit Association, wie *Träume*. Gedichte — blos
wohlklingend und voll schöner Worte — aber auch ohne allen Sinn und
Zusammenhang — höchstens einzelne Strophen verständlich — sie müssen,
wie lauter Bruchstücke aus den verschiedenartigsten Dingen seyn. Höchstens
kann wahre Poesie einen *allegorischen* Sinn im Großen haben und eine
indirecte Wirckung wie Musik etc. thun — Die Natur ist daher rein *poetisch*
— und so die Stube eines Zauberers — eines Physikers — eine Kinderstube
— eine Polter und Vorrathskammer" (III, 572).

Das weist weniger auf moderne Dichtung als vielmehr auf eine erträumte
Zukunft, die als die poetische die künftige, kommende Zeit ist. Denn die
traumartigen assoziativen Erzählungen ohne Zusammenhang, wie auch die
bloß wohlklingenden Gedichte sind nichts anderes als die echten Märchen.
In denen ist ja alles wunderbar, geheimnisvoll und unzusammenhängend.
Als prophetische Darstellung führen sie analog zur Natur auf die künftige,

vollendete Schöpfung hin, auf das Chaos, das sich selbst durchdrungen haben wird.

Der Sprachbegeisterte ist der Dichter. Und von ihm gilt: „Der Dichter schließt, wie er den Zug beginnt" (II, 533). Der mythische Dichter, der den Zug beginnt, ist Orpheus. So wird also auch Orpheus den Zug enden. Von der orphischen Sage ist in einer BROUILLON-Notiz über „Musik und Rhythmik" die Rede (III, 308). Die Betrachtung, die vom Hexameter ihren Ausgang nimmt [146], variiert, was im MONOLOG über das Geheimnis der Sprache angedeutet ist. Von diesem Geheimnis leiten sich Wesen und Amt der Poesie her: „Der Hexameter in Perioden — im Großen. Großer Rythmus. In wessen Kopfe dieser große Rythmus, dieser innre poetische Mechanismus einheimisch geworden ist, der schreibt ohne sein absichtliches Mitwircken, bezaubernd schön und es erscheint, indem sich die höchsten Gedanken von selbst diesen sonderbaren Schwingungen zugesellen und in die reichsten mannichfaltigsten Ordnungen zusammentreten, der tiefe Sinn sowohl der alten orphischen Sage von den Wundern der Tonkunst, als der geheimnißvollen Lehre von der Musik, als Bildnerinn und Besänftigerinn des Weltalls. Wir thun Hier einen tiefen, belehrenden Blick in die acustische Natur der Seele, und finden eine neue Aehnlichkeit des Lichtes und der Gedanken — da beyde sich Schwingungen zugesellen."

ANMERKUNGEN

Das Motto von Paul Valéry ist der „Introduction à la Méthode de Léonard de Vinci" entnommen. In der Übertragung von Karl August Horst (LEONARDO, Drei Essays, Insel-Verlag, Frankfurt a. M. 1960, S. 16) lautet die Stelle: „Man darf mithin allzu reinen Büchern und Darstellungen gegenüber ein gewisses Mißtrauen hegen. Was festgelegt ist, leistet der Täuschung Vorschub, und was zum Anschauen gemacht ist, gewinnt ein anderes, ein edleres Aussehen. Nur solange das, was im Geiste vorgeht, noch in Bewegung, noch unentschieden, noch dem Augenblick ausgeliefert ist, wird es für unsere Absicht taugen, das heißt: bevor man es Gedankenspiel oder Gesetz, Theorem oder Kunstwerk genannt hat und bevor es, im Begriffe sich abzuschließen, seinen ursprünglichen Ähnlichkeitscharakter preisgegeben hat. Im Inneren spielt sich ein Drama ab. Drama, Abenteuer, Erregungszustände: alle dergleichen Worte sind am Platze, sofern es nur mehrere sind, die sich berichtigend die Waage halten. Dieses Drama geht in den meisten Fällen verloren, genau so wie die Stücke Menanders. Doch besitzen wir die handschriftlichen Aufzeichnungen Leonardos und Pascals berühmte Merkzettel. Diese Bruchstücke wollen von uns befragt sein. Sie vermitteln uns eine Ahnung, mit welch blitzhaften Gedankensprüngen, wie seltsam in menschliche Widerfahrnisse und geläufige Sinneseindrücke verkleidet, nach wieviel endlosen Minuten des Harrens Menschen die Schatten ihrer künftigen Werke erschienen sind, ihre vorauseilenden Schatten."

Es wird zitiert nach: Novalis, SCHRIFTEN. Hrsg. von Paul Kluckhohn (†) und Richard Samuel. Zweite, nach den Handschriften ergänzte, erweiterte und verbesserte Auflage. — Erster Band: Das dichterische Werk. 1960. Hrsg. von P. Kluckhohn und R. Samuel. — Zweiter Band: Das philosophische Werk I. 1965. Hrsg. von R. Samuel in Zusammenarbeit mit Hans-Joachim Mähl und Gerhard Schulz. — Dritter Band: Das philosophische Werk II. 1968. Hrsg. von R. Samuel in Zusammenarbeit mit H.-J. Mähl und G. Schulz.

Alle hieraus entnommenen Zitate werden im Text selbst in Klammer mit römischer Band- und arabischer Seitenzahl angegeben. — Briefe sind soweit als möglich mit Adressat und Datum angegeben. — Häufig vorkommende Titel wie HEINRICH VON OFTERDINGEN und WILHELM MEISTERS LEHRJAHRE werden öfter abgekürzt als OFTERDINGEN, WILHELM MEISTER oder MEISTER zitiert.

Andere Abkürzungen:

Schlegel, K A = KRITISCHE FRIEDRICH-SCHLEGEL-AUSGABE, hrsg. von Ernst
Behler unter Mitwirkung von J. J. Anstett und Hans Eichner.

Athenaeum I—III = ATHENAEUM. Eine Zeitschrift von August Wilhelm Schlegel
und Friedrich Schlegel. 1798—1800. Photomechanischer Nachdruck in drei Bänden,
Darmstadt 1960.

Preitz = FRIEDRICH SCHLEGEL UND NOVALIS, Biographie einer Romantiker-
freundschaft in ihren Briefen. Hrsg. von Max Preitz. Darmstadt 1957.

Wasmuth = NOVALIS, WERKE, BRIEFE, DOKUMENTE. Hrsg. von Ewald Wasmuth.
Heidelberg. Erster Band: Die Dichtungen, 1953. Zweiter Band: Fragmente I, 1957.
Dritter Band: Fragmente II, 1957. Vierter Band: Briefe und Dokumente, 1954.

Mähl, N u P = Hans-Joachim Mähl, NOVALIS UND PLOTIN. In Jahrbuch des
Freien Deutschen Hochstifts 1963, S. 139—250.

Schiller, N A = SCHILLERS WERKE. NATIONALAUSGABE. Weimar 1943 ff.

1. I, 356 ist ein Teil des Briefes vom 23. Februar 1800 unter den „Paralipomena"
zum HEINRICH VON OFTERDINGEN abgedruckt. Vgl. An. 5 u. 6.

2. Kluckhohn zitiert in der in die zweite Auflage der SCHRIFTEN übernommenen
Einleitung die „Spitzberge der reinen Vernunft" ganz unreflektiert (I, 65). Nach
Wasmuth IV, S. 531, ebenfalls vom Februar 1800, vermutlich an Just.

3. Die voluminöseste, wenn auch nicht eben stärkste Verteidigung hat Theodor
Haering unternommen: NOVALIS ALS PHILOSOPH, Stuttgart 1954. Hätte Novalis
freilich jene Art von Philosophie hinterlassen, die uns aus diesem Buch entgegentritt,
so bräuchten wir uns kaum mehr damit zu beschäftigen. Haerings Werk leidet auch
unter zahlreichen philologischen Irrtümern und Fehlinterpretationen, die durch die
kommentierte Publikation der „Philosophischen Schriften" in Band II und III der
neuen Novalis-Ausgabe an den Tag gekommen sind. Vor allem aber bleibt der Versuch einer „Rekonstruktion" der „spezifisch Novalisschen Philosophie" im selben
grundsätzlichen Mißverständnis stecken, das Haering gerade als Irrtum entlarven
will. Gegen die Zweifler am Philosophen Novalis sagt Haering nämlich: „Vor allem
ist es in Wahrheit gerade auch die Betonung der Notwendigkeit eines *Systems* für
alles Erkennen, und es sind auch sonst spezifisch *erkenntnistheoretische* Grundfragen
nach Wesen, Wert und Grenzen alles Erkennens und ebenso Hauptfragen der
Metaphysik, ihrer Möglichkeit usw., welche ihn aufs Intensivste beschäftigen." Hier
wird ein Schulbegriff von Philosophie bzw. Metaphysik noch immer stillschweigend
als gültig vorausgesetzt, obwohl er längst so fragwürdig geworden ist, daß auch
die Philosophiehistorie ihre Naivität verloren haben sollte.
Ergiebiger ist Hugo Kuhn, POETISCHE SYNTHESIS ODER: EIN KRITISCHER VERSUCH
ÜBER ROMANTISCHE PHILOSOPHIE UND POESIE AUS NOVALIS' FRAGMENTEN. Zeit-

schrift für philosophische Forschung, Bd. V, 1950/51. — Auch die Heidelberger Dissertation von Jury Striedter, DIE FRAGMENTE DES NOVALIS ALS „PRÄFIGURATIO-NEN" SEINER DICHTUNG, 1953, gibt Anregungen. Vgl. ferner K. H. Volkmann-Schluck, NOVALIS' MAGISCHER IDEALISMUS, in „Die deutsche Romantik", hrsg. von Hans Steffen, Göttingen 1967, S. 45 ff. — Kritische Auseinandersetzung mit Hugo Kuhns Poetischer Synthese bei Manfred Dick, DIE ENTWICKLUNG DES GEDANKENS DER POESIE IN DEN FRAGMENTEN DES NOVALIS, Bonn 1967. — Hans Wolfgang Kuhn, DER APOKALYPTIKER UND DIE POLITIK, Studien zur Staatsphilosophie des Novalis, Freiburg 1961, ist in den philosophischen Aspekten zwar ganz abhängig von Haering, doch finden sich richtige Bemerkungen, etwa, (S. 214) es gehe nicht an, beim späten Novalis den Dichter gegen den Philosophen auszuspielen, briefliche Äußerungen seien bei Novalis nur sehr bedingt beweiskräftig.

4. Die sogenannten Rekonstruktionsversuche des OFTERDINGEN von Tieck an haben zu sehr unterschiedlichen und manchmal absurden Ergebnissen geführt, was bei der vieldeutigen und dürftigen Ausgangslage nicht anders sein konnte. Auch Peter Küpper, DIE ZEIT ALS ERLEBNIS DES NOVALIS, Köln-Graz 1959, erinnert daran (S. 105), daß schon O. Walzel vor einer Rekonstruktion gewarnt habe. Küpper (S. 119) meldet einmal mehr Zweifel an, „ob nicht jeder Versuch, die un-vollendeten Partien des Romans in ihrem ‚inhaltlichen' Umriß nachzuzeichnen, notwendigerweise über das Ziel hinausschießen oder unter dem Ziel bleiben muß". Er will deshalb „besser nicht nach den letzten Seiten des ‚Ofterdingen', die nie ge-schrieben wurden", fragen, „sondern nach der Sprache, in welcher sie hätten geschrie-ben werden können". — Das ist natürlich ebenfalls riskant, wenn auch vielleicht nicht ganz so sehr, wie ein anderer Rekonstruktionsversuch Küppers. Er will näm-lich (ebd. 104 ff.) die bisher angenommene Zweiteilung des OFTERDINGEN in Erwartung und Erfüllung aufheben zugunsten einer Dreiteilung in Erwartung, Erfüllung, Verklärung. Gegen diese These wendet sich H. J. Mähl, DIE IDEE DES GOLDENEN ZEITALTERS IM WERK DES NOVALIS, Heidelberg 1965, S. 416. — Uner-achtet dieser problematischen These findet sich bei Küpper Wertvolles zum Ver-ständnis des OFTERDINGEN.

Die Aufzeichnungen zur Fortsetzung des OFTERDINGEN können bei der Deutung des ersten Teils jedoch nicht einfach eliminiert werden, nur weil sie so leicht in einen Irrgarten leerer Spekulation führen. Behutsam verwertet sie etwa Mähl im Schluß-kapitel seiner IDEE DES GOLDENEN ZEITALTERS, oder Gerhard Schulz, DIE POETIK DES ROMANS BEI NOVALIS (Jahrbuch des Freien Deutschen Hochstifts 1964, S. 120 bis 157). — Mit etwas rigoroser Naivität verfährt wieder Heinz Ritter, DER UN-BEKANNTE NOVALIS, Göttingen 1967, sobald er von Fragen der chronologischen Zuordnung zur interpretatorischen Verwendung der Nachlaß-Notizen übergeht.

5. I, 356: Erstehung, statt Entstehung. Auch in der 1. Auflage der SCHRIFTEN von Kluckhohn und Samuel „Erstehung". Wasmuth beruft sich in der Vorbemerkung

zum 4. Band seiner Ausgabe auf die alte Ausgabe von Kluckhohn und Samuel als Quelle, gibt aber keinen Grund für Konjekturen an. Da bis zum Erscheinen des Briefbandes der 2. Auflage der SCHRIFTEN nur der Text von Wasmuth allgemein zugänglich ist, wird Wasmuth in solchen Fällen herangezogen, um dem Leser leicht den Einblick in den ganzen Brieftext zu ermöglichen. Eine solche Zitation bedeutet natürlich nicht Übereinstimmung mit Wasmuths Konjekturen. Die Mehrzahl der in unserer Arbeit zitierten Briefstellen stammt ohnehin aus dem wichtigsten Briefwechsel von Novalis mit Fr. Schlegel, wie ihn Preitz veröffentlicht hat.

6. I, 356: mich sehr, statt mir sehr.

7. Vgl. die zum Teil wörtlich gleichen Formulierungen in der Aufzeichnung derselben Zeit (III, 646) und die Bemerkung des Herausgebers (III, 547).

Zur Auseinandersetzung mit Goethes WILHELM MEISTER vgl., außer der zahlreichen älteren Literatur, vor allem die Einführungen und Kommentare von Bd. II und III. Ferner: H. J. Mähl, NOVALIS' WILHELM-MEISTER-STUDIEN DES JAHRES 1797, Neophilologus, 1963, S. 286 ff. — Gerhard Schulz, a. a. O. S. 120 ff. — H. J. Mähl, GOETHES URTEIL ÜBER NOVALIS, Jahrbuch des Freien Deutschen Hochstifts 1967.

8. Über Friedrich Schlegels Charakteristik des WILHELM MEISTER und die Literatur darüber informiert zusammenfassend Hans Eichner in seiner Einleitung zu Schlegel, KA II, S. LXXI ff. Eichner weist auch auf die Differenz zwischen der im ATHENAEUM veröffentlichten Rezension und den sehr kritischen privaten Notizen Schlegels über den MEISTER hin.

9. II, 640 ff. Der Herausgeber spricht von einem „Essay über Goethe" und datiert ihn auf Sommer 1798 (II, 519).

10. Über Abstraktion als ein Schlüsselbegriff von Novalis vgl. u. S. 124 ff.

11. „Abhandlung über Jacob Boehme — Seinen Werth, als Dichter. Über dichterische Ansichten der Natur überhaupt" (III, 646). Die Notiz vom Februar 1800 geht der Aufzeichnung „Gegen Wilhelm Meisters Lehrjahre" unmittelbar voraus, und sie fährt fort: „Ansichten der *alten* Arzeneykunde. Ihr dichterischer Werth. *Wunderbarkeit* der mathematischen Figuren. Über die Methode die Heilkunde würcklich, *als experimentale Physik,* zu bearbeiten." Schon diese Notiz genügt, die übliche Interpretation des Briefes an Tieck vom 23. Februar 1800 in Frage zu stellen. Denn diese Notiz fixiert eine Idee, die ganz in den Umkreis der Enzyklopädistik-Pläne gehört, also in jene frühere Phase, die vermeintlich der reinen Spekulation zuzurechnen wäre. Böhme ist ein anderer Name für Plotin, und wofür der Name Plotin steht, wird zu zeigen sein. Über die Zusammenhänge von experimentaler Physik, Mathematik und alter Arzneikunde (= Alchemie = Kabbalistik = Neuplatonismus) vgl. u. S. 36 f. Ist dieser Zusammenhang einsichtig gemacht, wird

auch deutlich, was unter dem dichterischen Wert sowohl Böhmes wie der Arzneikunde zu verstehen ist.

12. Über die werdende Antike vgl. Walter Benjamin, DER BEGRIFF DER KUNST-
KRITIK IN DER DEUTSCHEN ROMANTIK, in SCHRIFTEN II, Frankfurt/M. 1955, S. 518 f.:
„Die Romantiker wollten die Gesetzmäßigkeit des Kunstwerks zur absoluten
machen. Aber das Moment des Zufälligen ist nur mit der Auflösung des Werkes
aufzulösen oder vielmehr in ein Gesetzmäßiges zu verwandeln. Daher haben die
Romantiker folgerecht eine radikale Polemik gegen die Goethesche Lehre von der
kanonischen Geltung der griechischen Werke führen müssen. Sie konnten Vorbilder,
selbständig in sich geschlossene Werke, endgültig geprägte und der ewigen Progression enthobene Gebilde nicht anerkennen." Als spekulativer Entwurf ist Benjamins
BEGRIFF DER KUNSTKRITIK noch immer unerreicht. So wird der Wert dieser Arbeit
nur wenig dadurch gemindert, daß die Forschung der vergangenen Jahrzehnte im
Detail zu größeren Differenzierungen geführt hat. Benjamins Arbeit wäre vor allem
dahin zu ergänzen, daß Friedrich Schlegel und Novalis nicht einfach gleichzusetzen
sind. Benjamin generalisiert sie als „Romantiker" und verwischt die individuellen
Unterschiede. Nach der vollständigen kritischen Publikation des „Philosophischen
Werkes" von Novalis (II und III) und Fr. Schlegels „Philosophischen Lehrjahren"
(KA. 18. und 19. Band) wird die Symphilosophie der Freunde neu zu untersuchen
sein.

Wie die Antike, so wird auch die Bibel „im Wachsen begriffen" für „nicht geschlossen gehalten" (III, 569).

13. Zu dem berühmten 216. Athenäum-Fragment vgl. das in Anm. 8 über Schlegels Meister-Rezension Vermerkte. Eichner ergänzt (Schlegel K A II, S. LXXVI):
„Es ist durchaus im Sinne von Schlegels Einschätzung des WILHELM MEISTER, wenn
er in dem bekannten Athenäums-Fragment 216 diesen Roman seiner Tendenz wegen
dem bedeutendsten politischen Ereignis des achtzehnten Jahrhunderts zur Seite stellt;
nur überläßt er es dem Leser, das Wort ‚Tendenz' richtig zu verstehen. Die von
Schlegel nicht veröffentlichte Urfassung des Fragments führt eine deutlichere
Sprache: ‚Die drei größten Tendenzen des Zeitalters sind die Wissenschaftslehre,
Wilhelm Meister und die Französische Revolution. Aber alle drei sind doch nur
Tendenzen ohne gründliche Ausführung'. In diesem Sinn haben wir es auch zu
verstehen, wenn Lyceums-Fragment 120 erklärt: ‚Wer Goethes Meister gehörig
charakterisierte, der hätte damit wohl eigentlich gesagt, was es jetzt an der Zeit ist
in der Poesie.' Denn ein Werk ‚gehörig' charakterisieren heißt ja nicht nur zeigen,
was darin geleistet, sondern auch darlegen, was bloße Tendenz geblieben ist."

14. Sowohl Fr. Schlegel wie Novalis waren zunächst davon fasziniert, daß es
Goethe gelang, im WILHELM MEISTER einen bürgerlichen Stoff zu poetisieren. Sie
ahnten nicht, daß Schiller bereits am 20. Oktober 1797 an Goethe geschrieben hatte:

„Es fehlt dem Meister an einer gewissen poetischen Kühnheit, weil er, als Roman, es dem Verstande immer recht machen will."

15. Auffallend, daß Novalis sich in derselben Zeit notiert: „Hamlet ist eine *Satyre* auf ein modernes zivilisirtes Zeitalter ... Hamlet soll Held seyn, und ist ein *Gelehrter* etc. Einige erhabene Ideen schimmern durch und erheben das Ganze. Ophelias Wahnsinn und der Geist sind poetische Erscheinungen" (III, 651).

16. S. u. Kap. V., S. 73 f.

17. Die Notizen sind ab 18. Juni 1799 entstanden (III, 556). Im Oktober 1799 schreibt Novalis DIE CHRISTENHEIT ODER EUROPA, im Januar 1800 die HYMNEN AN DIE NACHT, von Januar bis April 1800 den Hauptteil des OFTERDINGEN (III, 528). In der Einleitung zu den „Fragmenten und Studien 1799—1800" vermerken die Herausgeber R. Samuel und G. Schulz, neben der ausgedehnten beruflichen Tätigkeit als Salinenassessor sei „der andere bestimmende Faktor für Hardenbergs letzte beiden Lebensjahre ... die stärkere Hinwendung zur Dichtung" gewesen, „zweifellos wesentlich beeinflußt durch die erneute persönliche Begegnung mit *Goethe* im Juli und dann wieder im November 1799 sowie durch die Freundschaft mit Ludwig *Tieck*, die im Juli 1799 geschlossen wurde. Das philosophische Interesse tritt etwas in den Hintergrund gegenüber literarischen Problemen, so vor allem der großen Auseinandersetzung mit *Goethes* ‚Wilhelm Meister‘, neben der sich eigene Romanpläne und schließlich der ‚Heinrich von Ofterdingen‘ entwickeln. Daneben steht die Beschäftigung mit religiösen Fragen ..." Es wird auf die naturwissenschaftlichen Notizen hingewiesen und auf die Bindung an den Physiker Johann Wilhelm Ritter, „den Novalis im November 1799 persönlich kennen lernte". Die letzten Handschriften belegen „das Interesse für die Großen der Weltliteratur, für Cervantes, Boccaccio und vor allem Shakespeare. Es sind Studien, die in Beziehung zu setzen sind zu eigenen literarischen Plänen und vor allem zu dem ständigen Bemühen um die Selbstbesinnung auf das Wesen des Dichters und der Poesie".

18. Über den engen Zusammenhang dieser Charakteristik mit Fr. Schlegels ÜBER GOETHE'S MEISTER vgl. III, 931.

19. So Wasmuth und vor ihm schon Kamnitzer. Wasmuth sagt im Nachwort, es gäbe „nur zwei Darbietungen der Fragmente ... deren Recht philologisch unbestreitbar ist" (Wasmuth III, S. 467 f.): die manuskriptgetreue, chronologische und die von ihm, Wasmuth, versuchte. Letztere will „die Aufzeichnungen zur Rekonstruktion der originalen Pläne von Novalis" benutzen. Philologisch ist das Recht einer solchen Rekonstruktion aber schon mehr als nur bestreitbar. Und wäre es auch, selbst wenn Wasmuth sich nicht eigens auf Theodor Haerings Arbeit stützen würde. (Wasmuth III, S. 468 und 472.)

20. Vgl. Mähl, N u P, S. 230 ff.

21. Steig, ARNIM UND DIE IHM NAHESTANDEN, Bd. I, S. 136. (Hier zitiert nach I, 190.)

22. Mähl in der Einleitung zum ALLGEMEINEN BROUILLON (III, 240). Die folgenden Zitate von Mähl ebd., 207—241.

23. Mähl führt (N u P, S. 211 ff.) Beispiele dieser negativ wertenden Unterscheidung zwischen den enzyklopädistischen Unternehmungen des 18. Jahrhunderts und Novalis an (Kluckhohn, Th. Haering, H. W. Kuhn). Mähl sieht sich zu dem Vorwurf gezwungen, es sei nicht bemerkt worden, daß es sich bei einer Reihe, die Enzyklopädie betreffenden, Notizen des Brouillons um Exzerpte aus d'Alemberts Vorrede handle. Obwohl Novalis seine Gedanken deutlich als Auszüge gekennzeichnet habe, sei ohne weitere Nachforschungen vorausgesetzt worden, daß es sich um Pierre Bayles „berühmte Enzyklopädie" handle (Haering, a. a. O., S. 124). Das ist in der Tat erstaunlich, wenn man bedenkt, daß Bayle's DICTIONNAIRE HISTORIQUE ET CRITIQUE schon ein halbes Jahrhundert vor der Enzyklopädie Diderot's und d'Alemberts's das Licht der Welt erblickte. Für Bayle war in Deutschland noch Gottsched zuständig, der ein Vierteljahrhundert nach Bayle's Tod und immer noch etliche Jahre vor d'Alembert's DISCOURS PRÉLIMINAIRE Bayle's DICTIONNAIRE als eine Hauptwaffe der älteren Aufklärung ins Deutsche übertrug. Deren Geist war Novalis denn doch schon ziemlich fern, und nicht nur den Jahren nach. D'Alembert's DISCOURS PRÉLIMINAIRE war er aber nicht weniger verbunden als Goethe, der ja mehrfach zustimmend auf die „Einleitung in das große Französische enzyklopädische Werk" hinweist. In dieser Einleitung sei „die große Wahrheit" ausgesprochen, „daß auf Inhalt, Gehalt und Tüchtigkeit eines zuerst aufgestellten Grundsatzes und auf der Reinheit des Vorsatzes alles in den Wissenschaften beruhe". (Goethe, Werke, Großherzogin Sophien-Ausg. II. Abtlg. 11. Band, S. 263 f. — Ebd. auch S. 370.)

24. Durch die Forschungen der Herausgeber der neuen Novalis-Ausgabe ist die Frage des Einflusses endlich auf eine solide Basis gestellt worden. Ihre Arbeit diente aber nicht einer überholten Parallelenjägerei. Mähl sagt es am Beispiel Plotins: „Der Sinn der folgenden Untersuchung ... besteht nicht darin, einen geringeren oder stärkeren *Einfluß Plotins* auf Novalis nachzuweisen, sondern er liegt in der exakten Erhellung von Textstellen, die ohne Kenntnis der Tiedemann-Lektüre unverständlich bleiben müssen. Der Nachweis von Lektürenotizen ... will weder die originale Denkleistung des Novalis schmälern noch der Suche nach neuen Einflußsphären Vorschub leisten, sondern eine elementare Voraussetzung jeder Interpretation erfüllen: die kritische Kommentierung des Textes, die ihr voranzugehen hat" (N u P, S. 166).

25. Vgl. die Anmerkungen zu ähnlich lautenden Notizen III, 938 f.

26. Selbstverständlich ist der philosophische Begriff des Experimentes vom naturwissenschaftlichen nicht zu trennen. Aber in der Geschichte der Philosophie wäre die eigenständige, wenn auch immer analoge Entwicklung des Begriffes „Experiment" einer genaueren Untersuchung wert.

27. Vgl. Anmerkung dazu in III, 937 und den Rückverweis auf III, 168: „(Kants Verfahren mit der Metaphysik — die ihm mit Philosophie synonym ist. Seine berühmte Frage.) (Sie ist die Frage nach der Möglichkeit und Constructionsmethode des philosophischen Genies.)" Hier wird, wenn auch indirekt, bereits Kants berühmte Frage so interpretiert, daß ihre Antwort von Kant wegführen muß.

28. Zu „Merkmal" vgl. III, 413: „Construction von Merckmalen — wie mach' ich *Merckmale* — wie entstehn Kennzeichen..."

29. Unter Darstellung ist natürlich nicht nur eine sekundäre philosophiehistorische Nachzeichnung zu verstehen. Im Satz „Fichtes und Kants Methode ist noch nicht vollständig und genau genug dargestellt" klingt auch mit: Deren Methode stellt noch nicht vollständig und genau genug dar. Denn Darstellung meint ja, wie aus der Notiz hervorgeht und wie sich aus der bereits zitierten Notiz Nr. 89 (III, 256: „Wie wenig Menschen haben *Genie* zum Experimentiren...") erschließen läßt: produzierende Repräsentation der Wahrheit. Solche Repräsentation wäre allerdings auch die wirklich vollständige und genaue Darstellung der unvollständigen Methode von Kant und Fichte. Denn eine solche vollständige Darstellung des Unvollständigen wäre erst möglich vom Standpunkt des dritten Kopernikus aus.

30. Schiller, obwohl für Novalis von Jugend auf von großer Bedeutung, wird oft verschwiegen. Ob hier Friedrich Schlegels „Haßliebe" (so Hans Eichner in Schlegel, K A II, S. XII) und der „Streit mit Schiller" (ebd.) sein Teil beitrug?

31. Vgl. Anmerkung mit den Querverweisen zu dieser Notiz, III, 986 f.

32. Anm. III, 945 verweist auf die Übereinstimmung mit einer Notiz in Fr. Schlegels Scholien 1798: „Der *Materialismus* ist nicht dem *Spiritualismus*, sondern dem *Formalismus* entgegengesetzt" (Schlegel, K A XVIII, S. 46). Unabhängig davon, ob es sich um eine zufällige Ähnlichkeit oder um den Einfluß der einen auf die andere Formulierung handelt, taucht die Frage auf, warum Novalis Idealismus und Realismus, Schlegel Spiritualismus und Materialismus dem Formalismus entgegenstellt. Gemeinsam ist beiden der Widerspruch gegen die herkömmliche Entgegensetzung. Sie aufzuheben zwingt nicht nur zu einem neuen Gegensatzbegriff, sondern auch zur Veränderung, Annäherung oder gar Vereinigung der bisher gegensätzlich behandelten Begriffe.

33. Mähl, N u P, S. 156.

34. So Th. Haering, a. a. O. Die Tendenz Haerings, bei Novalis ein philosophisches System von der Art Hegels zu entdecken, verdeckt gerade die Eigenart des spekulativen Denkens von Novalis. Vgl. Anm. 3.

35. III, 220: (Mähl, N u P, S. 165, S. 171).

36. III, 229: Kurt Sprengel, VERSUCH EINER PRAGMATISCHEN GESCHICHTE DER ARZNEIKUNDE, Halle, 1792—99. Vgl. dazu Mähl, N u P, S. 147, 166 ff.

37. III, 995 wird vermerkt, daß die ganze Aufzeichnung aus dem Brief an Caroline Schlegel „offensichtlich ins Brouillon übertragen worden ist". Mähls Interpretation dieser Stelle in N u P, S. 204 f.

38. Das Wort Oekonomie wird von Novalis ganz unterschiedlich verwendet, es darf also nicht immer in jenem negativen Sinn verstanden werden, der in der späten Kritik am WILHELM MEISTER vorherrscht.

39. Nach dem Tod der fünfzehnjährigen Sophie von Kühn spricht Novalis in seinen Tagebuchnotizen und Briefen oft vom „Entschluß". So nennt er die Idee, der Toten nachzufolgen. Das sogenannte Sophieenerlebnis spielt in der Novalis-Literatur eine große Rolle. Nötig wäre eine so nüchterne wie respektvolle neue Biographie Friedrich von Hardenbergs mit der sachlicheren Deutung des „Sophieenerlebnisses". Sie könnte gerade durch differenzierende Trennung des bloß Biographischen vom Dichterischen das Verständnis der poetischen Transformation vorbereiten. Was solche Verwandlung bedeutet, läßt sich an Dantes Beatrice oder an Georges Maximin ablesen.

Heinz Ritter, DER UNBEKANNTE NOVALIS, wertvoll durch Fakten, kann diese nötige Biographie nicht ersetzen. Das verrät noch mehr als der Untertitel („Friedrich von Hardenberg im Spiegel seiner Dichtung") die Weise, wie im Einzelnen das Biographische und das Dichterische aufeinander bezogen werden. Ritter bleibt ganz der alten Art verhaftet, zu den dichterischen Figuren die Gestalten im Leben Hardenbergs zu suchen. Von den früheren Deutungen unterscheidet er sich etwa dadurch, daß er Julie von Charpentier entdeckt, wo man früher Sophie von Kühn zu sehen wähnte.

40. Vgl. den Kommentar zu diesem Brief, Preitz S. 217.

41. Ritter, a. a. O. S. 9 f. vermerkt zurecht, Hardenbergs eigene Äußerungen in seinen Briefen seien nicht ohne Vorbehalt aufzunehmen. Unter den aufgeführten Beispielen findet sich auch „sein Wort an Friedrich Schlegel: ‚indes aufrichtig wär ich doch lieber tot'". Dieses Wort sei, „wenn auch in Augenblicken so empfunden, doch vor allem die Widerspiegelung dessen, was die Freunde als seine Seelenlage erwarteten". Da das von Ritter entdeckte Unbekannte bei Novalis vor allem in einer Aufwertung des Julien- und der Einschränkung des Sophien-„Erlebnisses"

besteht, muß das Wort an Schlegel fast zwangsläufig zu einer Konzession an die Meinung der Freunde relativiert werden.

42. So der Text des Briefes bei Preitz, S. 130, mit Herkunftsnachweis S. 209. Anstatt „und auf Muhameds und Luthers Fußstapfen zu wandeln" heißt es bei Wasmuth, IV, 403: „und auf Muhameds und Luthers Spuren zu wandeln."

43. Fr. Schlegel an Novalis am 2. Dezember 1798. Preitz S. 137 ff.

44. Fr. Schlegel ebd.: „Soviel ich ahnde, hat Dein Werk mehr Analogie mit einem idealen Buch von mir über die *Prinzipien der Schriftstellerei*, wodurch ich den fehlenden Mittelpunkt der Lektüre und der Universitäten zu konstituieren denke. Die Fragmente von mir und die Charakteristiken betrachte als Seitenflügel oder Pole jenes Werkes, durch das sie erst ihr volles Licht erhalten werden. Es sind klassische Materialien und klassische Studien oder Experimente eines Schriftstellers, der die Schriftstellerei als *Kunst* und als *Wissenschaft* treibt oder zu treiben strebt: denn erreicht und getan hat dies bis jetzt so wenig ein Autor, daß ich vielleicht der erste bin, der es so ernstlich will. — Meine Enzyklopädie wird nichts sein als eine Anwendung jener Prinzipien auf die Universität, das Gegenstück zu dem echten Journal."

45. „Ich denke eine neue Religion zu stiften . . ." Preitz vermerkt dazu (S. 213): „Hiergegen ‚Idee' 52: ‚Als Repräsentant der Religion aufzutreten, das ist noch frevelhafter wie eine Religion stiften zu wollen'." — Damit dürfte freilich Schlegels 52. Idee mißverstanden sein. Sie widerspricht nämlich nicht der im Brief geäußerten Absicht, eine neue Religion zu stiften, sondern ist an die Adresse der Repräsentanten der alten als Hauptgegner der neu zu stiftenden Religion gerichtet. Schlegel gibt den offiziellen Vertretern des Christentums im voraus und potenziert zurück, was diese ihm mit Sicherheit auf den Versuch der Religionsstiftung entgegnen werden.

46. Schlegel, K A II, S. 265. Unmittelbar wirkte natürlich Schleiermacher. Über den Zusammenhang von Schlegels „Ideen" und Schleiermachers „Reden über die Religion", vgl. K A II, S. LXXXIV f.

47. Preitz, S. 143 f. Preitz datiert den Brief auf die erste Hälfte Dezember 1798. Dazu Mähl, N u P, S. 139, wo der Brief auf 10. Dezember datiert wird: „Die neue Datierung ist durch Heinz Ritter erschlossen worden, der auch erkannte, daß dieser bisher als unvollständig angesehene Brief mit dem vermeintlichen Brieffragment vom 18. Dezember eine Einheit bildet . . ."

48. Novalis in der EUROPA über den Jesuitenorden: „Noch war keine solche Gesellschaft in der Weltgeschichte anzutreffen gewesen. Mit größerer Sicherheit des Erfolgs hatte selbst der alte römische Senat nicht Pläne zur Welteroberung entworfen. Mit größerem Verstand war an die Ausführung einer größeren Idee noch nicht gedacht worden. Ewig wird diese Gesellschaft ein Muster aller Gesellschaften seyn,

die eine organische Sehnsucht nach unendlicher Verbreitung und ewiger Dauer fühlen . . . Noch merkwürdiger wird diese Gesellschaft, als Mutter der sogenannten geheimen Gesellschaften . . .“ (III, 513 f.).

49. Vgl. die kritische Rekapitulation der Geschichte der Plotin-Entdeckung in Deutschland bei Mähl, N u P, S. 139 ff.

50. Athenaeum III, S. 94 ff. — Schlegel, K A II, S. 311 ff. Das Gespräch über die Poesie, zu dem die Rede über die Mythologie gehört, wurde in der zweiten Hälfte 1799 geschrieben und Januar 1800 abgeschlossen (K A II, S. LXXXVIII).

51. Athenaeum III, S. 98.

52. Ebd. S. 32.

53. Ebd. S. 12.

54. Ebd. S. 19.

55. Ebd. S. 20 f.

56. Athenaeum I, S. 204 ff. Das 116. Athenaeums-Fragment hat einen nicht endenden Progreß von Interpretationen hervorgerufen. (Einen übersichtlichen knappen Kommentar gibt Hans Eichner in Schlegel K A II, S. LIX ff.)

Die Bestimmung der romantischen Poesie als einer progressiven Universalpoesie ist für das Selbstverständnis der Romantik und für ihre historische Beurteilung entscheidend geworden. Schlegel proklamiert, alle Poesie sei oder solle romantisch sein. In diese ewig werdende, nie vollendete Dichtart wird alle bisherige Dichtung miteinbezogen. Zur historischen Universalität der Poesie als einer progressiven tritt ihre Totalität. Sie umfaßt „alles, was poetisch ist“. Auch die getrennten Gattungen sollen vereinigt und die Poesie mit Philosophie und Rhetorik in Berührung gesetzt, es sollen Poesie und Prosa, Genialität und Kritik, Kunstpoesie und Naturpoesie verschmolzen, ja Leben und Gesellschaft poetisiert werden. Organon und Spiegel solcher Universalisierung könnte am ehesten der Roman sein. Nur divinatorische Kritik, keine Theorie kann das Ideal solcher Poesie charakterisieren. Die Kritik transzendiert das Kunstwerk, indem sie es durchdringt und vollendet. Das alles zielt primär nicht auf neue literarische Ausdrucksformen, die Tendenz ist eschatologisch. So sagt Schlegel im 222. Fragment, der revolutionäre Wunsch, das Reich Gottes zu realisieren, sei der elastische Punkt der progressiven Bildung und der Anfang der modernen Geschichte. — Die Nähe von Schlegel und Novalis ist offenkundig und wurde natürlich immer gesehen. Aber die Frage bleibt, ob die orphische Philosophie, die den Logos der Poesie entwerfend zu begreifen suchte, nicht konsequenter und klarer die Dimension solch absoluter Poesie ausgemessen hat als die progressive Universalpoesie.

57. Richard Samuel setzt die Entstehung der Randbemerkungen von Novalis zu Schlegels IDEEN auf Ende September bis spätestens Mitte Oktober, kurz vor der Niederschrift der EUROPA an (III, 483). Samuel vermerkt, Novalis habe von 155 Ideen 26 „unter die kritische Lupe genommen, von denen 18 sich auf Schlegels Religionsauffassung und seine Stellung zum Christentum beziehen" (ebd. 485). Besonders scharf trete Novalis der künstlichen Schaffung einer neuen Bibel entgegen, „eine Einstellung, die auf der einen Seite zeigt, wie die Bibelidee der beiden Freunde schon in der Zeit des ALLGEMEINEN BROUILLON nicht identisch gewesen ist, auf der anderen, wie stark sich Hardenberg von ihr fortentwickelt hat". — Der Ton der meisten Anmerkungen verrate eine Neigung zum Abdämpfen, sogar bei dem „starken Angriff auf Schlegels Auffassung vom Genie". Mit dieser Interpretation scheint aber die komplizierte Spannung zwischen Novalis und Schlegel selbst etwas abgedämpft. Das führt zu einer gewissen vereinfachten Zeichnung des Verhältnisses. Zwar kann man Samuel zustimmen, wenn er schreibt, eine völlige Ablehnung von Schlegels Grundauffassung liege Novalis fern. Aber nicht ebenso schlüssig ist der Beweis dafür: Einmal die Zustimmung von Novalis zu 37 Ideen. Dann: „Besonders zeigt sich dies an der Wärme, mit der er auf Schlegels ... Anruf ‚An Novalis' erwidert." Die „An Julius" gerichteten Sätze, wie immer man sie interpretiert, dürften aber noch mehr und anderes sein als ein einfaches Zeugnis freundschaftlicher Wärme.

58. Nietzsche, ECCE HOMO, Kap. „Also sprach Zarathustra" (Werke, hrsg. von Schlechta, II, S. 1133): „Es gibt etwas, das ich die *rancune* des Großen nenne: alles Große, ein Werk, eine Tat, wendet sich, einmal vollbracht, unverzüglich *gegen* den, der sie tat."

59. Die Abfassung der EUROPA liegt „zwischen Anfang Oktober und dem 9. November" 1799 (III, 498).

60. Die Vorgänge um die Ablehnung der EUROPA schildert zusammenfassend Samuel in der Einleitung III, 498 ff. Samuel schreibt (ebd. S. 500): „Wie die Verspottung in Schellings *Widerporst*, nahm Hardenberg auch die sachliche Kritik an seiner ‚Rede' gut auf, ohne daß er an seinen Grundideen irre geworden wäre." Ausführlich berichtet Mähl in „Goethes Urteil über Novalis", a. a. O. S. 167 ff. Auch Mähl kommt zu dem Schluß: „Es hat nicht den Anschein, daß Novalis über die nach seiner Abreise aus Jena erfolgten Ereignisse verstimmt gewesen sei. Die Verspottung durch Schellings ‚Widerporst' nahm er mit gutem Humor auf ..." Zum Beweis zitiert Mähl aus dem Brief von Novalis an Schlegel vom 31. Januar 1800: „Warum der Widerborst nicht gedruckt werden soll, kann ich nicht recht einsehn. Der Atheism müßt es seyn? aber denkt doch nur an die Götter Griechenlands? Schade wärs — seine Unverständlichkeit ist nur eine Unverständlichkeit für geistlose Menschen — sonst ist er sehr faßlich — im Gegentheil scheint er mir ausnehmend *klar* zu seyn — Es ist euch noch nichts Klarers entwischt." Der Schluß des

Satzes deutet vielleicht doch auf anders als guten Humor — zu allermindest auf ziemlich hintergründige Ironie. Zu denken gibt auch, daß Novalis, an Schlegel schreibend, aber von Schellings Verspottung handelnd, sagt, es ist *Euch* nichts Klareres noch entwischt. Entwischt!

Zum Hinweis auf die Götter Griechenlands sei an Hardenbergs frühe „Apologie von Friedrich Schiller" erinnert (II, 24 f.). Sie beginnt: „Man hat fast überall über das vortreffliche Gedicht des Herrn Raths Schiller ‚Die Götter Griechenlands' Weh und Ach geschrieen, ihn für einen Atheisten und ich weiß nicht für was alles erklärt . . ."

61. Dagegen scheint EUROPA, III, 508 zu sprechen: „Mit Recht widersetzte sich das weise Oberhaupt der Kirche, frechen Ausbildungen menschlicher Anlagen auf Kosten des heiligen Sinns, und unzeitigen gefährlichen Entdeckungen, im Gebiete des Wissens. So wehrte er den kühnen Denkern öffentlich zu behaupten, daß die Erde ein unbedeutender Wandelstern sey . . ." Aber das entscheidende Wort ist: öffentlich. Es geht Novalis in der EUROPA allein um die These von der öffentlichen Verkündigung, nicht um die Wahrheit dieser Entdeckungen, die er natürlich nicht bezweifelt. Unzeitig heißt, daß die Menschheit für diese Wahrheit noch nicht reif gewesen sei. — III, 1014 heißt es im Kommentar zu dieser Stelle, sie erinnere an Galileis legendären Ausspruch: Eppure si muove. — Novalis spricht allerdings von den Denkern, also von einer Mehrzahl, wie auch von den Bekennern.

Denkbar wäre freilich auch, daß sich der zum Ritus der Bekenner des Universums gehörende Scheiterhaufen auf Indisches bezieht. — Auch in Klingsohrs Märchen kommt dann der Scheiterhaufen vor. Doch würde all dies nicht der Folgerung widersprechen, daß sich Novalis während der Abfassung der Anmerkungen zu Schlegels IDEEN im Gedankenkreis der enzyklopädistischen Ideen bewegt.

62. Schlegels 51. Fragment: „Wir wissen nicht was ein Mensch sei, bis wir aus dem Wesen der Menschheit begreifen, warum es Menschen gibt, die Sinn und Geist haben, andre denen sie fehlen."

63. Vgl. Anm. 57 mit Zitat aus III, 485.

64. R. Haym, DIE ROMANTISCHE SCHULE, Aufl. letzter Hand, Berlin 1870 = photomechanischer Nachdruck Darmstadt 1961, S. 389: „Enden aber sollte der romantische Mythus, die Phänomenologie gleichsam des poetischen Geistes, jenseits des irdischen Lebens." Damit hat wohl schon Haym nicht einfach nur auf Hegels Titel angespielt. Dieses „gleichsam" zu streichen und also wirklich von einer Phänomenologie des poetischen Geistes zu sprechen heißt, Novalis in der seiner geistesgeschichtlichen Herkunft wie seiner Intention angemessenen Weise verstehen zu wollen. Von seinen Voraussetzungen her mußte Haym bei diesem „gleichsam" noch halt machen.

65. Novalis im Brief vom 26. 12. 1798 an Just.

66. Die umfassendste Darstellung des Themas zusammen mit der „Herkunft und Geschichte der Idee" seit dem Altertum hat Hans-Joachim Mähl gegeben: Die Idee des goldenen Zeitalters im Werk des Novalis, Heidelberg 1965.

67. Schillers Briefe über die ästhetische Erziehung erschienen zuerst in den Horen von 1795.

68. Schiller, N A 20, S. 321 (6. Brief).

69. Ebd. S. 410 (27. Brief).

70. Ebd. S. 328 (6. Brief).

71. 15. Brief. Auch das folgende.

72. 27. Brief.

73. 2. Brief.

74. Friedrich Schlegel, Über das Studium der griechischen Poesie, herausgegeben und eingeleitet von Paul Hankamer. Godesberg 1947. Im folgenden wird danach zitiert.

75. Ebd. S. 112 f.

76. Ebd. S. 64.

77. Ebd. S. 120 f.

78. Ebd. S. 185.

79. Ebd. S. 197.

80. Fr. Schlegel, Ideen. K A II, S. 257 ff. (27. Fragment).

81. Ebd. 56. Fragment.

82. Ebd. 63. Fragment.

83. Ebd. 59. Fragment.

84. Ebd. 92. Fragment.

85. Lessing, Die Erziehung des Menschengeschlechts, § 87. Die folgenden Zitate §§ 89, 88, 91, 86.

86. Ebd. § 76. Das folgende § 77.

87. Der in der Europa verwendete Ausdruck „Glauben und Liebe" (III, 510) diente Novalis ja auch als Titel der im Juli 1798 in den „Jahrbüchern der Preußischen Monarchie" erschienenen Fragmentensammlung.

88. Schiller, N A 20, S. 322 (6. Brief): „Die Kultur selbst war es, welche der neuern Menschheit diese Wunde schlug. Sobald auf der einen Seite die erweiterte Erfahrung und das bestimmtere Denken eine schärfere Scheidung der Wissenschaften, auf der andern das verwickeltere Uhrwerk der Staaten eine strengere Absonderung der Stände und Geschäfte nothwendig machte, so zerriß auch der innere Bund der menschlichen Natur, und ein verderblicher Streit entzweyte ihre harmonischen Kräfte.“

89. Schiller, N A 20, S. 323 f. (6. Brief).

90. Ebd. S. 311 (2. Brief).

91. Ebd. S. 402 (26. Brief). Bei Novalis findet sich dann bereits die risikoreiche Wendung (III, 519): „In Deutschland hingegen kann man schon mit voller Gewißheit die Spuren einer neuen Welt aufzeigen. Deutschland geht einen langsamen aber sichern Gang vor den übrigen europäischen Ländern voraus. Während diese durch Krieg, Spekulation und Parthey-Geist beschäftigt sind, bildet sich der Deutsche mit allem Fleiß zum Genossen einer höhern Epoche der Cultur, und dieser Vorschritt muß ihm ein großes Übergewicht über die Anderen im Laufe der Zeit geben.“ Ähnlich auch II, 437.

92. Schiller, N A 20, S. 412 (27. Brief).

93. Paul Claudel, L'ANNONCE FAITE À MARIE: „Tout le drame se passe à la fin d'un Moyen Age de convention, tel que les poètes du Moyen Age pouvaient se figurer l'antiquité.“

94. I, 187. — Mähl, GOETHES URTEIL … macht deutlich, mit welcher Vorsicht alle späteren Äußerungen, vor allem auch die von Tieck, abzuwägen sind. Was Mähl über das posthume Novalis-Arrangement der Fragmente sagt, das vor allem zu Lasten Tiecks gehe, zwingt natürlich auch, die Aussagen über den Fortgang des OFTERDINGEN genau zu prüfen. Vgl. o. Anm. 4.

95. An Caroline Schlegel schreibt Novalis am 27. Februar 1799 als Antwort auf Fr. Schlegels Lucinde: „Soviel seh ich unsre ersten Romane werden himmelweit verschieden. Der Meinige wird diesen Sommer wahrscheinlich in Toeplitz oder Carlsbad fertig. Indeß, wenn ich sage, fertig — so heißt dies der erste Band — denn ich habe Lust mein ganzes Leben an Einen Roman zu wenden — der allein eine ganze Bibliothek ausmachen — vielleicht Lehrjahre einer *Nation* enthalten soll. Das Wort *Lehrjahre* ist falsch — es drückt ein bestimmtes *Wohin* aus. Bey mir soll es aber nichts, als — *Übergangs-Jahre* vom Unendlichen zum Endlichen bedeuten. Ich hoffe damit zugleich meine historische und philosophische Sehnsucht zu befriedigen.“
Gerhard Schulz, DIE POETIK … S. 123, nennt diese Äußerung eine „Schlüsselstelle für das Verständnis von Hardenbergs Poetik des Romans“.

96. Schiller am 9. Juli 1796 an Goethe.

97. Stefan George schrieb an Friedrich Gundolf: „man darf niemals alles sagen was man weiss" (Briefwechsel S. 224). Manchmal sagt nicht nur Friedrich Schlegel, sondern auch Novalis mehr, als er wirklich weiß.

98. So etwa G. R. Hocke, MANIERISMUS IN DER LITERATUR, Hamburg 1959, S. 81. Hocke zitiert aus Lorcas Góngora-Essay, die Metapher vereine „zwei entgegengesetzte Welten mittels eines kühnen Reitersprungs, den die Phantasie vollführt". Unmittelbar an dieses Zitat schließt Hocke an: „Novalis schrieb: ‚Nichts ist poetischer als alle Übergänge und poetische Mischungen', ‚Kontraste sind inverse Ähnlichkeiten'." In unserem Zusammenhang ist nur das erste Novalis-Zitat zu beachten. (In der von Hocke benützten „Diederichsausgabe", Bd. III, steht das erste Zitat im Fragment Nr. 49, das zweite in Nr. 177.) Die Feststellung, nichts sei poetischer als alle Übergänge etc. muß zunächst einmal in den Kontext zurückgetragen werden: III, 587. Ob die Bemerkung dann noch dasselbe meint wie die Metaphern-Definition von Lorca ist sehr fraglich.

99. III, 491. Schlegel, IDEEN, 63. Fragment: „Die eigentliche Centralanschauung des Christentums ist die Sünde." Anmerkung von Novalis: „Sollte nicht die Sünde nur das Nichtich des Xstenthums — oder vielleicht gar nur *annihilando* durch das Xstenthum gesetzt werden?"

100. Über die Gestalt des Fremden im OFTERDINGEN im Vergleich mit den Fremdlingsgestalten des WILHELM MEISTER und der romantischen Romane vgl. Küpper, a. a. O. S. 90 ff.
Zu seltsamen Kombinationen ist Heinz Ritter durch sein Bemühen um biographische Identifikation bei der Gestalt des Fremden gekommen. Ritter schreibt zunächst, a. a. O. S. 196: „Wenn hinter dem alten Bergmann Novalis' Lehrer Werner steht, so handelt es sich bei der von Novalis wiederholt geschilderten Begegnung zwischen dem erzählenden Alten und dem begeisterten Jüngling nicht um eine uns unbekannte Begegnung mit einem Fremden, sondern um den Eindruck von Werners Persönlichkeit auf Novalis; und zwar um den ersten Eindruck, der geblieben ist, in dem Werner noch als ‚der Fremde' erscheint. ‚Der Fremde' muß von seinem Leben und Werden erzählt haben, und zwar nicht vor Novalis allein, sondern vor den Bergstudenten; denn Heinrich sagt (I, 195): ‚doch weiß ich nicht, warum nur ich von seinen Reden so ergriffen worden bin; die andern haben ja das nämliche gehört'." — Bei der Interpretation des Gedichtes „Die Vermählung der Jahreszeiten", das Ritter in seiner wie eine Tatsache vorgetragenen Rekonstruktion des zweiten Teils vom OFTERDINGEN gibt, sagt er (a. a. O. S. 274 f.): „An dieser Stelle" (nämlich dem vermeinten Schluß des Ofterdingen) „erfahren wir nun zum ersten mal gewiß, daß die Begegnung mit dem Fremden in einem ‚geselligen Kreis' stattfand und daß jener ein ‚Gast' war, also nur einmalig und außergewöhnlich in

diesem Kreis erschien. Es kann sich also nicht um den ersten Eindruck von Professor Werners Persönlichkeit gehandelt haben, sondern nur um einen von außen nach Freiberg Hereinkommenden, einen fremden ‚Gast‘. Das kann sehr wohl der alte Bergmeister zur Eule gewesen sein, dem Werner die Gelegenheit gab, seine vielfältigen Kenntnisse den jungen Bergstudenten mitzuteilen . . ." usw. Dem entspricht wenn (S. 275) die klappernden Fenster aus dem Anfangssatz des OFTERDINGEN zu dem Schluß führen: „Da das Erlebnis nur in Freiberg spielen kann, müßte Novalis damals dort in einem Raum mit einigermaßen nach Süden gerichteten, klappernden Fenstern gewohnt haben."

101. R. Haym, a. a. O. S. 372.

102. Vgl. Jutta Hecker, DAS SYMBOL DER BLAUEN BLUME im Zusammenhang mit der Blumensymbolik der Romantik. Jena 1931. — Hier wird S. 78 ff. darauf hingewiesen, daß die Blaue Blume als Kennwort der Epoche erst neuern Datums sei. Im Freundeskreis sei die Blume kaum beachtet worden. Fr. Schlegel nenne in seiner Besprechung in der „Europa" die Blume nicht, ebensowenig wie Solger, obwohl beide im OFTERDINGEN den neugeschaffenen Mythos preisen. Erst durch Heines ROMANTISCHE SCHULE werde der Blauen Blume der Weg zur Popularität gewiesen. Es sei Heines Werk, das Symbol des Karfunkels verdrängt und fast ausgelöscht zu haben zugunsten des Symbols der Blauen Blume.

103. Der Fremde taucht auch in den späteren Notizen wieder auf und zwar an bedeutender Stelle. Die Notiz (III, 677 = I, 347) beginnt: „Der Fremde von der ersten Seite. / Das ganze Menschengeschlecht wird am Ende poetisch. Neue goldne Zeit." Dieser Notiz geht die Bemerkung voran, die von den Überlegungen von Novalis über den Streit auf der Wartburg und die letzte Verklärung zeugt. Das Nachdenken führt dazu: „Keinen Streit auf der Wartburg." „Mehrere Szenen" an Kaiser Friedrichs Hof werden offenbar erwogen, dann „hinten", ein ordentliches Märchen in Szenen. „Hinten die Poetisirung der Welt — Herstellung der Märchenwelt. Aussöhnung der kristlichen Religion mit der heydnischen. Die Geschichte des Orpheus — der Psyche etc." Die darauf folgende Notiz erwähnt eben den Fremden und nimmt dann den Hauptgedanken der Poetisierung des Menschengeschlechts wieder auf. Das ist, vom Anfang des Romans her gedacht, konsequent, wie auch immer Novalis sich das Auftauchen des Fremden am Ende gedacht haben mochte.

104. III, 592: „Naturmärchen, oder *Allegorische Naturmythen.* / Sage von der Zeit, wo alles sprach. Ursach des Verstummens." Zur Notiz über die Lehre von den Signaturen vgl. u. S. 149.

105. Über die Ambivalenz der Nacht in den HYMNEN und die Anwendung auf die Geschichtsphilosophie vgl. Küpper, a. a. O. S. 26 ff.

106. Vgl. HYMNEN AN DIE NACHT: „. . . Wessen Mund einmal die krystallene / Woge nezte, die gemeinen Sinnen unsichtbar, quillt / in des Hügels dunklen Schoos,

an dessen Fuß die irdische / Flut bricht, wer oben stand auf diesem Grenzgebürge der Welt und / hinüber sah, in das neue Land . . ." (I, 136).

107. Vgl. u. Kap. VIII, S. 125, und Mähl, N u P, S. 191, über intellectuale Anschauung.

108. R. Böhme, ORPHEUS, Berlin 1953, S. 57: „Die Heliadenmädchen führen den Dichter — ganz orphischer Tradition verhaftet — durch das mythische Jenseitstor . . . durch das in das Jenseits des Menschentages führende Tor, in dem sich die Wege von Tag und Nacht begegnen. Dies Jenseits ist ungeschieden noch ‚Unterwelt‘ wie ‚Überwelt‘ (wenn man nur jeglichen Raumrationalismus fernzuhalten vermag), die Nachtwelt ist hier auch das Sonnenland, Aietes — bei dem in goldenem Gemache des Helios Strahlen liegen — ist auch Hades . . .“

109. Am Ende von Klingsohrs Märchen sagt Sophie: „Die Mutter ist unter uns, ihre Gegenwart wird uns ewig beglücken." Während des endzeitlichen Liebesfestes gesprochen, klingt es wie eine Erinnerung an die Gestalt der Magna Mater. — Die Apotheose der Liebe ist die andere Seite der Apotheose der Poesie. Diese Apotheose der Liebe bedingt auch die Offenbarung des Weiblichen als Gottheit. Schon damit geht Novalis weit über den Marienkult und die katholisierenden Tendenzen der Romantiker hinaus — und findet divinatorische Zusammenhänge, deren verborgene Tradition ihm kaum bewußt gewesen sein dürfte. Vgl. Gershom Scholem, VON DER MYSTISCHEN GESTALT DER GOTTHEIT, Studien zu Grundbegriffen der Kabbala, Zürich 1962. Darin vor allem das 4. Kapitel: „Schechina: das passivweibliche Moment in der Gottheit." Auch die weiteren Kapitel über die „Seelenwanderung und Sympathie der Seelen" und die „Vorstellung vom Astralleib" könnten ein neues und tieferes Verständnis von Novalis vorbereiten helfen, obwohl Scholem natürlich nicht von Novalis handelt. Das gilt auch von den andern Werken Scholems. Und es gilt nicht nur für Novalis. Mehrere Kapitel der europäischen Literaturgeschichte werden neu zu lesen sein, wenn die Literaturwissenschaft die Erschlüsselung der Kabbalistik durch Scholem wirklich rezipiert haben wird.

110. Zum „Lied der Toten". In der Einleitung zu den Aufzeichnungen von Juni bis Dezember 1799 heißt es (III, 534): „Bedeutsam ist . . . daß die Notizen Nr. 191 f. mit der Erwähnung eines ‚Liedes der Todten‘ noch nicht, wie bisher angenommen, im Zusammenhang mit dem ‚Heinrich von Ofterdingen‘, sondern, wie aus dem Inhalt hervorgeht, mit einer Fortsetzung der ‚Lehrlinge zu Sais‘ zu sehen sind." Eine Anmerkung verweist auf H. Ritters „Die Entstehung des Heinrich von Ofterdingen" in Euphorion 55 (1961). Ferner (III, 534): „Das Lied der Klosterherren im ‚Ofterdingen‘ trägt allerdings auch gar nicht diese Überschrift, und Tieck hütet sich, sie ihm in seinem Fortsetzungsbericht zu geben. Der Titel ‚Lied der Toten‘ . . . wurde erst von Minor 1907 . . . eingeführt, wohl auf Grund dieser bisher falsch datierten Aufzeichnung." — Ritter, DER UNBEKANNTE NOVALIS, 1967, bleibt

beim hergebrachten Titel: „Einer der Höhepunkte der *Ofterdingen*dichtung ist das *Lied der Toten*" (S. 265). Zu den fraglichen Notizen (III, 579) in denen „Das Lied der Todten" als Wortnotiz auftaucht, schreibt Ritter (S. 271): „So scheinen es Themen zu sein, die sich ursprünglich auf die *Lehrlinge zu Sais* bezogen, die dann aber ... teilweise in den entstehenden *Ofterdingen*roman aufgenommen wurden." Ritter kommt zu dieser Schlußfolgerung: „Also kann das erhaltene *Lied der Toten*, das 1800 entstanden ist, nicht für die *Lehrlinge* gedichtet worden sein, sondern nur für den *Ofterdingen II*." In den Berliner Papieren fänden sich die Zusammenhänge, in die das Lied passe, die Verschmelzung mit dem ursprünglichen Sais-Motiv vollziehe sich gleichsam vor unseren Augen, in vier Phasen, in deren Verlauf Heinrich „schrittweise gewissermaßen entdeckt, daß die Klosterherren die Toten sind, deren Reich und Lied er anschaulich machen will. Ursprünglich sah er sie als Lebende an ..." Das Lied könne erst nach den Berliner Papieren entstanden sein und der Schrift nach kaum später liegen als August 1800.

111. So etwa Joachim Rosteutscher, Das ästhetische Idol im Werke von Winckelmann, Novalis, Hoffmann, Goethe, George und Rilke, Bern 1956, S. 101.

112. Zur Beschäftigung des jungen Hardenberg mit dem Orpheus-Motiv vgl. R. Samuels Einleitung zu den Dichterischen Jugendarbeiten (I, 452).

113. Aus den Notizen zum Fortgang des Ofterdingen ist zwar zu ahnen, daß das Paradigma charakteristische Verwandlungen erfahren sollte. („Mathilde steigt in die Unterwelt und holt ihn." III, 675 = I, 345). Aber wer sich nicht im kimmerischen Dunkel der Rekonstruktion einer Fortsetzung des Ofterdingen verlieren will, wird hier zögernd mit der Deutung einhalten.

114. Vgl. hierzu die Anmerkungen zum Astralis-Gedicht I, 610. Ferner Ritter, a. a. O. S. 276 ff., der sich S. 279 und S. 345 gegen einige Deutungen von I, 610 wendet.

115. Schlegel in der Zeitschrift „Europa" von 1803, hier zitiert nach I, 189.

116. Friedrich Hiebel, Novalis, Der Dichter der blauen Blume. München 1951, S. 295, sieht dagegen in dem Gespräch Sylvester — Heinrich „die Gedankenhöhe eines platonischen Dialogs" erreicht: „Es ist sprachlich und gedanklich das Großartigste, was Novalis zu geben vergönnt war, bevor die Todeskrankheit ihm die Feder aus der Hand genommen."

117. Die späte Datierung von Klingsohrs Märchen: I, 43. III, 546 f. Ritter, a. a. O. S. 201 ff.

118. Zum Vergleich von Goethes und Novalis' Märchen vgl. Hiebel, a. a. O. S. 75 ff. Ritter, a. a. O. S. 208.

119. Von den Schwierigkeiten, die der OFTERDINGEN, das Märchen zumal, den Freunden bereitete, zeugt etwa ein Brief Fr. Schlegels an Schleiermacher vom Mai 1800. Der Roman wird da zwar eine „wunderbare und durchaus neue Erscheinung" genannt, und es heißt, im Märchen sei Hardenberg einzig. Aber: „Das Ganze soll eine Apotheose der Poesie sein, es sind indessen vor der Hand herrliche Bergmanns-träume, das Zentrum das Symbol des Goldes, manches mir aber noch durchaus unverständlich, und da alles so zusammenhängt, freilich alles..."

120. Fr. Schlegel im GESPRÄCH ÜBER POESIE über Arabeske: ATHENAEUM III, S. 102, S. 115 f., S. 126.

121. Kluckhohn in seinem auch in die neue Auflage übernommenen Einleitungs-essay zu Novalis, SCHRIFTEN (I, 43).

122. Walter Benjamin in URSPRUNG DES DEUTSCHEN TRAUERSPIELS, Schriften I, S. 312. Ebd. auch S. 294 f., S. 315.

123. Nähe wie Unterschied zu Friedrich Schlegel zeigt ein Vergleich mit zwei Fragmenten der IDEEN (69 und 71. K A II, S. 263): „Ironie ist klares Bewusstsein der ewigen Agilität, des unendlich vollen Chaos." — „Nur diejenige Verworren-heit ist ein Chaos, aus der eine Welt entspringen kann." In der LUCINDE (K A V, S. 20) heißt es in der „Allegorie von der Frechheit": „Der echte Buchstabe ist all-mächtig und der eigentliche Zauberstab. Er ist es, mit dem die unwiderstehliche Willkür der hohen Zauberin Fantasie das erhabene Chaos der vollen Natur berührt, und das unendliche Wort ans Licht ruft, welches ein Ebenbild und Spiegel des gött-lichen Geistes ist, und welches die Sterblichen Universum nennen."

124. Werner Beierwaltes, PROKLOS, Frankfurt 1965, S. 280: „... Das Wesen der aufsteigenden Dialektik wird als Abstraktion ausgelegt. Dabei erweisen sich Flucht, Rückgang, Reinigung, Ähnlich- und Einfachwerden, Sammlung, Erleuchtung und Göttlichwerden als Momente dieses abstrahierenden Denkens. Das Wesen von Abstraktion im neuplatonischen Sinne und mit ihm das Wesen der aufsteigenden Dialektik wird in der Entfaltung der Einheit dieser Momente deutlich. Um Miß-verständnisse abzuwehren, sei im vorhinein gesagt, daß sich der unter dem Titel ... ablatio genannte Abstraktionsbegriff von Grund auf von dem neuzeitlichen Begriff der Abstraktion unterscheidet... Das Ziel von Abstraktion im neuplatoni-schen Sinne... ist nicht der formalisierte Begriff..." Zur zitierten Novalis-Stelle vgl. Mähl, N u Pl, S. 179 und III, 982. — Mähl, N u Pl, S. 174 f.: „Für das all-gemeine Urteil der Zeit war das neuplatonische mit dem kabbalistischen und schola-stischen Denken nahezu identisch..."

125. So III, 441: „Sonderbares Accompagnement der Verstandesfantasieen — des abstracten Spiels — mit *innern* SinnenFantasieen und Bilderspiel — Begleitende Symbolisation, oder *Schematism.* / EmanationsLehre etc."

126. R. Haym, HERDER, I, S. 321.

127. Lavater, „Antworten".

128. EUROPA: „. . . und lernt den Zauberstab der Analogie gebrauchen" (III, 518). Richard Samuel, DIE POETISCHE STAATS- UND GESCHICHTSAUFFASSUNG . . . S. 48: „Die Analogie ist für ihn grundsätzlich symbolisch, hat also für ihn mehr als vergleichenden Wert, es lebt ein Stück wirklichen Zusammenhanges in den gezogenen Parallelen." — Küpper, a. a. O. S. 94, spricht von der symbolischen Analogie als dem technischen Mittel, dessen sich Novalis in der Gestaltung von Raum und Zeit bediene.

129. Statt von Poetisieren spricht Novalis auch von Romantisieren. „Die Welt muß romantisirt werden. So findet man den ursprünglichen Sinn wieder" usw. (II, 545).

130. Eine Parallele, die um so frappierender ist, weil sie nicht auf Einfluß beruhen kann, findet sich bei Nietzsche. In Nr. 230 von JENSEITS VON GUT UND BÖSE wird der Hang des Geistes zur „Einverleibung", seine Kraft, sich „Fremdes anzueignen" analysiert. Vgl. vom Verf. die ausführliche Interpretation dieses Aphorismus in NIETZSCHES PHILOSOPHIE, Frankfurt 1962, S. 112 ff. — Natürlich steht die Zueignung als unaufhörliches Geschäft des Geistes bei Novalis unter anderm Vorzeichen als Nietzsches Grundwille des Geistes. Zwischen Novalis und Nietzsche liegt, was der letztere als die Heraufkunft des Nihilismus signalisiert und als Tod Gottes symbolisiert hat. Es ist nicht das einzige mal, daß Novalis an Nietzsche erinnert. Doch wäre es auch hier mißverständlich, einfach von Vorläuferschaft zu reden. Denn die ähnlichen Bemerkungen stehen bei beiden meist gerade unterm andern Vorzeichen, sobald man sie im Kontext liest. Einige von sehr vielen Beispielen solcher Nietzsche-„Ähnlichkeit" bei Novalis: „Es ist sonderbar, daß nicht längst die Association von Wollust, Religion, und Grausamkeit die Leute aufmerksam auf ihre innige Verwandtschaft und ihre gemeinschaftliche Tendenz gemacht hat" (III, 568). — „Der Gegensatz von *Leib* und *Geist* ist Einer der Allermerckwürdigsten und Gefährlichsten — Große, historische Rolle dieses Gegensatzes" (III, 682). — „Alles was geschieht *will ich*" (III, 468). — „Das Fatum, das uns drückt, ist die Trägheit unsers Geistes. Durch Erweiterung und Bildung unsrer Thätigkeit werden wir uns selbst in das Fatum verwandeln . . . *Gott will Götter*" (II, 584).

131. Fr. Schlegel am 2. Dezember 1798 an Novalis (Preitz, S. 139): „Ich konnte Dir wohl beistimmen, . . . weil ich Deine Lehre von der Willkür und die Anwendung derselben aufs Christentum nicht bloß verstand, sondern antizipiert habe." — Über den Gebrauch des Wortes Willkür vermerkt Hans Eichner in seiner Einleitung zu Schlegels LUCINDE, K A V, S. XXXVII, Willkür habe damals „nicht immer die heutige negative Bedeutung" gehabt. Schon die von Eichner selbst angeführten

Beispiele von Schelling, Fr. Schlegel, Kant, denen viele andere hinzugefügt werden können, beweisen aber, daß in der Literatur der Zeit das Wort Willkür nicht nur gelegentlich, sondern sehr oft noch die ursprüngliche Bedeutung von freier Wahl hatte. Und nicht nur in der philosophischen Literatur.

132. Vgl. den ähnlichen Anfang der Notizen Nr. 72 und Nr. 74 (II, 540 u. 541) Nr. 72: „Zur Idee, Entwurf und Plan sucht man die Ausführung, zur Ausführung den Plan. / Alle Ideen sind verwandt. Das Air de Famille nennt man Analogie." Nr. 74: „Zur Welt suchen wir den *Entwurf* — dieser Entwurf sind wir selbst. — Was sind wir?"

133. Der Satz ist nicht ganz klar, auch Lesart II, 756 löst die grammatikalische Schwierigkeit nicht. Vermutlich ist gemeint: ... daß beide Systeme eigentlich in einem vollkommenen Wechselverhältnis stehen sollten, in welchem jedes, von seiner Welt affiziert, einen Einklang, nicht aber einen Einton bilden sollte.

134. Kant, KRITIK DER PRAKTISCHEN VERNUNFT, 1. Teil, 1. Buch, 3. Hauptstück (Akademie-Ausg. S. 86). Die Definition wird als Einleitung zur Bestimmung der moralischen Schwärmerei gegeben.

135. Die Notiz (III, 266), in der sich die berühmte Formel „Wechselrepraesentationslehre des Universums" findet, beginnt: „Magie. (mystische Sprachlehre) / *Sympathie des Zeichens* mit dem Bezeichneten (Eine der Grundideen der Kabbalistik." — Mähl, N u Pl S. 169 und III, 907 weist ausdrücklich darauf hin, daß diese und ein Teil der folgenden Aufzeichnungen sich auf die Lektüre von Kurt Sprengel, VERSUCH EINER PRAGMATISCHEN GESCHICHTE DER ARZNEIKUNDE, Halle, 1792 ff. beziehen. Die Prägung Wechselrepräsentationslehre ist von Novalis, aber unmittelbar durch Sprengels Darstellung angeregt. Bei Sprengel steht auch der Kernsatz: „Alles wirkt aufeinander: eines wird durch das andere bezeichnet."

136. Wie viele damals aktuelle und zündende Formeln stammt auch diese von Friedrich Schlegel (REDE ÜBER DIE MYTHOLOGIE): „Kann eine neue Mythologie sich nur aus der innersten Tiefe des Geistes wie durch sich selbst herausarbeiten, so finden wir einen sehr bedeutenden Wink und eine merkwürdige Bestätigung für das was wir suchen in dem großen Phänomen des Zeitalters, im Idealismus!" (Schlegel, K A II, S. 313).
Der im 4. Kapitel durchgeführte Vergleich Lessing-Schiller-Novalis könnte ergänzt werden durch einen Vergleich von Schleiermachers REDEN ÜBER DIE RELIGION, Novalis' Rede DIE CHRISTENHEIT ODER EUROPA und Fr. Schlegels REDE ÜBER DIE MYTHOLOGIE. Dazu noch ein weiteres Beispiel aus Schlegels Mythologie-Rede (K A II, S. 314): „Alle Wissenschaften und alle Künste wird die große Revolution ergreifen. Schon seht Ihr sie in der Physik wirken, in welcher der Idealismus eigentlich schon früher für sich ausbrach, ehe sie noch vom Zauberstabe der Philosophie berührt war. Und dieses wunderbare große Faktum kann Euch zugleich ein Wink

sein über den geheimen Zusammenhang und die innre Einheit des Zeitalters. Der
Idealismus, in praktischer Ansicht nichts anders als der Geist jener Revolution, die
großen Maximen derselben, die wir aus eigner Kraft und Freiheit ausüben und aus-
breiten sollen, ist in theoretischer Ansicht, so groß er sich auch hier zeigt, doch nur
ein Teil, ein Zweig, eine Äußerungsart von dem Phänomene aller Phänomene, daß
die Menschheit aus allen Kräften ringt, ihr Zentrum zu finden."

137. Kant, ANTHROPOLOGIE IN PRAGMATISCHER HINSICHT, 1. Teil, § 28. Akademie-Ausgabe S. 167 f.

138. Dem scheint zu widersprechen: „Der moralische Gott ist etwas weit Höheres,
als der magische Gott" (III, 250). Aber das ist nur der letzte Satz einer Aufzeichnung über Kosmologie, in der es heißt, Gott habe nichts mit der Natur zu schaffen,
er sei das Ziel der Natur, „dasjenige, mit dem sie einst harmoniren soll. Die Natur
soll *moralisch* werden . . .". Die Rückbesinnung auf Kant dient zugleich zur Unterscheidung: „. . . und so erscheint allerdings der Kantische Moralgott und die Morali-
taet in einem ganz andern Lichte." In einem andern nämlich, darf man herauslesen,
als sie bei Kant selbst stand. Erst wenn der Kantische moralische Gott in dieses neue
Licht gerückt ist, erscheint er als das, was er ist: etwas weit höheres als der magische.
Deshalb beginnt die folgende Notiz: „Wir müssen Magier zu werden suchen, um
recht moralisch seyn zu können. Je moralischer, desto harmonischer *mit Gott* —
desto göttlicher — desto *verbündeter* mit Gott." Wenn es der Zweck der Magie ist,
moralisch zu werden, muß auch der moralische Gott etwas Höheres sein als der
bloß magische. Der moralische entspräche dem Chaos, das sich selbst durchdrungen,
der magische dem undurchdrungenen.

139. Kant, KRITIK DER REINEN VERNUNFT, 2. Aufl., Akademie-Ausgabe S. 224
(= B, 332).
    Wie sehr sich Novalis, über Fichte hinausgehend, von Kant entfernt und Leibniz
nahe glaubt: „Die praestabilirte Harmonie wird der Erfolg, oder die Constitution
der vollkommnen moralischen Welt seyn. Schönheit beruht auch auf praestabilirter
Harmonie. Im Bewußtseyn Gottes findet eigentlich praestabilirte Harmonie statt.
Durch das Fichtische System wird sie bewiesen und *necessitirt*" (III, 414).

140. Schlegel, K A II, S. 322. Durch den Mund Ludovikos sagt Schlegel auch:
„Die Sprache, die, ursprünglich gedacht, identisch mit der Allegorie ist, das erste
unmittelbare Werkzeug der Magie." (Ebd. S. 348.)

141. Der Bemerkung über Sprache und Sprachzeichen geht voraus: „Eine Synthese ist ein *chronischer Triangel*." Mähl erläutert (III, 992) den „zunächst unverständlich wirkenden Satz" durch den Hinweis auf die frühere Aufzeichnung (III,
415): „Der poetische Philosoph ist *en état de Createur absolu*. Ein Kreis, ein Triangel werden schon auf diese Art creirt." Nach Mähl (III, 963) ist dies eine direkte
Anspielung auf Kants Beispiel aus der Vorrede zur 2. Auflage der KRITIK DER

REINEN VERNUNFT: „Dem ersten, der den gleichschenklichten Triangel demonstrirte ... dem ging ein Licht auf" usw.

142. Über die Einflüsse oder besser Anregungen durch neuplatonische und theosophische Literatur und ihren Zusammenhang mit der Sprachtheorie von Novalis vgl. die genannten Hinweise auf Mähls Kommentare und N u Pl. — Ergänzend, nicht im Hinblick auf Einflüsse, sondern auf strukturelle Verwandtschaft, sei vermerkt, was Gershom Scholem über Jakob Boehme und das Boehme-Verständnis der späteren Theosophen mitteilt. Unter allen christlichen Mystikern sei Boehme derjenige, „dessen Denken gerade in seinen originellsten Antrieben die engste Affinität zur Kabbala aufweist, wobei man natürlich von den christlichen und alchemistischen Bildern absehen muß, in denen er seine Intuition mindestens teilweise auszudrücken suchte. Er hat die Welt der Sefiroth, wenn man so sagen darf, von sich aus noch einmal entdeckt. Freilich ist denkbar, daß er später, nach seiner Erleuchtung, als er durch gelehrte Freunde einiges über Kabbala erfuhr, seine Ideen den kabbalistischen noch stärker angeglichen hat. Dieser Zusammenhang der Ideen Boehmes mit der Welt der theosophischen Kabbala war den Mystikern der Boehmeschen Schule, von Abraham von Franckenberg (gestorben 1652) bis zu Franz von Baader (gestorben 1841), noch durchaus evident und ist erst in der modernen gelehrten Literatur sehr zu Unrecht verwischt worden. F. C. Oetinger, ein späterer Verfechter Boehmescher Ideen, erzählt in seiner Autobiographie, er habe den Kabbalisten Koppel Hecht im Ghetto von Frankfurt am Main (gestorben 1729) gefragt, wie er es anpacken solle, die Kabbala recht zu verstehen. Darauf habe ihm Hecht erwidert, die Christen hätten ein Buch, das von der Kabbala noch viel deutlicher rede als der Sohar. ‚Ich fragte ihn, welches er meine. Er antwortete: Jakob Boehme, und erzählte mir gleich von der Übereinstimmung seiner Metaphern mit jenen der Kabbala.' Es besteht kein Grund, diese Erzählung für erdichtet zu halten; ist doch am Ende des 17. Jahrhunderts ein Jünger der Boehmeschen Mystik, Johann Jakob Spaeth, von dieser erstaunlichen Affinität zur Kabbala überwältigt, sogar zum Judentum übergetreten." (G. Scholem, DIE JÜDISCHE MYSTIK IN IHREN HAUPTSTRÖMUNGEN, Zürich 1957, S. 259 f.)

143. Im Kommentar (III, 971) zu dieser Notiz über die Phänomenologie als vielleicht brauchbarste und umfassendste Wissenschaft wird auf Condorcet hingewiesen. Die Stelle sei zitiert, weil sie nicht nur zeigt, wie Novalis zu diesem Begriff einer umfassendsten Wissenschaft kommt, sondern weil sie auch einen Schlüssel zum Verständnis jenes Begriffspaares bietet, das bei der Reklamation von Novalis für die moderne Literatur und Kunst eine so große Rolle spielt: Zufall und Kalkül. Condorcet (zit. nach III, 971): „Diese Anwendungen [des ProbabilitätenKalkuls] zeigen uns ferner, mit welcher Wahrscheinlichkeit ein Inbegriff von Phänomenen von dem Willen eines *verständigen Wesens* herrührt, daß er von andern, ihm gleichzeitigen, oder vorhergehenden Phänomenen abhängt, so wie die Wahrscheinlichkeit, daß er

jener nothwendigen und unbekannten Ursache, genannt *Zufall — ein Wort, dessen wahren Sinn das Studium dieses Kalkuls allein genau kennen lehren kan —* beigemessen werden müsse ..."

144. Vgl. S. 34.

145. Richard Samuel vermerkt (II, 659), der handschriftlich nicht erhaltene Monolog folge dem ersten Druck von Bülow. Ungewiß sei, ob die Überschrift von Hardenberg oder Bülow stamme. — Interpretation des Monologs mit sehr starker Betonung des ironischen Aspektes bei I. Strohschneider-Kohrs, Die romantische Ironie ... Tübingen 1960, S. 250—273.

146. Vgl. Mähls Kommentar zu dieser Aufzeichnung (III, 929 bzw. 928) mit den Hinweisen auf die unmittelbare Anregung durch Chladnis Schrift: Entdeckungen über die Theorie des Klanges, Leipzig 1787.

REGISTER

I

II